# OEUVRES

### COMPLÈTES

# D'ÉTIENNE JOUY.

TOME V.

ON SOUSCRIT A PARIS:

Chez JULES DIDOT AINÉ, rue du Pont-de-Lodi, n° 6;
BOSSANGE père, rue de Richelieu, n° 60;
PILLET aîné, imprimeur-libraire, rue Christine, n° 5;
AIMÉ-ANDRÉ, quai des Augustins, n° 59;
Et chez l'AUTEUR, rue des Trois-Frères, n° 11.

# ŒUVRES
## COMPLÈTES
# D'ÉTIENNE JOUY,

*DE L'ACADEMIE FRANÇAISE;*

AVEC DES ÉCLAIRCISSEMENTS ET DES NOTES

---

Essais sur les mœurs.

TOME V.

## PARIS
IMPRIMERIE DE JULES DIDOT AINÉ,

RUE DU PONT-DE-LODI, N° 6.

## 1823.

# OBSERVATIONS

SUR

# LES MOEURS FRANÇAISES

AU COMMENCEMENT DU 19ᵉ SIÈCLE.

VOLUME V.

# GUILLAUME LE FRANC-PARLEUR.

N° XXXIV. [7 JANVIER 1815.]

## REVUE DE L'AN 1814.

CINQUIÈME SOUPER DE M GUILLAUME.

*Multa dies variusque labor mutabilis ævi
Retulit in melius.*
    VIRG., *Énéide*, liv XI
Tout a changé dans un instant, et des affaires que l'on croya t absolument ruinées ont été rétablies

Le jour de l'an, mon voisin Moussinot entra chez moi de bon matin; il voulait, dit-il, être un des premiers *à me la souhaiter bonne et heureuse.* Je lui rendis son compliment à-peu-près dans les mêmes termes, et nous nous mîmes à causer auprès du feu en prenant une tasse de thé.

« Eh bien! mon voisin, lui dis-je, voilà encore

une bonne année de passée. — D'abord, me répondit-il, il n'y a jamais de bonne année passée : les bonnes années sont à venir ; quant aux autres, elles se ressemblent toutes : elles ont également douze mois et quatre termes ; n'est-il pas vrai ? — Comment ! vous n'avez jamais trouvé de différence d'une année à une autre ? — Ah ! si fait ; l'année de mon mariage, celle où je me suis retiré du commerce, celle où le feu prit dans ma maison par la faute d'un de mes locataires ; ces trois années ont fait époque dans mes souvenirs ; à cela près, je vous l'avouerai, je ne vois dans le cours des ans qu'un cercle d'événements semblables : toujours mêmes inquiétudes, mêmes fêtes, mêmes craintes, mêmes espérances. — Il me semblait cependant que la révolution n'avait rien laissé à desirer aux amateurs de changements, et que chaque année de cette fameuse époque avait un caractère bien distinct ? — Aux yeux des gens qui sont montés sur les toits pour voir de plus loin, c'est possible ; mais moi qui me suis contenté de regarder par la fenêtre, j'ai toujours vu que les choses allaient le même train. En 1789, quand certains mots de grimoire, auxquels je n'ai jamais rien compris, tournèrent en un moment toutes les têtes, je conservai la mienne : tout s'agitait autour de moi, et je restais calme au milieu du tourbillon, en me rapprochant du centre, où le mouvement était moins sensible. J'étais marchand de laine, et je ne voulais pas faire des lois; je me retirai donc prudemment à l'écart pendant qu'on formait les assemblées, les comités et les clubs. Je payai les impositions qu'on me demanda; je vendis en assignats, j'achetai au *maximum*, et à tout prendre ma petite fortune n'en souffrit pas beaucoup. J'étais trop vieux et mes fils étaient trop jeunes quand Bonaparte s'empara du pouvoir, pour qu'il lui prît envie de faire de nous des soldats : que m'importait son élévation? Il a remporté de grandes victoires ; l'histoire en est pleine, et je n'ai pas plus gagné aux unes qu'aux autres; il est tombé du trône, et j'ai applaudi à sa chute, par la raison toute simple que ma maison, qui se trouvait dans l'alignement d'une rue nouvelle, aurait été abattue s'il n'avait été renversé lui-même. Enfin, tout bien calculé, depuis une soixantaine d'années que j'assiste à la représentation de la vie, je vois de temps à autre changer les acteurs, mais la pièce est toujours la même. »

Tant d'égoisme, d'ignorance et d'apathie, ne composent pas à M. Moussinot un caractère à part; son histoire est celle d'une foule de bons bourgeois qui ne remarquent dans les grands événements qui changent sous leurs yeux la face des empires, que l'avantage ou l'inconvénient particulier qui doit en résulter pour eux. Le premier moment de crainte passé, ils n'ont vu dans la prise de Paris que l'occasion d'une entrée solennelle, et d'un brillant cortége qui devait passer devant leur porte. Comment croiraient-ils à l'importance des événements dont ils ont été les témoins, et qu'ils ont lus dans la même gazette où l'on annonçait quelques lignes plus bas le succès ou la chute d'une pièce des Variétés? Ils aiment leur roi par une sorte d'instinct naturel au cœur français; mais ils ne connaissent de royaume que la *bonne ville*, et de patrie que leur paroisse; ils font alternativement des vœux contre la guerre, qui fait augmenter les impôts, et contre la paix, qui fait augmenter les loyers : ce petit nombre d'idées politiques remplit toute la capacité de leur cerveau.

Nous aurions poussé plus loin l'entretien sur un sujet où je cherchais à m'exercer moi-même, mais on vint me prévenir qu'il faisait jour chez ma femme; mes enfants m'attendaient pour y entrer avec moi. M. Moussinot me quitta, et nous convînmes de reprendre la conversation à souper.

Le premier jour de l'an est un jour de réunion dans les familles : la mienne était au grand complet; on se mit à table, et, après avoir épuisé le chapitre des étrennes pendant le repas, après avoir entendu au dessert les compliments et les couplets d'usage, les femmes et les enfants passèrent dans le salon pour y danser une ronde de la composition de mon fils Victor; nous autres gens raisonnables, ou du moins raisonneurs, nous restâmes à causer gravement en présence d'un bol de punch, dont l'influence se fit plus d'une fois sentir pendant la discussion.

« Vous rappelez-vous, Messieurs, nous dit l'ami Dubuisson en remplissant nos verres, dans quelle situation se trouvait la France l'année dernière à pareil jour? Notre territoire envahi sur tous les points; nos champs dévastés par des armées innombrables; quelques débris de ces braves légions, éternel honneur du nom français, suppléant au nombre par un courage surnaturel, et opposant en vain une digue de fer au torrent de soldats que l'Europe entière vomissait contre nous! De quelle nuit affreuse nous étions enveloppés! L'inquiétude, l'effroi, la fureur du désespoir, se lisaient dans tous les yeux. Je dînais ce jour-là chez un membre du corps législatif; il revenait des Tuileries, où il avait vu Napoléon, celui qui naguère remplissait le monde de l'éclat de sa gloire, de la terreur de son nom, qui disposait à son gré des trônes de l'Europe, et qui, chancelant alors sur le sien près de s'écrouler, repoussait avec orgueil l'appui qu'on lui présentait. Sa réponse aux députés fut le dernier soupir de sa puissance.

CLÉNORD.

Comparez maintenant à ce tableau celui que présente aujourd'hui la France pacifiée, respirant sous un roi dont la puissance est fondée sur l'amour des peuples, sur le respect des lois qu'il s'est imposées lui-même, sur cette liberté politique, objet de tant de travaux, de tant de sacrifices, et à laquelle la nation ne renoncera jamais. A quelle autre époque les Français ont-ils joui, dans une sécurité plus profonde, des biens, des souvenirs et des espérances qui leur sont les plus chers? J'arrive du château : j'ai vu le roi au milieu des pairs du royaume, des députés des départements, de cette foule de héros, représentants de la gloire nationale; j'ai entendu les paroles de la bouche du monarque; j'ai lu dans tous les yeux, dans tous les cœurs, et je suis sorti convaincu que la France ne séparait plus les mots de roi, de patrie et de liberté.

DUTERRIER.

Pour se faire une idée juste d'un tableau, il ne faut pas en oublier les ombres; or, M. de Clénord ne nous parle pas de cette nuée de courtisans de tout âge, de toutes dimensions, de toutes couleurs, dont plusieurs n'ont pas même pris la peine de changer la livrée vert et or qu'ils portaient l'année dernière, et qui ne se pressent autour du trône que pour en intercepter la lumière; il ne dit rien de ces ennemis de l'état que révoltent les mots de *charte constitutionnelle*, et qui travaillent avec tant d'ardeur à la détruire; de cette foule active de gens médiocres, sans autres titres que leur importunité, sans autre recommandation que leur impudence, qui se glissent dans tous les emplois, et se courbent de manière à passer sous toutes les portes; de ces délateurs à gages que l'on paie à tant la calomnie, et de ces écrivains infâmes qui se vendent à tant la page.

#### FRÉMINVILLE.

Tout cela est vrai, et tout cela n'empêche pas de remarquer qu'il s'est fait dans notre situation et dans nos mœurs des changements on ne peut plus heureux; le véritable thermomètre de la prospérité publique, c'est le luxe; or, jamais il n'y a eu tant de voitures, jamais on n'a donné tant de bals, jamais on n'a fait tant de visites et vendu tant de bonbons que cette année; donc, comme disait dernièrement le *Journal des Débats*, jamais la France n'a été dans un état plus florissant.

#### GUILLAUME.

Si quelques personnes ne se contentaient pas des preuves de mon cousin Fréminville, on pourrait ajouter que nos finances se rétablissent, que nos relations commerciales s'accroissent, que nos manufactures prospèrent, et, ce qui vaut mieux encore, que l'esprit public, sans lequel il n'y a ni patrie ni véritable grandeur, fait chaque jour d'incontestables progrès.

#### CLÉNORD.

Le Franc-Parleur ne dit rien des sciences et des lettres?

#### GUILLAUME.

C'est qu'il n'y a malheureusement rien de bon à

en dire, et que l'influence du nouvel ordre de choses ne s'y est pas encore fait sentir.

#### DUTERRIER.

Il est de fait qu'à l'exception de la *Vie de Bossuet* par M. de Bausset, on n'a publié aucun ouvrage passable dans aucun genre depuis la restauration.

#### CLÉNORD.

On nous en a donné la monnaie en brochures, en pamphlets, en libelles, en dissertations de toute espèce; et, si l'on y regardait bien, on verrait que nos littérateurs, en dix mois, nous ont débité, par cahiers, plus de paradoxes, de vérités, de mensonges et d'esprit, qu'il n'en faudrait pour remplir cent volumes in-octavo.

#### GUILLAUME.

Pour être juste, il faut ajouter que dans cette nuée de brochures, dont plusieurs resteront comme matériaux historiques, il en est une qui mérite d'être classée parmi les meilleurs livres. *Les réflexions politiques* de M. de Châteaubriand ont eu sur l'opinion publique l'influence qu'obtiendront toujours la raison présentée avec éloquence et la vérité dite avec courage.

#### DUTERRIER.

La muse de la poésie n'a pas été mieux inspirée que ses sœurs. Un seul poète, d'un nom plus fameux au champ de Mars que sur le Parnasse, vient de s'y présenter une épopée à la main; il a

chanté *Charlemagne* ( 1 ) en vers de grand seigneur;
et si l'on remarque dans son poëme assez de beautés
pour excuser l'éloge ridicule qu'on en eût fait autrefois, on n'y trouve pas assez de défauts pour justifier la satire bassement amère qu'on en a faite aujourd'hui; mais la chute est à l'ordre du jour dans
cette famille.

### FRÉMINVILLE.

Il y a eu des années beaucoup plus mauvaises
pour les théâtres. Aux Français la tragédie d'*Ulysse*
n'est pas un début sans gloire, et les *États de Blois*
ne sont pas tout-à-fait indignes de l'auteur des *Templiers*. Après cela je conviendrai, si l'on veut, que
la comédie de *Fouquet* est la plus mauvaise pièce
en cinq actes qui ait été donnée sur aucun théâtre
du monde.

L'Opéra nous a donné, à quelques mois d'intervalle, deux ouvrages de circonstance bien opposés.
L'un a été interrompu par le bruit du canon, et
l'autre par le bruit de l'orchestre.

Je ne citerai à Feydeau que l'opéra de *Joconde*;
mais aussi vous avouerez que cette pièce est un des
chefs-d'œuvre du genre.

Il faut savoir gré à l'Odéon d'une jolie comédie
en trois actes, et faire des vœux pour que ce théâtre,
si utile au progrès de l'art, obtienne du gouverne-

---

[1] Poéme épique par Lucien Bonaparte

ment et du public les encouragements auxquels il a droit de prétendre. Je ne dis rien des petits théâtres, sinon qu'on ne rit plus au Vaudeville, et qu'on a honte de rire aux Variétés.

DUBUISSON.

Parlons un peu des journaux.

CLÉNORD.

C'est à M. Guillaume à traiter cette question : il a le secret du corps.

GUILLAUME.

Je ne vous dirai pas, comme certain rédacteur du *Journal des Débats*, que *le meilleur est incontestablement et sous tous les rapports celui dans lequel j'écris* (car il faut, autant que l'on peut, ne pas se donner l'air d'un charlatan qui vante son baume); mais j'avancerai, comme une proposition générale dont je vous laisserai le soin de faire l'application, que le meilleur journal est celui qui est fait dans un bon esprit avec le plus d'esprit et d'indépendance; celui dont les rédacteurs ne mentent pas à leur conscience, ne trafiquent pas de leurs opinions, et n'écrivent que dans l'intérêt de la patrie, de la justice, et de la vérité.

FRÉMINVILLE.

D'après cette définition d'un bon journal, je ne sais pas encore bien auquel je dois donner la préférence; mais je sais déjà ceux que je ne dois pas choisir.

DUTERRIER.

Je remarque avec peine que cette année, si peu productive pour les lettres, les a frappées d'une double perte, dont elles auront long-temps à gémir. Le chantre de *Virginie* et l'amant d'*Éléonore*, enlevés à quelques mois l'un de l'autre, resteront tous deux, le premier (malgré ses erreurs en physique) un de nos plus grands prosateurs, et l'autre (malgré quelques écarts d'une autre espèce) le modèle de nos poètes érotiques. »

Moussinot, qui n'avait pas encore ouvert la bouche, prit en ce moment la parole, et, du ton d'un homme sûr de l'effet qu'il va produire : « Je vous ai bien écoutés, nous dit-il; vous croyez avoir passé l'année en revue dans votre conversation; le fait est que vous avez oublié les deux seuls événements qui lui assignent dans l'histoire du monde une physionomie toute particulière : *la sortie* de Bonaparte, et *l'entrée* de Louis XVIII. Je n'ajouterai à cette réflexion que deux mots qui en valent bien d'autres : *à la santé du Roi!* » Chacun applaudit à cette proposition. « *A la santé du Roi, et à la conservation de la charte, de la gloire, et des libertés nationales,* continua M. de Clénord en se levant. » Nous imitâmes son action; tous les verres furent aussitôt remplis, et nous bûmes avec enthousiasme à ces objets de l'amour et de la vénération du peuple français.

N° XXXV. [14 JANVIER 1815.]

# L'HOTEL D'ANGLETERRE.

---

> Il s'obstine, et bientôt ses trésors disparaissent
> Changés en remords dévorants.
> Enfin l'indigence cruelle,
> Traînant tous les maux avec elle,
> Dissipe, mais trop tard, l'erreur qui l'a séduit
> Sans asile, rebut du monde qui l'abhorre,
> O mort! il t'appelle, il t'implore;
> Tu serais un bienfait dans l'horreur qui le suit.

Les médecins ont recours à des exutoires pour donner passage aux humeurs surabondantes dont les corps replets sont communément travaillés. La police, dans les grandes capitales, combat avec un remède semblable les inconvénients d'un autre genre d'obésité. Elle laisse subsister, quelquefois même elle prend la précaution d'ouvrir des sentines où s'écoule cette fange de la société qui tend à en corrompre toutes les parties saines.

Il existe à Paris plusieurs cloaques de cette espèce, dont le nom même, ignoré de la plus grande partie des honnêtes gens, ne peut arriver jusqu'à eux que par un hasard semblable à celui qui me l'a fait connaître.

Comment se figurer qu'un homme qui arrive à Paris pour la première fois, qui traverse les Champs-Élysées dans une berline attelée de six chevaux de poste, dont les domestiques ont retenu le plus beau logement de l'hôtel Grange-Batelière, qui vient pour passer quelques années dans cette capitale, où sa fortune lui donne le moyen de satisfaire tous ses goûts raisonnables, toutes ses fantaisies même; comment se figurer, dis-je, que cet homme puisse, en moins de deux ans, se trouver dans une situation telle qu'il se soit fermé la porte de ses amis par son inconduite, qu'il ait épuisé toutes ses ressources, et qu'il soit arrivé à ce degré de dénuement où, n'ayant plus ni feu ni lieu, il soit réduit à rechercher un asile dans un repaire où il a du moins l'espoir de passer la nuit sans mourir de froid ?

On ne sait pas assez combien il y a de gens à Paris dans cette déplorable position, et l'on ignore encore plus généralement qu'un des bouges où ils se rassemblent est décoré du nom d'*hôtel d'Angleterre*. Cet hôtel (puisqu'il est convenu de lui laisser ce nom) est situé dans une des plus grandes rues et des plus beaux quartiers de Paris. Cette maison garnie (connue, il y a trente ans, par une table d'hôte dont la bonne compagnie n'était pas absolument exclue) jouissait du privilège d'un double tripot, où les maîtres se ruinaient dans le salon, et les valets dans l'antichambre. Cette honteuse branche d'industrie s'est singulièrement perfectionnée pendant la révolution : des temples plus brillants ont été ouverts à la fortune; les joueurs riches (c'est-à-dire ceux à qui il restait encore quelque chose à perdre) ont déserté l'hôtel d'Angleterre, et cet endroit n'a plus été fréquenté que par le rebut d'une classe d'hommes dont la partie la plus honnête n'a sur l'autre que l'avantage de quelques heures, et l'usufruit de quelques écus.

Il est probable que j'aurais ignoré toute ma vie l'existence de ce honteux refuge sans une de ces circonstances particulières qui forcent un homme à sortir momentanément du cercle de ses habitudes.

Ma femme appartient à une des familles les plus riches en cousins qu'il y ait peut-être en France. Elle en a dans toutes les provinces du royaume; les plus pauvres sont en Normandie. Au nombre de ces derniers se trouve un vieux garçon que j'appellerai La Morangère, pour m'écarter le moins possible de son nom, sans pourtant le nommer.

Ce cadet de Normandie a vécu quarante-cinq ans du modeste produit de quelques arpents d'*herbages*, qui lui rapportaient quinze ou dix-huit cents livres de rente. Ses défauts, enfouis au fond d'un village, y passaient pour de l'originalité.

La partie ou plutôt les parties de piquet qu'il jouait d'habitude avec le curé du lieu consommaient six heures de son temps par jour, et ajoutaient à ses fermages le casuel de la paroisse, quand elles n'augmentaient pas la portion congrue du curé d'une bonne partie de ses revenus. Huit pièces de vin de Brie, qu'il échangeait annuellement contre sa récolte de cidre, suffisaient à peine à la consommation de sa table, dont une jeune gouvernante du pays de Caux faisait de son mieux les honneurs.

Tout portait à croire que la vie de M. de La Morangère s'écoulerait dans ces douces occupations, et qu'il en attendrait le terme aussi paisiblement qu'il l'avait parcourue; mais le sort tient toujours en réserve quelque caprice pour tromper les calculs de la raison. Une vieille tante de Lisieux, qui n'avait jamais voulu le voir de son vivant, par une de ces contradictions de l'esprit humain que je n'entreprendrai pas d'expliquer, lui laissa toute sa fortune, au détriment de deux parentes qui ne l'avaient pas quittée depuis vingt ans.

La Rochefoucault a dit qu'*il est plus aisé de supporter la mauvaise fortune que la bonne:* La Morangère en fournit un nouvel exemple. Héritier d'une fortune de soixante mille livres de rente, il débute dans la carrière des folies, où il se lance, par abandonner la liquidation d'une succession considérable *en Normandie* à un homme d'affaires qui lui ouvre un crédit illimité sur une maison de banque de Paris : il y arrive dans tout l'éclat d'un luxe de la veille.

Un chasseur, galonné sur toutes les tailles de son habit, vient me remettre un billet par lequel on me prévient qu'un parent, arrivé depuis quelques jours, desirerait me voir à l'hôtel Grange-Batelière, où il était logé : j'aurais pu répondre au parent qu'il n'y avait pas plus loin de chez lui chez moi que de chez moi chez lui, et qu'il est d'usage que le nouveau venu fasse les avances; mais j'ignorais son âge, et je ne suis pas formaliste.

Je me rendis à son invitation; je trouvai La Morangère établi dans un appartement somptueux; il me reçut avec une politesse provinciale où je crus remarquer plus d'envie de se prévaloir à mes yeux des avantages de sa fortune que de ceux de notre alliance. Il m'assura cependant qu'il avait fait le voyage tout exprès pour voir sa cousine, dont il avait conservé le plus doux souvenir; il me pria de le présenter dans le monde, et déclara qu'il ne voulait se conduire que par mes conseils.

Je fus huit jours sans le revoir; enfin il vint chez moi, s'excusa gauchement auprès de sa cousine, et nous invita à dîner pour le lendemain. Je fus moins étonné de la magnificence du repas que du nombre et du choix des convives, dont pas un ne m'était connu, bien que tous qualifiés des plus beaux titres.

Parmi tous ces amis de fraîche date, j'entendis nommer un joueur célèbre, et les préférences dont il était l'objet éveillèrent dans mon esprit des soupçons qui ne tardèrent pas à se changer en certitude.

Après le dîner, je proposai à mon cousin de le présenter, comme il m'en avait témoigné le desir, chez quelques personnes de ma connaissance; il me parut y tenir beaucoup moins qu'à notre première entrevue, et me répondit avec distraction en donnant des ordres pour faire dresser des tables de jeu, autour desquelles, à mon grand étonnement, se rangèrent tous les convives. Dans le nombre se trouvaient plusieurs comtesses et marquises de hasard qui me rappelèrent ce petit dialogue du duc de L*** avec deux femmes autrefois célèbres : « Que jouez-vous, mesdames? — L'honneur, monsieur le duc. — Il n'y aura rien pour les cartes. »

Nous sortîmes bien convaincus, ma femme et moi, que ce pauvre cousin venait d'ouvrir sa succession au profit de gens qu'il n'aurait probablement pas songé à porter sur son testament.

Six jours s'écoulèrent sans que je le revisse; il avait employé son temps de manière à augmenter toutes nos craintes; je crus devoir l'effrayer sur les suites de la vie qu'il menait; il ne m'entendit pas ou m'entendit mal, au milieu du fracas d'une fortune de douze cent mille francs qui s'écroulait; je lui fis lire la satire du *Pauvre Diable* : il n'y vit qu'un roman, et ne voulut pas entendre que ce roman serait bientôt son histoire.

Grace au luxe de sa table, aux goûts dispendieux de ses maîtresses, au zéle actif de ses amis, mon campagnard en fut bientôt aux emprunts. Il vint me confier son embarras. Je joignis à mes conseils mes offres de service; il accepta ces dernières. A la seconde visite, je réitérai mes conseils et supprimai mes services. Il se fâcha, et je me crus permis de ne lui plus offrir ni les uns ni les autres.

Il s'éloigna de chez moi, chercha des ressources dans le jeu qui avait occasioné sa ruine, et des sentences des tribunaux l'obligèrent à régler en prison ses comptes. Son homme d'affaires démontra clairement à ses créanciers qu'il ne lui restait qu'un passif de 250,000 francs. On le remit en liberté, ne possédant plus au monde que ce qu'il avait sur lui.

Rien ne s'épuise plus vite à Paris que la bienveillance des amis de la nature de ceux que La Morangère s'était faits dans le temps de sa fortune. Quelques bijoux d'assez grand prix, dont il aurait pu se faire une ressource durable, se fondirent en quelque sorte dans les bureaux de prêt. Je fus près de deux ans sans en entendre parler.

Une de ses sœurs m'écrivit, il y a quelques mois, pour en avoir des nouvelles. Toutes mes recherches avaient été sans résultat. Je m'adressai à l'un de ces hommes qui ont un *œil* de plus que les autres, et qui jouissent du privilége de certains animaux, de distinguer les objets dans l'ombre. « Je connais celui dont vous me parlez, me dit-il, et je vous conduirai ce soir à l'endroit qu'il habite, si vous avez le courage de me suivre. »

Je me rendis à onze heures du soir au café de la Régence, que cet homme m'avait assigné pour rendez-vous. Je l'y trouvai, et nous sortîmes ensemble. A quelques pas de là, nous entrâmes par une étroite porte cochère dans un long corridor, au bout duquel on lisait sur les vitres d'une lanterne enfumée ces mots : BUVETTE DE NUIT. Je n'avançais pas sans une sorte de crainte mêlée de dégoût dans un lieu où l'on respirait je ne sais quel air de corruption.

A l'issue du corridor, dans une cour fangeuse, nous nous trouvâmes au milieu de cinq ou six hommes qui sortaient brusquement d'une salle basse en criant : *à la garde !* Je reculais effrayé. « Ne craignez rien, me dit mon guide, ce sont des gens qui s'amusent. »

Il me prit par la main, et me conduisit à la *buvette*, en traversant une cuisine où s'agitait, au milieu d'un tourbillon d'épaisse fumée, une vieille femme, auprès de qui la *Léonarde* de Lesage aurait paru d'une propreté et d'une beauté d'ange. Les jurements de cette mégère se mêlaient au grésillement du lard qu'elle faisait fondre, et dont l'odeur âcre vous prenait à la gorge avec la même violence que la fumée d'un bois vert exerçait sur les yeux.

De ce cloaque nous passâmes dans une cave éclairée par une lampe de cuivre à trois becs, qui répandait une clarté sale et douteuse sur les objets hideux dont nous étions environnés. Pour cette fois je me crus dans la caverne de Gil-Blas.

« Vous paraissez bien surpris, me dit mon conducteur, en demandant une bouteille de vin; on voit que vous venez ici pour la première fois: ce sera probablement la dernière, ainsi profitez-en pour y faire vos observations, en attendant que notre homme arrive; il ne tardera pas. »

Je l'interrogeai sur les personnages au milieu desquels nous nous trouvions. « Cet homme, me dit-il, que vous voyez endormi sur ce banc, la tête appuyée sur un coffret, est un homme de lettres: auteur de plusieurs pièces, dont quelques unes ont obtenu du succès sur les grands théâtres, il n'a d'asile que ce taudis public; encore ne trouve-t-il pas le moyen de s'y rendre toutes les nuits, dans l'état d'ivresse où il est habituellement plongé.

« Ces deux pauvres diables qui jouent au piquet sur un tonneau, avec des cartes dont la saleté a triplé l'épaisseur, sont les deux plus anciens habitués de la buvette: l'un était jadis un riche épicier de la rue des Prouvaires : ruiné par le jeu, et long-temps détenu pour dettes, il a été obligé de faire cession de bien pour sortir de prison ; sa femme est morte de chagrin, et de ses trois enfants en bas âge, deux sont aux Orphelins, et il loue le troisième à cette mendiante de la rue Taitbout, qui invoque la pitié en étendant sur la paille cinq ou six misérables petites créatures dont elle se dit la mère. Son compagnon est un ancien militaire, homme de bonne famille, qui ne se doute pas qu'avant une heure il doit être arrêté pour un faux qu'il a commis il y a quelques mois.

« Ce gros coquin qui chante à pleine gorge à la table vis-à-vis, entre deux femmes dont vous pouvez deviner la profession, est un ancien acteur d'un de nos grands théâtres, d'où il a été renvoyé pour inconduite. Il vient manger ici le quartier de la chétive pension qu'on lui paie, et qu'il a sans doute touché ce matin.

« Cet autre, assez proprement vêtu, qui se promène de long en large, en tirant à tout moment sa montre, est, suivant toutes les apparences, un bourgeois dépaysé de l'Estrapade ou du Marais ; il craint de ne pouvoir rentrer chez lui, et se consulte pour savoir s'il attendra le jour dans cet endroit. » Je voulais offrir à ce pauvre homme un asile plus honnête. « N'en faites rien, me dit mon guide ; j'ai déja remarqué qu'il était, sans le savoir, sous la protection de deux de mes gens : ceux-ci viennent de s'apercevoir d'un complot formé contre lui, et en attendent l'effet pour mettre la main sur des bandits que Bicêtre réclame depuis long-temps. »

Mon nouvel Asmodée allait continuer sa revue; des cris affreux se font entendre dans la cour; chacun y vole : un homme venait d'être assommé par deux autres qui s'enfuyaient en criant au voleur; cet homme (qu'on juge de ma surprise et de ma douleur) était le malheureux La Morangère. Je le réclamai auprès du commissaire qui vint dresser le procès-verbal, et je le fis transporter chez moi; mais les soins qui lui furent prodigués ne retardèrent sa mort que de quelques jours.

Je n'ajoute aucune réflexion au récit de cette malheureuse aventure, à laquelle je n'ai rien changé que le nom du personnage et la date de l'événement.

N° XXXVI. [22 JANVIER 1815.]

# LA CHARTE EN FAMILLE.

> *He looks upon his children not only as the continuance of his species, but of his works.*
> BACON, *Essais.*
>
> Il voit dans ses enfants non seulement la continuation de son espèce, mais celle de ses ouvrages.

Nous avons quelquefois des discussions assez vives, mon noble ami M. Clénord et moi, au sujet du gouvernement qui convient le mieux à la France. Très zélé partisan de la monarchie constitutionnelle, en spéculation générale, il n'est pas encore bien convaincu que cette forme de gouvernement puisse jamais être en harmonie parfaite avec les mœurs et le caractère de notre nation. Il en revient sans cesse à cette assertion, qui n'en est pas plus vraie pour être souvent répétée : *La France a subsisté mille ans avec gloire et bonheur sous le gouvernement paternel de ses rois; pourquoi changer un ordre de choses consacré par dix siècles de succès?* Je lui demande s'il comprend dans ces dix siècles de gloire et de bonheur le temps où les Anglais étaient maîtres en France de la Garonne à la Loire, où chaque province était en guerre contre la province voisine, où les feudataires de la couronne, s'arrogeant le pouvoir souverain, déclinaient, sous le moindre prétexte, l'autorité royale, et quelquefois s'armaient contre elle? Je lui demande s'il était bien paternel, le gouvernement de Charles VI, de Louis XI, de Charles IX, de Henri III? Il me répond en me parlant de Louis IX, de Henri IV, de Louis XIV et de Louis XVI; je renchéris sur les éloges qu'il donne aux plus grands, aux meilleurs de nos rois, et il croit avoir gain de cause sur une question qu'il a tout-à-fait détournée.

« Le gouvernement paternel, lui disais-je il y a quelques jours, tient uniquement à la personne du monarque; il fait le bonheur de la génération vivante, sans aucun avantage, sans aucune garantie, pour les générations à venir. On en trouverait peut-être autant d'exemples dans les annales de Turquie que dans celles d'Angleterre. Ce n'est qu'un accident politique dans l'histoire d'une nation. Le gouvernement, fondé sur des bases constitutionnelles, remédie au seul inconvénient de l'hérédité des couronnes, en perpétuant sur le trône des rois dont le moins bon, forcé de régner par des lois invariables, ne peut compromettre ni l'existence, ni même les intérêts de son pays. Le triomphe du gouvernement constitutionnel est de pouvoir se passer d'un bon roi. Dans la plus longue suite des monarques de cette espéce, un seul s'élève nécessairement au-dessus des autres et c'est celui auquel la nation est redevable du bienfait de cette charte politique, sans laquelle il n'y aura bientôt plus en Europe que des trônes amovibles et des monarchies viagères. L'état, nous dit-on, est une grande famille qui doit, comme les autres, se gouverner par la volonté de son chef; et moi je pense que la famille est un petit état qui doit, ainsi que l'autre, se gouverner, sous l'autorité d'un chef, par la volonté des lois. Je viens de voir faire une singulière application de ma théorie; je demande à mes lecteurs la permission d'en exposer les résultats.

Il existe à Paris un ancien conseiller au parlement d'Aix, que je nommerai le baron Desverrières. Nous étions très jeunes l'un et l'autre lorsque nous nous sommes connus en Provence : les circonstances nous ont rapprochés depuis un an, et les souvenirs de notre première jeunesse ont renoué notre ancienne liaison.

A un grand fonds de probité, le baron joint une originalité d'esprit et une fécondité d'imagination qui lui font trop souvent prendre des idées bizarres pour des vérités neuves. Sa prétention la plus singulière a toujours été de se croire profond dans l'art de gouverner; et dans le temps où il avait l'espoir fondé d'une très grande fortune, je lui ai souvent entendu dire qu'il échangerait quelque jour toutes ses propriétés, tous ses domaines, contre une île qu'il se ferait céder en toute souveraineté, et dans laquelle il réaliserait la fable des Troglodytes. La révolution vint, il en fut pour son rêve, et ne put jamais se passer la fantaisie de régner; j'en suis fâché pour son peuple, qu'il eût, je crois, rendu fort heureux.

Le baron avait de la domination dans l'esprit, et de l'obéissance dans le caractère. Il se maria et fut gouverné par sa femme, à laquelle il abandonna la direction de ses finances; le désordre ne tarda pas à s'y introduire avec le goût effréné du luxe et du plaisir. Le baron, qui s'en aperçut, signala fort bien les causes du mal; mais il n'osa pas y apporter remède, et se contenta d'appeler sa femme *son contrôleur Calonne.*

Quelques petites successions vinrent heureusement couvrir le déficit qu'il s'occupait à combler, tandis que sa femme, aidée de ses quatre enfants, grandis au milieu des troubles révolutionnaires, travaillait de son mieux à déranger de nouveau sa fortune.

Le désordre augmentait de jour en jour; mais Desverrières comptait pour les réformes sur le bienfait de l'âge; sa femme avait pris son parti: elle convenait de quarante ans; c'était, disait-il, un commencement de sagesse: vain espoir! elle se fit dévote, son directeur eut accès dans la maison, s'empara peu-à-peu de l'autorité, régla tout, brouilla tout; on finit par ne plus s'entendre.

Pour comble d'embarras, arriva du fond de l'Allemagne, où il vivait retiré depuis trente ans, un vieux commandeur de Vilarmose, oncle de Desverrières, lequel avait, ou du moins croyait avoir quelques réclamations à exercer sur les héritages qu'avait faits son neveu. Il commença par s'installer dans l'hôtel de Desverrières (dont il se disait propriétaire par *indivis*) en murmurant contre les changements qu'on y avait opérés pendant sa longue absence, et sans même approuver ceux que le temps avait rendus nécessaires. Ce M. de Vilarmose, en quittant la France, avait emporté avec lui une provision de vieux préjugés, et n'en avait perdu aucun en route; il ne se contentait pas de les employer à son usage, il voulait encore en affubler tous ceux qui l'entouraient. C'était sans cesse une nouvelle querelle avec le père, la mère et les enfants, qu'il prétendait ramener au bon goût et aux beaux usages de sa jeunesse. Les jeunes gens se moquaient de lui; Desverrières, qui voulait être médiateur entre eux et leur grand-oncle, ne satisfaisait ni l'un ni l'autre parti, et l'anarchie allait croissant dans cette famille.

Tel était l'état des choses, lorsque le baron vint me voir le mois dernier, et me fit part de la ferme volonté où il était de rétablir l'ordre dans sa maison. « La faiblesse a fait le mal, me dit-il, la force va le réparer. J'ai laissé prendre à ma femme un empire dont elle a trop long-temps abusé : je lui retire mes pouvoirs, et je congédie son directeur. Je signifie à mon oncle qu'il ait à se pourvoir d'un autre logement; je renvoie mon fils aîné à son corps, je fais entrer le second à l'École de Droit; je mets le troisième au collége, et je réduis ma fille à une pension de six cents francs pour sa toilette : en un mot, je ne veux plus qu'il y ait chez moi d'autre volonté que la mienne. »

« — Mon cher baron, lui répondis-je, le moyen que vous voulez employer me paraît bien violent; et, s'il faut tout dire, j'en crois l'exécution impossible : votre femme, accoutumée au pouvoir qu'elle exerce chez vous depuis vingt ans, ne se pliera jamais à une obéissance passive; vous l'aimez, et vous ne voudrez pas la rendre malheureuse; votre fils aîné est un capitaine de cavalerie plein d'honneur, dont les défauts, fruit de l'éducation, sont amplement compensés par les qualités les plus estimables : les mesures de rigueur ne peuvent rien sur un caractère de cette trempe; quant à votre oncle le commandeur, respectable à vos yeux par son âge, par le rang qu'il occupe dans votre famille, il a des préjugés et des prétentions qu'il faut combattre, mais sans donner au public le scandale d'une rupture où vous auriez peut-être également à perdre. Voulez-vous m'en croire? reprenez votre autorité naturelle et légitime sans violence, sans déchirement, et sans compromettre votre bonheur et celui de votre famille; je vais vous parler votre langage : vous avez fait la triste expérience des maux de l'anarchie; vous sentez les inconvénients du pouvoir absolu; prenez un terme moyen qui concilie tous les intérêts. Vous êtes par le droit de naissance le chef de la famille; soyez-le de son consentement. Vous avez sous les yeux un grand exemple...

« — Je vous entends, dit-il sans me laisser achever; vous voulez faire de moi un père constitutionnel : cette idée me sourit; et l'exécution m'en paraît d'autant plus facile, que mon beau-père vient demeurer avec nous. C'est un vieillard vénérable; sa fille le craint et le respecte : son grade de maréchal de camp et son cordon rouge imposeront à mon fils... J'ai ma charte constitutionnelle en tête, ajouta-t-il en se levant; nous aurons aussi *notre trente-un mars* en famille; je ne vous dis que cela : adieu, mon cher Guillaume...; vous aurez de mes nouvelles dans quelques jours... »

Effectivement, huit jours après, je reçus une invitation à dîner en style de chancellerie. Le père de madame la baronne se trouvait chez elle en grand uniforme. Desverrières avait ordonné que le dîner fût servi à cinq heures précises. Le commandeur desirait qu'on se mît à table à trois heures, comme autrefois; madame et ses enfants ne voulaient pas dîner avant six. Pour la première fois le maître de la maison se fit obéir.

Le dîner fut triste. On parlait bas; on murmurait; on prévoyait un grand événement. Au dessert, on renvoya les domestiques, et le baron prit la parole :

« Nous voilà en famille, dit-il (car l'ami Guillaume n'est pas un étranger pour nous); je puis en toute liberté vous déclarer mes intentions, désormais irrévocables. Il est temps de mettre de l'ordre dans ma maison.... »

A ce mot, madame Desverrières crut entendre celui de la tyrannie, et commençait un discours véhément contre l'oppression. Un regard de son père lui coupa la parole, et son mari continua :

« Depuis vingt-deux ans je suis le seul qui ne gouverne pas dans ma maison : excepté moi, tout le monde y a successivement commandé. Pour commencer par vous, madame, vos goûts, vos caprices dispendieux, dans les quinze premières années de votre mariage, ont été au moment d'amener notre ruine. A votre règne a succédé celui de vos enfants, qui n'ont pas moins abusé de ma faiblesse. Les goûts militaires de votre fils aîné ont fait un camp de ma maison, où tous les officiers de son régiment sont admis. Je n'ai pourtant pas le courage de regretter les sacrifices que j'ai faits pour lui, en songeant à la gloire qu'il s'est acquise dans nos armées, et aux distinctions honorables qu'il a obtenues à son début dans la carrière. »

A ces mots, Gustave retroussa fièrement sa moustache naissante, et, regardant son père d'un air assuré, il l'eût probablement interrompu, s'il n'eût jeté les yeux sur le cordon de son grand-père, et sur la croix de Malte de son oncle, qui le firent souvenir que les vertus dont il était si fier ne commençaient pas à lui dans sa famille.

« Je ne reproche point à ma fille, poursuivit M. Desverrières, des goûts de bal, de fêtes, de toilette, qui sont de son âge ; mais il faut savoir mesurer l'espace que les plaisirs doivent occuper, dans la vie, entre les travaux et les devoirs.

« L'inconstance de mon fils Adolphe ne lui a pas encore permis de s'arrêter au choix d'un état : tour-à-tour diplomate et financier, administrateur et jurisconsulte, mathématicien et homme de lettres, il est bon qu'il sache enfin ce qu'il veut, et qu'il prenne rang dans la société dont les plus grands ennemis sont les gens qui ne tiennent à rien.

« Mon oncle a peut-être le tort d'oublier trop souvent que les années qui se sont écoulées pendant son absence ont vu naître dans sa famille une génération nouvelle élevée sous d'autres lois, dans d'autres principes, avec d'autres habitudes que les siennes ; il finira par concevoir qu'il faut s'accommoder aux circonstances qui nous dominent, et se laisser aller au temps qui nous entraîne.

« Maintenant, après m'être bien convaincu que rien ne détruit plus infailliblement l'autorité que la marche irrésolue d'un gouvernement qui va et revient sur ses pas, sans but et sans mesure, j'ai arrêté dans ma sagesse de régler ma maison d'après un pacte de famille calqué sur notre charte constitutionnelle.

« Je me réserve l'autorité suprême ; elle m'appartient de droit : mais j'en veux tempérer l'exercice en la partageant à quelques égards avec les anciens de ma famille.

« Ma femme y participera directement : je lui communiquerai mes projets, elle en discutera l'utilité, elle fixera les dépenses sur l'exposé de nos besoins et de nos revenus ; bien entendu que le pouvoir d'exécution résidera en moi seul : ma femme représentera *la chambre des députés.*

« J'établis, en outre, une autorité intermédiaire entre elle et moi pour balancer nos droits respectifs. Mon beau-père et mon oncle composeront *la chambre des pairs*, et rien n'aura force de loi dans la maison qu'après avoir été sanctionné par eux.

« Je conserve à mon fils Gustave la pension que je lui fais pour le maintenir honorablement au service ; il est l'honneur de la famille, il est juste qu'il en soit le mieux traité ; mais il voudra bien se souvenir que la maison paternelle n'est point une caserne, et qu'il n'est plus en pays conquis.

« Adolphe est intelligent, actif, économe, je le charge de compter avec mes fermiers, de recevoir les revenus, de payer les dépenses : je veux voir en lui *mon premier ministre.* Sa sœur aura la surintendance et le département des menus-plaisirs.

« Vous avez tous entendu quelle est ma résolution, c'est à vous de voir s'il vous convient de vous y soumettre. »

Cette déclaration fut faite d'une voix si ferme, d'un ton si solennel, le grand-père et l'oncle y souscrivirent de si bonne grace, que la mère et les enfants, après quelques objections auxquelles je fus autorisé à répondre, donnèrent leur pleine et entière adhésion à cette charte domestique, qu'on me chargea de rédiger, séance tenante.

Depuis ce temps, la famille du baron Desverrières est un modèle de l'union la plus parfaite. L'ordre et l'économie règnent dans cette maison, et n'en excluent ni l'éclat, ni les plaisirs. Le chef de ce petit gouvernement donne l'exemple du respect le plus religieux pour la constitution qu'il a donnée à sa famille, et tous ses membres l'observent et la défendent avec d'autant plus de zèle, qu'ils y trouvent la garantie d'un bien-être qu'ils savent enfin apprécier.

3.

N° XXXVII. [28 janvier 1815.]

# LE VENTRILOQUE.

> *Et erit quasi Pythonis de terrâ vox tua et de humo eloquium tuum mussitavit.*
> **Isaïe, ch. xxxix.**
>
> Et la voix sortit de dessous terre comme celle de de la Pythonisse

« Paul !.... j'ai beaucoup à travailler, je ne reçois personne, entendez-vous bien ? personne absolument. »

Je donnais cet ordre jeudi dernier à mon domestique en ruminant ma *charte constitutionnelle en famille*, dont j'ai fait le sujet de mon dernier discours. Je cherchais des idées à coups de pincettes sur un tison qui n'en pouvait mais.... Mon domestique rentre et me dit qu'il y a là quelqu'un qui veut absolument me voir. Je persiste dans ma résolution, et, pour en être cru, je signifie tout haut moi-même *que je n'y suis pas.*

Je me remets au travail, je retrouve le fil de mes pensées, et je souris complaisamment à la phrase que j'effacerai peut-être un moment après. Tout-à-coup (pour prendre le ton d'un conteur d'aventures) des cris effrayants viennent frapper mon oreille; je sors de mon cabinet à la hâte; ma femme, ma fille, ma sœur, couraient dans la maison comme des folles; je demande de quoi il s'agit; on ne me répond point, on se sauve: j'arrive dans la cour en robe de chambre et en pantoufles, et je me trouve an milieu d'une foule de voisins attirés par les cris de la cuisinière, pâle et tremblante, qui assurait qu'un homme venait d'être assassiné dans la cave, et qu'il demandait du secours. Au milieu des cris de *fermez la porte! allez chercher la garde! courez chez le commissaire!* on entend, on distingue des gémissements sourds qui sortent du soupirail; je me saisis d'une arme, je demande la clef de la cave; elle ne se trouve pas. « Qu'on enfonce la porte! » Mon domestique fait sauter la serrure, et, suivi de trois ou quatre hommes armés de ce qu'ils ont trouvé sous leurs mains, et bien déterminés à assommer l'assassin sur la place, nous entrons dans la cave suffisamment éclairée pour y distinguer les objets; nous marchons vers l'endroit d'où part une voix plaintive qui s'éloigne à mesure que nous approchons, et semble sortir des profondeurs de la terre. Une sorte de terreur succède à l'émotion des assistants; et je ne sais de quel sentiment j'aurais été agité moi-même, si l'objet invisible de nos recherches ne se fût avisé de nous demander des *messes* et des *prières*. Quelque partisan que je sois du dogme de l'immortalité des ames, je ne crois guère à celles qui sortent du séjour des morts pour troubler le repos des vivants. L'idée d'un revenant me fit naître celle d'un *ventriloque,* et mes soupçons s'arrêtèrent sur un jeune homme d'un extérieur décent et d'une physionomie très enjouée, qui s'agitait beaucoup au milieu du désordre et de la confusion générale. Je le regardai avec une attention particulière, qui le décida à changer le lieu de la scène, en faisant entendre sur le haut du toit des éclats de rire immodérés qui amenèrent le dénouement de cette comédie.

M. Comte se nomma, tout s'éclaircit; mais les bonnes femmes, qui s'étaient mises en prières à la porte de la cave, ne voulurent point avoir le démenti du prodige dont elles avaient été témoins, et sortirent convaincues qu'il y avait quelque chose de *diabolique* dans une aventure qui, bien commentée par toutes les commères des environs, pourra, dans une cinquantaine d'années, valoir à la maison que j'habite la réputation d'être *hantée* par des *esprits.*

M. Comte, après m'avoir informé de l'objet de sa visite, m'apprit que, s'étant présenté chez moi le matin, et m'ayant entendu dire à moi-même *que je n'y étais pas,* il avait cru cette fois pouvoir se dispenser de m'en croire sur parole, et qu'il avait employé, pour s'assurer du fait, un stratagème qui lui avait toujours réussi.

Cet habile physicien, dont les talents et l'adresse excitent à Paris une curiosité si générale, est doué d'une faculté extraordinaire. Le rédacteur de la *Gazette de Santé*, le docteur Montégre, en a dernièrement expliqué le phénomène dans un excellent article d'un journal qui se recommande également aux gens de l'art et aux gens du monde par les connaissances profondes de son auteur, par l'utilité des matières qu'il traite, et même par l'agrément qu'il sait répandre sur les objets qui en paraissent le moins susceptibles.

M. Comte est un des engastrimytes ou ventriloques les plus extraordinaires qu'on ait entendus dans les temps modernes. Le privilége dont il jouit paraît avoir été plus commun dans l'antiquité, et même d'une autre nature qu'il n'est aujourd'hui, à en juger par les recherches que le savant auteur de la *Gazette de Santé* a faites sur cette question physiologique. Les engastrimytes anciens étaient ventriloques dans la force du terme, c'est-à-dire que leur voix partait en effet du ventre, et se manifestait ou du moins semblait se manifester au dehors par les organes les plus étrangers à la parole. On ne se douterait jamais, à moins d'avoir lu Samuel, de quel aimable interprète le magicien Ob se servit pour faire au roi Saül le portrait du prophète.

Ce que les livres saints et les auteurs profanes nous ont appris de la Pythie de Delphes, de l'oracle de Dodone, de la Pythonisse d'Eudor, et de la Sibylle de Cumes, ne permet pas de douter que les prêtres du paganisme n'aient su tirer un parti très avantageux du talent des engastrimytes.

Deux hommes d'une grande réputation quoique différemment célèbres, Fontenelle et dom Calmet, ont écrit sur cette matière : l'un en philosophe prudent, qui ne laisse sortir qu'une à une les *vérités dont il a les mains pleines*, et l'autre en moine éclairé qui accrédite, il est vrai, les erreurs dont il a besoin, mais qui fait bonne guerre aux mensonges qui ne sont plus bons à rien. Ce savant bénédictin, dans son Traité des apparitions, des revenants, des vampires, débite les contes les plus absurdes d'un ton de persuasion qui donnerait envie de le prendre pour un sot, si, dans ce même ouvrage, l'abbé de Sénones ne fesait preuve d'un jugement sain, d'une logique très serrée, et même d'un esprit très philosophique, en réfutant les prétendus miracles rapportés par Lucien, Philostrate, Jamblique, et quelques autres. Ce livre de dom Calmet est plein de choses curieuses, et je serais tenté d'en recommander la lecture à M. Comte; il pourrait y puiser l'idée d'une foule de tours qui serviraient à renouveler son répertoire.

M. Comte est né dans le temps et peut-être dans

le seul pays où son talent ne puisse recevoir aucune application sérieuse. Quel succès n'eût-il pas obtenu, il y a quelques vingtaines de siècles, dans la caverne de Delphes, à la place du chevrier Coréas ? Quelle vogue n'eût-il pas donnée à cette jolie sibylle d'Erythrée, qui chantait ses oracles avec le plus singulier contre-alto qu'on ait jamais entendu ? Il aurait fait merveille dans la grotte prophétique des Siamois, et pourrait encore aujourd'hui même servir de compère au grand marabout, au moment où il consulte le fétiche.

Tout porte à croire que le fantôme qui apparut à Charles VI dans la forêt du Mans, et qui troubla pour jamais sa raison, n'était qu'un imposteur ventriloque dont le funeste talent fut la source des longs malheurs auxquels la France fut au moment de succomber. C'est le sentiment de l'abbé de la Chapelle, qui publia en 1772 un volume sur les *ventriloques*, lequel n'est, à proprement parler, qu'un recueil d'historiettes et de tours d'escamotage.

Un traité sur cette propriété organique, dont aucun homme de l'art ne s'était encore occupé, devait être l'ouvrage d'un habile anatomiste et d'un savant observateur. Personne ne se plaindra que M. de Montégre s'en soit chargé.

M. Comte, qu'on eût brûlé il y a deux cents ans, par la même occasion que la maréchale d'Ancre, est aujourd'hui recherché, fêté dans cette même ville, où l'on se dispute le plaisir de le voir et de l'entendre. Depuis qu'il a eu l'honneur de paraître aux Tuileries devant le roi, c'est à qui obtiendra de lui une de ses soirées pour lesquelles on est obligé de se faire inscrire un mois d'avance. M. Comte est sur le chemin de la fortune; il a la vogue. Ce qu'il y a de particulier dans la réputation qu'il s'est faite, c'est la marche inverse qu'elle a suivie. Au lieu de s'étendre, comme toutes les autres, de la capitale aux provinces, celle-ci est arrivée des provinces à la capitale.

Je me rappelle avoir vu à Paris ce célèbre ventriloque, il y a cinq ou six ans, dans la salle de la rue de Thionville, où il donnait ses séances; mais soit que l'heure de la vogue n'eût pas encore sonné pour lui, soit qu'il ait été mal servi par les trompettes journalières de la renommée, ses succès se confondirent avec ceux des Thiémet, des Fitz-James et des Borel, dont les talents étaient loin d'égaler les siens. En attendant le moment de la justice, que le mérite attend quelquefois toute sa vie, M. Comte parcourut les provinces et les pays voisins où il parvint à ses risques et périls à se faire une réputation éclatante.

Il fait parler Marguerite d'Autriche dans l'église de Bron, que cette princesse a fondée. A Tours, il fait enfoncer quatre portes pour arriver jusqu'à un malheureux mourant de faim, que l'on croit enfermé dans une boutique où le ventriloque avait jeté sa voix. Il épouvante à Reims tous les habitants du quartier de l'église Saint-Nicolas en fesant parler les morts. A Nevers, il renouvelle le prodige de l'ânesse de Balaam, en communiquant la parole à un baudet fatigué de porter son maître. Une autre fois, pendant la nuit, il porte la terreur dans une diligence : plusieurs voix se font entendre aux portières, on demande la bourse ou la vie : les voyageurs effrayés s'empressent de remettre leurs bourses, leurs montres à M. Comte qui se charge de traiter avec les voleurs : la bande satisfaite paraît s'éloigner. Les voyageurs se félicitent d'en être quittes à si bon marché, et le lendemain, à leur plus grande satisfaction, le ventriloque remet à chacun l'offrande qu'il avait faite à la peur, et leur révèle le talent dont ils ont été dupes, et dont il faillit lui-même être victime en Suisse.

Les paysans de Fribourg le prirent pour un sorcier, l'assaillirent à coups de hache, et s'apprêtaient à le jeter dans un four allumé, s'il ne fût parvenu à effrayer ces paysans fanatiques en fesant sortir de la bouche du four une voix terrible qui répandit la terreur au milieu d'eux.

Plus d'une fois M. Comte s'est servi du talent qu'il possède pour guérir des esprits malades qui se croyaient possédés du démon. J'ai entendu rapporter le fait suivant par un témoin oculaire :

M. Comte se trouvait dans une église ornée de statues précieuses, que les dévastateurs révolutionnaires se disposaient à piller; au moment où plusieurs d'entre eux levaient le marteau sacrilège sur les monuments des arts, les statues parlent et reprochent à ces bandits leur impiété; saisie d'effroi, la bande de Vandales fuit et se disperse, en jetant au milieu de l'église le butin dont elle était chargée.

M. Comte est revenu à Paris, précédé d'une réputation brillante; tous les journaux des provinces qu'il a parcourues l'ont célébré à l'envi, et les muses de Grenoble ont chanté ses louanges.

Ce n'est plus aujourd'hui ce ventriloque obscur, ce rival de Préjean et des Borel, qui donnait ses modestes *récréations* dans un local bourgeois, devant des spectateurs plébéiens; c'est un professeur de physique amusante, recherché des personnages les plus illustres, et remarquable par une variété de talents, dont la réunion ne s'est encore rencontrée chez aucun homme de sa profession.

L'intérêt et l'amour-propre des personnes chez lesquelles il est appelé ne sont pas étrangers à ses succès. Les réunions dont il est l'objet offrent une occasion de rassembler les gens dont on a besoin, et qu'aucune autre circonstance ne pourrait amener chez vous : on prend son temps pour recommander un protégé ou pour se recommander soi-même. Combien de gens en place accordent, dans une soiréc de plaisir, ce qu'ils auraient ou ce qu'ils ont déja refusé dans une audience? M. Comte, au nombre des tours qu'il a faits, ne compte probablement pas cinq ou six places d'inspecteurs des droits-réunis, quelques douzaines de croix d'honneur, une ou deux préfectures et autant de fauteuils académiques, qu'il a peut-être déja *escamotés à son insu.*

Je m'aperçois, en achevant ce discours, que j'ai oublié de dire pourquoi M. Comte était venu chez moi; mais il est probable qu'en me lisant mes lecteurs l'auront deviné.

N° XXXVIII. [4 février 1815.]

# LA MATINÉE D'UN COMMISSAIRE.

*Pluris est oculatus unus quàm auriti decem*
Plaute, *Trol.*, acte II.
Un seul témoin qui a vu est plus croyable que dix autres qui n'ont fait qu'entendre.

Il est fâcheux qu'on n'ait jamais songé à faire un recueil des querelles domestiques, des contestations bourgeoises, qui tiennent tant de place dans les annales d'une grande ville; on aurait fini par y trouver l'histoire entière des mœurs de la nation.

Les causes qui se plaident au Palais se ressemblent toutes : questions d'état, nullité de testaments, validité d'actes; contestations de droits civils : c'est presque toujours le même fonds reproduit avec de nouvelles circonstances, et tout au plus sous de nouvelles formes : le ministère de l'avocat atténue encore l'intérêt de la cause. La faconde salariée de *ces vendeurs de paroles* (comme les appelait Mirabeau) tourne invariablement dans un même cercle; dont la vérité est rarement le pivot, et dont leur amour-propre est trop souvent le mobile.

Parlez-moi du tribunal impromptu d'un commissaire de police, où les parties sont en présence, où chacun plaide sa propre cause avec l'éloquence de l'intérêt personnel et toute la chaleur d'un premier mouvement. C'est là que le son de la voix, le langage du geste, l'expression de la physionomie, déposent avec fidélité; que le juge peut interroger le regard qui dément ou confirme la déposition de la bouche; c'est là que la justice sans déni se rend sans appel, sans forme et sans délai, comme la rendait saint Louis au pied de l'arbre de Vincennes, et comme la rendent encore le dey d'Alger, le bey de Tunis, et le roi de Madagascar; ce qui ne prouve rien autre chose, sinon que les extrêmes se touchent en politique comme en morale, par un point qu'on appelle *excès*.

La compétence du tribunal d'un commissaire de police est très limitée, mais sa juridiction est très étendue; elle embrasse toutes les classes de citoyens, et, chose assez remarquable, on ne réclame presque jamais contre les décisions qui en émanent. Je crois en avoir trouvé la raison dans la manière expéditive dont les affaires s'y traitent, et dans la célérité des jugements qu'on y porte. Il faut du temps pour endoctriner un avocat, pour suborner des témoins, pour séduire un juge: ici l'action parle, les faits sont en quelque sorte présents, et l'arbitre prononce moins sur ce qu'il apprend que sur ce qu'il voit.

Je ne conçois guère, quelque bon droit qu'on puisse avoir, qu'on se décide à plaider : il me semble que le plaisir de se faire rendre justice n'équivaut jamais à la peine de la demander et à l'incertitude de l'obtenir. Il est probable que beaucoup de gens, qui spéculent sur cette apathie assez commune, se sont fait une étude particulière des épreuves qu'elle peut subir, et qu'ils savent jusqu'à quel point les hommes sans caractère peuvent être dupes sans avoir le courage ou la volonté de s'en plaindre.

Je mets au premier rang de ces spéculateurs les cochers de fiacre; personne n'a une mesure plus exacte de la patience humaine, et ne s'entend mieux à tirer parti de l'indolence des Parisiens. Je suis convaincu, pour ma part, d'avoir été, depuis vingt-cinq ans, trois ou quatre cents fois victime de leurs petites vexations, et, toujours au moment de les conduire chez le commissaire de police, de n'avoir jamais eu la force d'effectuer ma menace. La justice et la colère n'avaient pu jusqu'ici vaincre ma paresse; ce triomphe était réservé à mon amour-propre.

Avant-hier, à dix heures du matin, il pleuvait à verse; j'avais une visite à faire, et j'étais en bas de soie blancs : je ne pouvais me dispenser de prendre une voiture. On a comparé avec autant de justesse que d'esprit les cochers de fiacre aux amis du jour, qui vous offrent leurs services quand il fait beau, qui se font prier quand le temps se met à la pluie, et que vous ne trouvez jamais pendant l'orage. Il y avait encore une voiture sur la place : j'y monte et je dis au cocher de me conduire à l'Observatoire ; la course est longue, il prétend que ses chevaux sont fatigués ; mais je connais cette tactique et, pour lui ôter toute excuse, je le prends à l'heure. Il me répond, en tournant la tête de ses chevaux, *qu'il n'est pas sur la place*, et qu'il ne marchera pas ; je me fâche, il jure ; vingt personnes s'attroupent et prennent parti pour ou contre le cocher : j'aurais probablement cédé si nous eussions été en tête-à-tête ; mais on en *vaut mieux*, ou moins, *lorsqu'on est regardé*; et cette fois je crois mon amour-propre intéressé à montrer du caractère : j'invoque le règlement et j'exige que le cocher me conduise à l'Observatoire ou chez le commissaire de police ; le drôle descend de son siége, me rit au nez, et entre dans un cabaret voisin. La colère s'empare de moi : je veux sortir de la voiture avec trop de précipitation ; mon pied glisse sur le marche-pied, et, pour éviter de tomber, je saute dans le ruisseau, où je m'éclabousse de manière à ce qu'on ne puisse deviner de quelle couleur ont été mes bas. La foule, qui s'était grossie pendant la dispute, riait aux éclats de ma déconvenue ; qu'avais-je encore à ménager ? Je prends un parti héroïque, je monte sur le siége, je fouette les chevaux, et, sans égard aux cris du cocher, je le force à me suivre à pied chez le commissaire du quartier, où nous arrivons presque en même temps. Je consigne sa voiture à la porte, et nous entrons tous deux dans une salle où vingt personnes, arrivées avant moi, continuaient à se disputer, et criaient toutes à-la-fois en attendant le commissaire, qui était allé dresser un procès-verbal d'effraction dans une maison voisine. Quelques soldats sans armes maintenaient l'ordre dans l'assemblée, tandis qu'un petit clerc, d'un air négligent et capable, enregistrait les plaintes en lisant un journal.

Le commissaire arrive, traverse la foule qui se presse autour de lui, et va se placer gravement à la table boiteuse qui lui sert de bureau. Après avoir promené sur les assistants un regard scrutateur, il prend des mains de son clerc la liste des plaignants, et rédige quelques notes en marge avant d'appeler les causes.

J'aurais beaucoup regretté le temps que j'avais perdu et celui qui me restait à perdre, si je ne me fusse avisé de tirer parti de ma position, et d'examiner assez attentivement les objets que j'avais sous les yeux pour y trouver le texte et les détails de mon prochain discours.

Le commissaire de police chez lequel je me trouvais est un gros homme d'une assez belle figure, sur la tête duquel une couche épaisse de poudre dessine avec beaucoup d'art la place des cheveux qui n'y sont plus; il a l'œil vif, l'oreille fine, et tout annonce en lui un homme dont l'expérience s'est formée dans les emplois subordonnés à la place qu'il occupe aujourd'hui. Une grande habitude lui tient lieu d'une grande sagacité; il a l'air d'écouter ce qu'il regarde, et d'entendre ce qu'il voit : son jugement ne paraît être que de l'instinct.

Le premier quidam amené devant lui avait été arrêté par la patrouille à trois heures du matin, dans la rue Vivienne, à la porte d'un bijoutier dont il examinait de trop près la serrure; son affaire fut expédiée en un moment : le commissaire, qui le reconnut, donna aux soldats qui l'avaient amené l'ordre de le conduire à la préfecture de police, d'où il devait partir une heure après pour être réintégré à Bicêtre, son domicile habituel.

Un portier et une jeune femme se présentent ensuite : la dame se plaint que le portier a refusé, pendant la nuit, de lui ouvrir la porte de la maison où elle loge : le portier déclare que la *maison est honnête*, et qu'il a ordre du propriétaire de ne pas tirer le cordon après minuit. La jeune dame rit aux éclats : « Autant vaudrait, dit-elle, aller se loger au Marais : elle veut pouvoir sortir de chez elle et y rentrer quand il lui plaît; et, comme elle n'habite cette maison que depuis deux jours, elle demande qu'on l'autorise à déménager au demi-terme. » Le commissaire n'y voit pas de difficulté; mais il exige que jusque-là cette dame se conforme à l'usage établi dans la maison. « Soit, reprit-elle en sortant; je rentrerai à minuit comme une religieuse, et nous verrons ce que cette vieille tête y gagnera. »

Un homme fort bien mis, mais non pas proprement vêtu, venait rendre plainte comme *Jeannot* et pour un accident de même nature qui lui était arrivé la veille, au coin de la rue d'Amboise. Il avait voulu conserver le *statu quo* pour donner plus de poids à sa déclaration. La femme qu'il avait citée prouva que ce jour-là elle était absente de Paris, et demanda une indemnité de dix francs pour la journée qu'on lui avait fait perdre; elle lui fut allouée, et le plaignant sortit d'assez mauvaise humeur, convaincu, à ses dépens, *que les battus paient souvent l'amende.*

C'était le tour d'un jeune homme très élégant et d'une figure fort agréable, amené par deux soldats du guet qui l'avaient arrêté, sur la dénonciation d'une vieille servante, dans l'escalier d'une cave où il paraissait avoir eu l'intention de se cacher. Le jeune homme répondait en souriant aux questions du commissaire, et celui-ci l'interrogeait en homme qui ne se méprenait pas sur la nature du délit.

« J'étais allé souper hier au soir, disait le jeune accusé, chez un homme respectable de mes amis qui devait partir cette nuit même pour un voyage de quelques jours; sa femme, douée d'une sensibilité exquise, s'était presque trouvée mal au moment où elle avait entendu les chevaux de poste entrer dans la cour de l'hôtel, et je m'étais retiré tout ému de la scène des adieux dont j'avais été témoin. Je ne sais par quelle distraction, au lieu de descendre par le grand escalier, j'avais suivi un corridor obscur qui aboutit à un escalier dérobé dont je ne connaissais pas l'issue et que je descendais à tâtons; je me trouvais en effet dans la cave lorsqu'une vieille femme, qui m'aperçut, ferma la porte sur moi en criant au voleur. J'ai mieux aimé me laisser conduire au corps-de-garde, où j'ai passé la nuit, que de faire une esclandre dans une maison respectable dont la maîtresse, instruite par moi, ne tardera pas sans doute à venir me réclamer.

Le jeune homme parlait encore, qu'une dame d'une taille imposante et d'une beauté qui gagnait peut-être quelque chose au grand voile de dentelle dont sa figure était couverte, entra suivi de deux laquais en livrée, et vint réclamer le jeune homme qu'elle appela son cousin (circonstance que celui-ci avait oubliée dans sa narration). Elle parla bas au commissaire qui répondit par cette observation pleine de sens: « Je conçois fort bien, madame; mais, à l'avenir, à votre place, je ferais reconnaître mon cousin par mes gens. » La dame se confondit tout haut en excuses auprès de son jeune parent dont elle prit le bras en sortant, et qui l'accompagna jusqu'à sa voiture, où il ne monta pas avec elle.

Vinrent ensuite deux écoliers de quinze ou seize ans, arrêtés pour avoir cassé des lanternes en sortant du bal. Cette espièglerie, très coupable, aurait eu des suites plus graves, si leurs parents ne se fussent empressés de venir payer le dommage causé par leurs enfants, et n'eussent répondu de leur conduite à l'avenir.

Le commissaire fit comparaître un cabaleur pris la veille en flagrant délit dans le parterre d'un de nos grands théâtres. Il fut prouvé que cet homme avait *l'entreprise des chutes,* et qu'il avait été payé, par un auteur ennemi de celui dont on jouait l'ouvrage, pour faire tomber sa pièce. Les mesures avaient été mal prises; les *siffleurs* à gages dont il était le chef, et qui se trouvaient en grande minorité, furent mis à la porte. Seul, il voulut faire tête à l'orage. Le public le signala comme instigateur du désordre et il fut arrêté muni d'un sifflet mécanique pour lequel il sollicite un brevet d'invention. Chacun reçut son châtiment: le nom de celui qui avait payé ces honteux services fut livré au mépris de l'assemblée, et l'entrée des spectacles fut interdite pendant six mois à son agent.

A l'entrepreneur des chutes dramatiques succéda un brillant étourdi dont le cabriolet avait renversé un homme au coin du boulevard, et qui se plaignait, en grasseyant, qu'on lui fît manquer un rendez-vous de la plus grande importance. « A-t-il la jambe cassée? disait-il? eh bien! qu'on l'estime et je la lui paierai; mais, pour Dieu, dépêchons. » Cette insolente fatuité révolta l'auditoire; et il est probable qu'un jugement correctionnel en aurait fait justice, s'il n'eût pas été prouvé que l'homme renversé par le cabriolet spéculait sur ces accidents, dont il se fesait un revenu fort honnête. C'était pour la douzième fois, depuis deux ans, qu'il éprouvait le même malheur; mais une circonstance qui ne devait pas échapper à la sagacité du commissaire, c'est que cet homme n'avait jamais été renversé qu'en plein jour et par les voitures de maître les plus élégantes. En lui permettant d'accepter un louis du propriétaire du cabriolet, le commissaire lui déclara qu'il n'aurait de recours, à l'avenir, pour de pareils accidents que contre les voitures de place.

Mon tour arriva. J'avais attendu deux grandes heures; mais j'avais trouvé le moyen d'employer mon temps, et ma colère était dissipée. J'exposai mes raisons avec plus de calme que le commissaire ne les entendit. La voiture fut mise en fourrière, et le cocher eût été envoyé en prison si je n'eusse intercédé en sa faveur. Il me témoigna tant de regret de sa faute, et me fit une peinture si triste de sa femme et de ses trois enfants qui n'avaient pour vivre que le produit d'une journée qu'il allait perdre, que je me crus obligé de payer le mal qu'il m'avait fait plus généreusement que je n'eusse payé ses services. Je donnai pour boire à quelques ouvriers qui m'avaient suivi pour me servir de témoins, et chacun se retira convaincu, comme moi, qu'il avait coopéré à un grand acte de justice dont l'exemple ne corrigera que celui qui le donne.

N° XXXIX. [11 février 1815.]

# LE CAUCHEMAR.

> Le vrai peut quelquefois n'être pas vraisemblable.
> BOILEAU, *Art poétique*

Quelque susceptible que l'on puisse être, on est forcé de convenir qu'il y a des choses que la raison ne peut expliquer et auxquelles l'imagination la plus active ne peut atteindre par le secours des sens : il semble qu'il faille quelque chose de sur-humain pour nous en faire naître l'idée, et que cette connaissance ne puisse être acquise que par une sorte de révélation qui arrive à notre esprit sans avoir passé par l'intermédiaire d'aucun organe matériel.

Olaüs Magnus, dans sa savante histoire des peuples du Nord (*Historia de Gentibus septentrionalibus*), rapporte, avec toute la naïveté et toute la crédulité de Plutarque, que les Lapons, lorsqu'ils veulent connaître ce qui se passe loin des lieux où ils se trouvent, envoient à la découverte le démon qui leur est familier, et qu'après s'être exalté l'imagination au son des tambours et de certains instruments de musique, ils éprouvent une sorte d'ivresse pendant laquelle des choses dont ils n'eussent jamais eu connaissance dans leur état naturel leur sont subitement révélées.

Socrate et Jérôme Cardan, qui n'ont que cela de commun ensemble, avaient, ainsi que les Lapons, un démon familier à leurs ordres. Cardan nous donne sur le sien, dans son ouvrage *de Varietate Rerum*, des détails qu'il ne tient qu'à nous de croire. Il prétend que toute espèce de douleur physique, le met en rapport avec un autre ordre de choses. « Quand je veux *m'extasier*, dit-il, je sens autour de mon cœur comme une séparation de mon ame qui se communique, comme par une petite porte, à toute la machine et principalement à la tête et au cervelet; alors je sens que je suis hors de moi-même. »

Cette faculté dont jouissait Cardan ressemble beaucoup au *somnambulisme* de l'abbé Faria, lequel n'est rien autre chose que la *seconde vue* des Écossais. Je me souviens que l'année dernière, au coin d'un grand foyer de château autour duquel nous faisions des contes à la manière de ce *bon vieux temps* (dont le ciel nous préserve!), un professeur émérite de l'université d'Oxford m'expliqua fort au long en quoi consistait cette *seconde vue*, apanage particulier des montagnards de son pays et particulièrement des hommes de sa famille. Je n'ai pas trop compris l'explication psychologique qu'il m'en a donnée dans un langage d'adepte dont chaque mot aurait exigé une définition nouvelle; mais je me rappelle un des nombreux exemples qu'il m'a cités à l'appui de sa merveilleuse doctrine. Je vais le rapporter ici comme précaution oratoire.

« J'appartiens, comme vous le savez (c'est le docteur qui parle), à l'une des plus anciennes familles de la vieille Calédonie : un de mes aïeux a péri sur l'échafaud dans les troubles dont l'Écosse a été si long-temps le théâtre, et les papiers de notre maison, sur lesquels reposaient des droits incontestables à une fortune immense et à la pairie du royaume pour le chef de la branche aînée de notre famille, étaient perdus depuis près de deux siècles. Toutes les recherches qu'on avait pu faire de père en fils, dans un pareil laps de temps, avaient été infructueuses, et dès long-temps nous avions perdu l'espoir de recouvrer ces précieux titres : un soir d'hiver, au mois de décembre 1713, mon aïeul était seul avec mon père dans une petite maison qu'ils occupaient dans un des faubourgs de Londres; à la suite d'un accès de goutte qui le retenait depuis plusieurs mois dans son fauteuil, il fut pris d'un de ces engourdissements par lesquels s'annonce la *seconde vue*. En sortant de cette léthargie, qui dura douze heures, mon aïeul fit appeler son fils :

« Nos titres sont retrouvés, lui dit-il, et avec eux

notre état et notre fortune. Asseyez-vous, Arthur, et, sans m'interrompre, écrivez les instructions que je vais vous donner et que vous suivrez de point en point.

« Demain, mon fils sortira d'ici à sept heures précises; il se rendra sur le pont de Westminster; il y trouvera un très gros homme, à perruque de laine, vêtu d'un habit brun à boutons d'ivoire; mon fils abordera cet inconnu, après avoir relevé son chapeau que le vent aura emporté; et, en le lui rendant avec politesse, il lui demandera une place dans sa cariole, pour se rendre avec lui au bourg d'Epping. L'inconnu accueillera cette proposition. Arrivé dans ce village, la cariole s'arrêtera devant une grande maison en brique, vers le milieu de la principale rue d'Epping. Le propriétaire de cette maison, avec qui mon fils aura fait le voyage, l'invitera sans doute à dîner; Arthur acceptera; vers la fin du dîner, quand la fermière et ses filles auront quitté la table, mon fils priera son hôte de le conduire dans un vaste grenier, au-dessus d'une grange attenante à la grande étable. Le fermier paraîtra surpris de cette demande: mais Arthur ne doit répondre pour le moment à aucune des questions qu'il pourra lui faire. Le fermier cherchera long-temps la clef du grenier; Arthur ira la prendre sur la tablette qui se trouvera au-dessus du lit du premier garçon de ferme. Sous un énorme tas de vieux harnais, d'outils de labourage dont ce grenier est rempli, Arthur découvrira un coffre cerclé en fer et garni de clous à tête de cuivre; avec le consentement du propriétaire, il fera sauter le cadenas qui ferme ce coffre, et dans ce coffre il trouvera tous les papiers de notre maison, dont il fera dresser procès-verbal par le juge de paix du canton.

« Mon père, continua le docteur, exécuta de point en point les ordres qu'il avait reçus du sien ; il rencontra sur le pont de Westminster le fermier d'Epping, fit route avec lui, et trouva dans sa maison, à l'heure, au lieu, et de la manière indiquée, les papiers de famille dont l'existence avait été révélée à mon grand-père dans cette vision intuitive que nous appelons *seconde vue*. »

Je ne cacherai pas à mes lecteurs que je me suis un peu moqué de l'histoire que je viens de leur faire sous la dictée de mon noble écossais, et que toutes les preuves dont il essaya de l'appuyer n'avaient pu vaincre mon incrédulité; mais s'il est facile de nier ce qu'un autre vous raconte, comment refuser de croire ce qu'on a vu soi-même?

Depuis mon enfance je suis sujet à une espèce de cauchemar dont les résultats, souvent assez extraordinaires, n'avaient été jusqu'ici pour moi l'objet d'aucune observation. J'avais seulement remarqué que l'extase pénible où il me plonge est presque toujours la suite d'une forte contention d'esprit, d'un travail prolongé au-delà des bornes de l'attention dont je suis susceptible, et qu'il participait de la nature des objets dont je m'étais long-temps occupé.

Un événement récent, d'assez peu d'importance en lui-même, mais qui se rattache aux grands intérêts politiques du nouvel ordre social, m'avait conduit insensiblement à l'examen de cette question : le rétablissement des ordres religieux pourrait-il s'effectuer en France? et, supposé qu'il fût possible, n'entraînerait-il pas indispensablement la ruine de la monarchie constitutionnelle? Je m'échauffai sur cette idée au point de me créer des fantômes, et de croire à l'existence d'un synode mystérieux qui poursuit en France le grand œuvre de la régénération monacale. Ma tête s'exalta; un léger accès de fièvre s'empara de mes sens; je me couchai de bonne heure; et, les yeux ouverts, dans un état qui tenait de la veille et du sommeil, je fus pris d'un violent cauchemar, pendant lequel j'eus une vision dont je n'ai pas oublié le moindre détail.

Je me trouvais, ou du moins je croyais me trouver sur les hauteurs de Charonne, à la chute du jour. En traversant la rue de........, en face d'une vaste masure, j'entendis quelques gémissements qui venaient à mon oreille à travers ce bruit vague et sourd que produit au loin le tumulte d'une grande ville. Je crus distinguer le lieu d'où partaient les plaintes; je frappai, on n'ouvrit pas. Le temps avait fait brèche dans un mur de clôture ; je m'aidai pour le franchir de débris amoncelés du côté de la rue, et, toujours guidé par les sons plaintifs qui avaient fixé mon attention, je traversai une cour que l'herbe avait à peu près couverte. J'arrivai, sans rencontrer personne, au pied d'un vieux bâtiment en ruine, où j'entrai par un long corridor en arceaux à peine éclairé par la faible lueur d'une lampe suspendue à l'autre extrémité.

Parvenu au bout de ce corridor je distinguai la voix gémissante de plusieurs jeunes filles, et, dans ces accents modulés par la douleur, je crus découvrir la nature du supplice ou du châtiment qui les leur arrachait. En cherchant un moyen d'arriver jusqu'à elles je découvris une fenêtre, et je parvins à m'élever à la hauteur d'un vitrage délabré à travers lequel je vis, avec autant de surprise que d'indignation, ce qui se passait dans l'intérieur de ce triste réduit. Un vieillard, pâle et décharné, à genoux sur un prie-dieu exhaussé de quelques marches, récitait des prières à haute voix, tandis que six jeunes filles, nues jusqu'à la ceinture, dont la plus âgée pouvait avoir seize ans, se frappaient le corps avec la discipline dont chacune d'elles était armée. Le vieillard interrompait de temps en temps ses prières pour exciter leur zèle et gourmander la faiblesse de celles en qui la ferveur semblait se ralentir. Je crois devoir passer sous silence les choses mystérieuses dont je fus encore témoin et auxquelles je mis un terme en jetant, par ma présence, l'effroi dans l'assemblée.

La porte s'ouvrit, le directeur de cette maison se hâta de dérober à mes yeux ses victimes; mais il ne put empêcher qu'une d'elles ne vînt se jeter à mes pieds et ne me révélât la nature, le but, et les moyens de cette étrange association. L'émotion violente que le récit de cette jeune fille me fit éprouver, l'audace et le sang-froid que déploya le saint homme dans l'explication que nous eûmes ensemble, excitèrent en moi un accès de fureur qui me fit sauter hors de mon lit et je m'éveillai.

Le lendemain, je retrouvai dans mes souvenirs une impression si fraîche, si profonde des objets que j'avais eu sous les yeux pendant la nuit, que je ne pus résister à l'espèce de superstition qui me portait à chercher quelque réalité dans un songe. J'avais encore présents à la pensée le lieu, les circonstances, les figures, et jusqu'au nom des personnages que j'avais vus en rêve. Je me transportai lundi matin dans cette rue de...., dont auparavant je ne soupçonnais même pas l'existence. Je reconnus la maison avant d'avoir jeté les yeux sur le numéro dont j'avais conservé le souvenir. Qu'on juge de ma surprise en retrouvant aussi la brèche par où j'étais entré dans mon songe! Je ne jugeai pas à propos, comme on l'imagine bien, de m'introduire par la même voie : *je sonnai, on fut long-temps à m'ouvrir; une femme, en habit de religieuse et d'une figure qui n'honorait pas l'habit qu'elle portait, m'introduisit de très mauvaise grace dans l'intérieur de cette espèce de cloître, où je retrouvai successivement toutes les traces que mon imagination y avait pour ainsi dire imprimées. Ne pouvant obtenir aucun renseignement de la sœur qui me servait de guide, j'exigeai qu'elle me fît parler à la supérieure, ou du moins à la directrice de cette maison.*

Elle me conduisit avec une inquiétude visible à travers ce long corridor que j'avais déja parcouru en idée. Aux questions que je lui fis sur l'usage de cette salle noire devant laquelle nous passions, et dont la croisée frappa mes regards, elle se contenta de répondre que c'était le parloir. Il en sortit une petite fille que l'on déroba promptement à ma vue. Je montai au second, et l'on me fit entrer dans une chambre où je vis, avec un étonnement dont je ne fus pas le maître de réprimer l'expression, un homme dont les traits me rappelaient ceux du vieillard dont j'avais l'esprit frappé.

Il me sembla encore que ma visite lui causait une émotion d'autant plus vive, que je paraissais instruit des choses dont je venais m'informer : dans la crainte de m'abandonner aux soupçons que je semblais avoir conçus, il prit le parti de m'apprendre ce qu'il ne se croyait plus le maître de me laisser ignorer.

Il avait fondé dans ce lieu une maison d'éducation de jeunes filles destinées à l'état religieux. Cette communauté, dont il était le *directeur*, appartenait à l'ordre de Saint-François; la règle n'en était pas plus austère que celle des autres maisons du même ordre. Je me permis de lui faire observer qu'il était au moins extraordinaire qu'un homme se trouvât à la tête d'une communauté de femmes, et que je ne connaissais aucun exemple orthodoxe de la prérogative qu'il s'attribuait. Cet homme, les yeux constamment baissés pendant tout le temps que je passai près de lui, me répondit qu'il ne devait compte de sa conduite qu'à ses supérieurs. J'insistai vainement pour visiter la maison, pour en connaître le régime intérieur, l'autorité dont elle relevait, le nombre et l'espèce de pensionnaires qui s'y trouvaient renfermées. Il persista dans ses refus; et, le bruit d'une cloche s'étant fait entendre, il me pria de me retirer d'un ton suppliant où la douceur affectée laissait percer l'impatience.

J'ai dit ce que j'ai rêvé, j'ai dit ce que j'ai vu, et il en est résulté une telle confusion d'idées, que je ne saurais affirmer où commence la vérité, ni où finit le mensonge.

N° XL. [18 février 1815.]

# LES VISITES DU MATIN.

>Compagnes d'un époux et reines en tous lieux,
>Libres sans deshonneur et sages sans contrainte,
>Et ne devant jamais leurs vertus à la crainte.
>
>VOLT., *Zaïre*

S'il y a beaucoup de manières d'employer son temps, il y en a plus encore de le perdre. Depuis le plus grand travailleur jusqu'au fainéant le plus déterminé, chacun n'a que vingt-quatre heures à dépenser par jour. De l'emploi qu'on en fait résulte, en grande partie, la différence qu'on observe entre les hommes. « La vie, dit quelque part Sénèque, est comme un drame ; ce n'est pas sa longueur, mais sa conduite qui nous importe ; il n'est pas question de savoir où et quand vous finirez ; finissez où vous voudrez, quand vous voudrez, pourvu que l'action soit intéressante, et que le dénouement soit bon. »

Au nombre des moyens de perdre son temps, il ne faut pas oublier de compter la lecture des livres qui traitent de son emploi. L'usage que l'on en fait tient sur-tout aux habitudes que l'on contracte : celle du désœuvrement est la plus difficile à vaincre, parcequ'elle vous en ôte la force, lors même qu'elle vous en laisse la volonté. Franklin a fort heureusement exprimé cette pensée, lorsqu'il a dit que *l'oisiveté ressemble à la rouille, et qu'elle use plus que le travail.*

L'oisiveté, plus commune chez les femmes, est plus entière chez les hommes; les uns *tuent* le temps, les autres le *passent;* les hommes désœuvrés ne font rien; les femmes désœuvrées font des riens, ce qui est encore quelque chose. Celles-ci ont imaginé pour cela des *passe-temps* qui se varient à l'infini, selon leurs goûts, leurs habitudes, leur fortune, ou leurs caprices. Une grande partie de ce qu'on est convenu d'appeler la science du monde consiste, à Paris, à savoir prendre le temps des femmes, dont elles vous font d'autant moins bon marché qu'elles s'en montrent plus prodigues. On doit éviter d'interrompre les hommes qui travaillent, mais il faut craindre sur-tout de déranger les femmes qui n'ont rien à faire.

Les visites du soir, dont l'heure, l'à-propos, et la durée, sont assez généralement réglés par l'étiquette, entraînent peu d'inconvénients : celles du matin, en supposant plus d'intimité entre ceux qui les font et celles qui les reçoivent, exigent de la part des premiers une grande connaissance des habitudes locales, un sentiment particulier de convenances personnelles, dont l'ignorance ou l'oubli expose un homme à se donner dans le monde le tort impardonnable d'un ridicule.

Mon cousin Fréminville me rencontra, jeudi dernier, sur le boulevard de la Madeleine, à neuf heures du matin, et parut fort étonné de m'entendre dire que j'allais faire une visite à madame de Vermont. « Qu'on sorte de chez une jolie femme à cette heure-là, me dit-il en riant, cela peut s'expliquer jusqu'à un certain point; mais qu'on s'y présente.... — Pourquoi pas, quand cette jolie femme vous attend? Vous ne connaissez madame de Vermont que par les succès brillants que lui ont valu dans le monde sa grace, son esprit, et sa fortune; vous ne l'avez jamais vue que le soir dans un salon dont elle est toujours le plus bel ornement, et où personne ne songe à vous dire que cette femme aimable est une bonne mère de famille, qui se lève à huit heures du matin, qui préside elle-même à l'éducation de ses enfants, et conduit sa maison avec un ordre merveilleux qui double sa fortune. » Fréminville me demanda dans quel roman ou dans quelle comédie je voulais introduire un *caractère* que j'avais probablement rêvé dans ma promenade, et finit par me proposer de parier que je ne serais pas reçu à cette heure dans la maison où j'allais. J'acceptai le pari, et je lui proposai de m'accompagner, en prenant sur moi de justifier sa démarche, si elle avait besoin de justification.

Il était neuf heures et demie lorsque nous arrivâmes chez madame de Vermont. Le portier se contenta de nous avertir que *monsieur* était sorti ; nous passâmes, en prévenant que nous allions chez *madame*. Le valet de chambre nous introduisit dans un petit salon, et, pendant qu'il allait nous annoncer, nous eûmes le temps de remarquer que les domestiques étaient à leur poste, et que déja le plus grand ordre, la propreté la plus recherchée, régnaient dans la maison, et se faisaient sentir dans les moindres détails.

Madame de Vermont nous reçut dans la chambre d'étude de ses enfants. Quand nous entrâmes, elle finissait de compter avec son maître-d'hôtel. Sa fille, âgée de dix ans, prenait sous ses yeux une leçon de dessin, et son fils, de deux ans plus jeune, était occupé à reformer une carte de France, au moyen de fragments épars dont elle se compose, et qu'il avait placés sur les genoux de sa mère. C'était un véritable tableau de famille, dont les trois figures offraient, chacune dans son genre, un modèle parfait de grace et de naiveté.

« Je ne m'excuse pas, nous dit madame de Vermont, de vous recevoir dans cette pièce, dont je ne sors guère pendant la matinée, et où vous me voyez faisant la maîtresse d'école. Heureusement nos études ne sont pas trop sérieuses, et nous pouvons les interrompre sans inconvénient pour nous, ou les continuer sans trop d'ennui pour les autres.» Fréminville, que madame de Vermont avait rencontré dans le monde, et que je lui présentai comme mon cousin, se confondit en compliments, qu'elle reçut avec une politesse un peu froide. Elle parut plus sensible à ceux dont ses enfants étaient l'objet.

M. de Vermont, officier des mousquetaires, revint de la manœuvre à dix heures, et on servit le déjeuner, seul repas où les enfants aient leur place à table. L'aimable mère, toujours occupée d'eux sans le paraître et sur-tout sans en occuper les autres, trouva, sans le chercher, le moyen de convaincre Fréminville qu'une femme pouvait allier la modestie et l'éclat, réussir dans le monde par des qualités brillantes, et fonder son bonheur domestique sur les seules vertus qui puissent l'assurer.

En sortant de chez madame de Vermont, et afin de calmer l'enthousiasme de mon cousin pour les femmes qui se lèvent de bonne heure, nous allâmes faire une visite à la baronne de Solanges. Cette dame, dont le premier besoin a toujours été de faire parler d'elle, ne s'est pas plus tôt aperçue qu'on ne disait plus rien de ses charmes, qu'elle s'est souvenue du bien qu'elle avait entendu dire de son esprit : elle s'est faite auteur ; rien de plus facile avec quarante mille livres de rente. Il est à craindre seulement que sa gloire ne finisse par absorber sa fortune, et qu'elle ne marchande pas assez les succès qu'on lui vend. La maison de madame la baronne est un bureau d'esprit dirigé sous son nom par quelques auteurs émérites qui règlent aujourd'hui les rangs dans la littérature, et dispensent la renommée, comme un caissier dispose des fonds qui ne sont pas à lui.

Madame de Solanges sert les muses de sa plume et de sa bourse; tout-à-la-fois *Tencin* et *La Fayette*, elle protége les auteurs, publie leurs ouvrages, inonde les salons de romans, les almanachs de ses vers, et les journaux de ses éloges.

Avant d'arriver à son cabinet, au fond du jardin, nous traversâmes un salon en désordre, où le laquais jouait au volant avec la femme de chambre, tandis que le frotteur, appuyé sur son balai, comptait les coups; nous trouvâmes la baronne dans un négligé qu'un peu plus de propreté n'aurait pas rendu moins simple : elle était entourée de vieux livres sillonnés par des bandes de papier écrites, et dont elle extrait probablement quelque brochure nouvelle. Je lui parlai de son dernier ouvrage, dont je ne connais pas le titre; elle en prit occasion de nous lire un chapitre de celui qu'elle est sur le point de publier. Nous passâmes ensuite en revue toutes les réputations littéraires, ce qui nous conduisit à parler de la prochaine nomination à l'Académie, qu'elle regardait comme une affaire arrangée, au moyen des *dix voix* dont elle dispose habituellement, et qu'elle avait promises, depuis plus d'un an, au candidat qu'elle protége.

La nouvelle Philaminte donna devant nous audience à son libraire et à son imprimeur; elle s'emporta contre ce dernier qui s'avisa de lui prouver qu'il y avait dix-sept fautes d'orthographe dans la première page de son manuscrit, qui, sans doute, n'avait pas été recopié par son secrétaire; celui-ci, que nous avions aperçu dans la pièce qui précède le cabinet où nous étions, était une espèce de petit-collet, *teinturier*, chargé de soumettre le génie de madame aux régles de la syntaxe, et de donner à ses ouvrages toute la grace du Pays Latin, et tout l'esprit du séminaire, au prix de trois dîners par semaine, et d'une soutane par an.

Un moment après, entrèrent ensemble un journaliste et un procureur; tous deux étaient pressés; il s'agissait d'un *article* qui devait paraître le lendemain, et d'un *jugement* rendu la veille: il n'y avait pas à balancer. On renvoya le procureur, et nous nous retirâmes, pour laisser à la dame la liberté de travailler avec son journaliste. En sortant, l'homme de loi nous mit au fait des affaires de la docte baronne, et ne nous cacha pas qu'avant peu, grace au peu d'ordre qui régne dans le temple de cette dixième muse, elle pourrait bien être forcée d'aller enterrer sa gloire dans le fond d'un château de province où elle a relégué son mari.

Il était midi lorsque je me présentai chez madame de Cériane; Fréminville ne jugea pas à propos de m'y accompagner. Une des femmes de chambre m'introduisit dans l'appartement de la jeune dame, où son mari n'avait pas encore pu pénétrer, mais où se trouvaient deux ou trois hommes de sa société intime. Elle était assise sur son lit, et soutenue, dans cette position, par trois ou quatre carreaux d'édredon garnis de dentelles; un madras artistement chiffonné sur sa tête, un canezou du dernier travail de madame Colliou, composaient toute sa toilette, et n'en laissaient pas desirer une autre; un petit pupitre en maroquin était posé sur ses genoux, et lui servait à expédier, tout en causant, une demi-douzaine de billets du matin.

C'est un petit ministère que la chambre à coucher d'une jolie femme à la mode; les invitations, les excuses, les refus, les encouragements à donner à des artistes, les sollicitations auprès des académiciens, ne sont pas les seuls objets de la correspondance. Lorsque madame de Cériane eut achevé la sienne, la conversation devint plus intéressante. Nous lui donnâmes les nouvelles du matin : elle nous fit la chronique de la veille; parla successivement, avec une facilité de transition que je ne me lassais pas d'admirer, de *l'invasion de Rome*, de *l'abbé Faria*, de *l'enterrement de mademoiselle Raucourt*, de *la responsabilité des ministres*, du *Nain Jaune*, du *Congrès* et du *bal de l'Opéra*. Je la félicitai d'avoir soutenu avec tant de bonheur la fatigue des plaisirs de l'hiver. « Ne m'en parlez pas, dit-elle, en prenant quelques cuillerées de fécule de pommes de terre, qu'on lui présenta dans une jatte de vermeil; je suis excédée de bals, de soupers, de concerts; mais ma santé en souffre cruellement; et si le carême ne mettait fin à tout cela, j'en mourrais. » Dans ce moment arrive, avec une demoiselle de chez madame Despeaux, qui apportait une toque pour le bal du soir, la vicomtesse de Néval, amie de cœur de madame de Cériane. Écoutons-les :

« Eh bien! ma belle, que faites-vous aujourd'hui? — J'aurais presque envie de rester chez moi. — Non pas, s'il vous plaît, j'ai disposé de vous; j'ai ma loge à l'Opéra, le spectacle est charmant, *Nina;* je ne m'en lasse pas; de là nous allons au bal de madame T.... — Impossible, ma chère, je suis si fatiguée!.... — Mon Dieu! je le suis plus que vous; mais encore quelques mois et nous irons nous reposer à la campagne. — Vous faites de moi tout ce que vous voulez; j'accepte, mais à condition que vous m'accompagnerez demain matin à la pompe funèbre de Saint-Roch, et le soir aux Variétés; Potier vous fera mourir avec *ses farces*. — N'oublions pas qu'après-demain le docteur N\*\*\* nous conduit à la Maternité, et qu'ensuite nous allons dîner chez le bailli. — On y joue trop gros jeu, et l'on se retire trop tard; la semaine dernière, nous en sommes sorties à trois heures. — A la montre de votre mari, qui avance toujours, vous le savez bien. »

Une conversation si raisonnable fut interrompue par l'arrivée du jardinier de la Malmaison, qui venait renouveler les fleurs, et présenter à madame quelques *élèves* de la Nouvelle-Hollande. Un garçon libraire apportait les brochures du jour; madame de Cériane le renvoya au secrétaire de son mari, qui connaît ses opinions littéraires et politiques, pour qu'il choisît ce qui lui convenait.

Le maître de piano et le maître italien arrivèrent en même temps; elle remit au dernier son cachet, en le priant de revenir le lendemain, et, pour toute leçon, invita l'autre à se mettre au piano, et à lui donner une idée de la polonaise de Mozart, que madame Catalani a mise en vogue.

On vint annoncer que le déjeuner était servi. Nous passâmes dans le salon; et, après une grande demi-heure, madame de Cériane vint se mettre à table, et recevoir, pour la première fois de la journée, les compliments de son mari; ils furent accueillis avec d'autant plus de grace qu'ils étaient accompagnés d'une très belle fourrure de Sibérie, qu'un de ses correspondants venait de lui envoyer.

Après avoir pris une tasse de thé avec madame de Cériane, j'allai terminer mes visites du matin chez madame la marquise de Meillan. Cette dame, élevée par une grand'mère à qui l'on doit en France la découverte des vapeurs, a trouvé le moyen, à force de camphre, d'éther, de gouttes d'Hoffmann, et de laudanum, de se persuader qu'elle avait mal aux nerfs; elle parviendra probablement à détruire sa santé.

La marquise n'a pas encore trente ans, et son mari en compte au moins soixante. La maladie supposée de sa femme établit entre eux une sorte d'équilibre qu'il n'a pas intérêt à rompre. Madame de Meillan ne sort point de chez elle, voit peu de monde, et passe l'hiver dans les rhumes, l'été dans les vapeurs, le printemps dans les obstructions, et l'automne dans les migraines. Elle dépense, en mémoires d'apothicaire, deux fois autant qu'une autre femme de son rang et de son âge en bijoux et en modes.

Quand j'arrivai, un calme profond régnait dans les pièces qui précédent sa chambre à coucher: des tapis et des portières étouffent le son de la voix et le bruit des pas. Une des femmes me dit tout bas de la suivre, et tourna le bouton de la porte avec une précaution qui m'indiqua celle que je devais prendre. J'entrai sur la pointe du pied dans une chambre où le jour s'éteignait dans les plis des doubles rideaux de soie dont les fenêtres étaient garnies. Madame de Meillan était assise, au coin de la cheminée, dans une vaste bergère; une cornette de dentelle, nouée sous le menton, donnait à sa jolie figure, un peu pâle, une expression de souffrance qui ne m'empêcha pas de remarquer qu'il y avait un peu de recherche dans la manière dont la belle malade était drapée dans ses schalls.

Elle s'excusa sur sa maladie de l'état où je la trouvais; « mais elle n'avait pas fermé l'œil de la nuit; « elle souffrait d'un ébranlement de nerfs, que « venait encore d'augmenter un maudit orgue de « Barbarie qui s'était obstiné à jouer sous ses fe- « nêtres. » Elle toussa deux ou trois fois pour avoir occasion de prendre une demi-tasse de lierre terrestre, édulcorée d'eau d'orge. Tout en parlant elle sonna ses femmes à plusieurs reprises, demandant toujours si son médecin était venu. Elle s'impatienta, retrouva sa voix pour gronder ses gens, et ne se calma qu'à l'arrivée du docteur, auquel je cédai la place, en observant qu'il était un peu jeune pour une maladie si grave.

N° XLI. [25 février 1815.]

# LES MAISONS DE JEU.

---

>    Un joueur, d'un commun aveu,
>    N'a rien d'humain que l'apparence ;
> Et d'ailleurs il n'est pas si facile qu'on pense
> De rester honnête homme et de jouer gros jeu
> Le desir de gagner, qui nuit et jour occupe,
>    Est un dangereux aiguillon :
> Souvent, quoique l'esprit, quoique le cœur soit bon,
>    On commence par être dupe,
>    On finit par être fripon.
>                Mad DESHOUL , *Réflex.*

Après un très long voyage aux terres lointaines, un homme était de retour dans ses foyers; ses amis, accourus pour le voir, lui témoignaient le desir d'entendre ses aventures :

« Écoutez bien, leur dit-il ; voici ce que j'ai vu de plus extraordinaire dans mes courses. A mille ou douze cents lieues du pays des Louconnis (nation de la côte d'Afrique), j'ai rencontré une espèce d'hommes d'une nature tout-à-fait étrange. Ils passent les nuits entières assis autour d'une table où ils ne mangent point, mais qu'ils dévorent des yeux;

la foudre tomberait autour d'eux (ce qui est arrivé plus d'une fois), deux armées combattraient à leurs côtés, le ciel même menacerait ruine, que tout cela ne parviendrait pas à distraire leur attention de la seule pensée qui les occupe. De temps à autre on les entend proférer quelques sons inarticulés qui n'ont entre eux aucune liaison apparente, et qui, cependant, les font passer alternativement de la joie au désespoir. Je n'oublierai jamais l'expression terrible des figures de ces gens-là, que j'ai eu plusieurs fois l'occasion d'observer; la crainte, l'espérance avide, la joie funeste, le rire des furies, les tourments de l'enfer, venaient s'y peindre tour-à-tour. — Mais, demandèrent les amis du voyageur, à quoi donc s'occupent ces malheureux? Sont-ils condamnés ou dévoués à des travaux d'utilité publique? — Rien moins que cela. — Cherchent-ils la pierre philosophale? — Au contraire. — Veulent-ils exalter leur ame pour connaître l'avenir? — Ils ne pensent qu'au présent. — Je devine, ils font pénitence des crimes qu'ils ont commis? — Ils sont plus près d'en commettre que de s'en repentir. — Mais, enfin, que font-ils donc? — *Ils jouent.* »

Cet apologue que je traduis, ou plutôt que j'imite à la hâte d'un fabuliste allemand, me place de prime abord au centre d'une question de morale publique, que je tâcherai de rendre utile sans trop d'ennui.

Le jeu (à prendre ce mot dans sa plus rigoureuse acception), n'est à mes yeux qu'un moyen illicite de s'approprier le bien d'autrui ; je l'appelle un vol de convention, et je trouve même qu'il faut un jugement bien sûr, un esprit bien méthodique, pour distinguer du vol ordinaire une opération dans laquelle il est difficile qu'il n'y ait pas toujours un fripon, puisqu'il y a toujours une dupe.

On a beaucoup écrit contre le jeu; il valait mieux agir : dans certains cas (et celui-ci est du nombre), une bonne ordonnance de police vaut mieux que le meilleur traité. Le plus ancien que je connaisse a été composé par un médecin flamand, qui crut se guérir de cette passion en signalant les maux qu'elle entraîne : c'est un amant qui déclame contre une maîtresse absente. Paschasius Justus publia, vers le milieu du XVIe siècle, son livre : *De aled, sive de curando ludendi in pecuniam cupiditate* (moyen de se guérir de la passion du jeu); ce qui ne l'empêcha pas de s'y ruiner et d'aller mourir à l'hôpital.

Jean Barbeyrac, savant professeur de droit à Lausanne, a fait un *Traité du jeu*, en trois énormes volumes, dans lesquels il déploie une vaste érudition sans aucun profit pour la morale. Gataker, de la Placette, de Voët, d'Amésius, et une foule d'autres ont également publié sur le jeu des écrits plus connus des savants que des habitués du N° 113.

Cette passion, qui se perd, comme certains torrents, dans un gouffre sans fond et sans rivage, prend comme eux sa source dans des lieux élevés. En France, les grands en furent les premiers atteints. Louis IX essaya, par des mesures sévères, de bannir le jeu de sa cour; son frère Robert, comte d'Artois, donna l'exemple d'enfreindre des ordonnances qui contrariaient sa passion pour les jeux de hasard, qui fut aussi celle du grand-connétable.

Sous le règne de Charles IV, l'hôtel de Nesle était ce qu'est aujourd'hui le *Salon ;* les étrangers de distinction, les gens de qualité, et les gros joueurs, dont on ne conteste jamais les titres, s'y rassemblaient pour jouer. Eustache Deschamps a composé sur cette réunion de l'hôtel de Nesle des vers qui n'ont vieilli que par l'expression; dans ce lieu, dit-il,

« Maints gentilshommes très haulx
« Y ont perdu armes et chevaulx,
« Argent, honnours et seignourie,
« Dont c'étoit horrible folie.
« . . . . . . . . . . . . . . . . . . . . . . . .
« Le jeune enfant devient ruffien :
« Joueurs de dez, gourmands et pleins d'ivresse,
« Hautains de mer et ne leur chant en rien
« D'honnour, etc. »

Cette fureur du jeu, que n'avaient pu réprimer les ordonnances de nos rois, céda pour un moment à la voix d'un moine bénédictin. Pasquier rapporte qu'à l'issu d'un sermon, où ce saint homme avait tonné contre cette odieuse frénésie, on brûla publiquement dans chaque quartier les dés, les cartes, et les tables de jeu.

Henri III joignait ce défaut à beaucoup d'autres, et ne le rachetait pas, comme son illustre successeur, par des qualités adorables qui permettent à peine de l'apercevoir.

« Je ne sais (dit Péréfixe) ce qu'il faut répondre
« à ceux qui lui reprochent (à Henri IV) qu'il a
« trop aimé le jeu des cartes et des dés, peu séant à
« un grand roi, et qu'avec cela il n'était pas beau
« joueur, mais âpre au gain, timide dans les grands
« coups, et de mauvaise humeur sur la perte. A cela
« je crois qu'il faut avouer que c'était un défaut de
« ce roi, qui n'était pas exempt de taches, non plus
« que le soleil. » Ce prince poussait l'amour du jeu au point d'admettre au Louvre, pour faire sa partie, un aventurier italien nommé Pimentel, que Sully eut le courage d'en chasser.

Les lettres de madame de Sévigné suffiraient pour nous donner une idée du degré de force et d'impudence où fut porté l'amour du jeu sous Louis XIV; elle s'en plaint à sa fille dans plusieurs lettres. Gourville avoue qu'il a gagné plus d'un million au lansquenet, et que Dangeau n'y fut guère moins heureux. *Les beaux joueurs* de ce temps-là n'étaient pas les plus honnêtes gens du monde, à en juger par le plus beau de tous, par ce chevalier de Grammont, qui se vantait d'avoir *gagné* deux mille pistoles au comte de Cameran, à une partie de *quinze*, soutenue par un détachement d'infanterie.

Le jeu figura en première ligne parmi les désordres de la régence; et, comme l'observe judicieusement Dussaulx, le *système* n'était qu'un jeu où la nation entière s'intéressa; à quelque temps de là les hôtels de Gèvres et de Soissons furent érigés en tripots où l'on jouait dans la loge du suisse, dans les antichambres, dans les salons, et jusque dans les mansardes des laquais. La police, à cette époque, ne protégeait pas les maisons de jeu; elle les surveillait, et ses efforts tendaient à les détruire: peut-être y serait-elle parvenue si la capitale n'eût pas trouvé à Luciennes et à Versailles des exemples et des excuses.

Le roi permettait un jeu à madame Dubarry pour son amusement; quelques grands seigneurs en établirent chez eux pour leur profit, et ne rougirent pas de s'entendre sur ce point avec l'entrepreneur des jeux, qui envoyait chez M. le duc tel ou tel un aigrefin en habit brodé, pour *tailler* le pharaon, le trente et quarante, le quinze ou le macao.

Ces honteux désordres, qui se perpétuèrent sous le règne suivant, contre la volonté d'un monarque en qui la maturité de la raison avait devancé celle des années, trouvèrent également un censeur dans la personne d'un prince que les destinées de la France ont replacé sur le trône de ses ancêtres. Monsieur, à peine âgé de vingt-quatre ans, permit au savant Dussaulx de lui dédier son ouvrage sur les *Dangers de la passion du jeu*, qu'il prit, ainsi que l'auteur, sous sa protection. Peut-être n'a-t-on jamais rien écrit de mieux sur ce sujet; le livre fut lu, estimé autant qu'il devait l'être, et ne corrigea personne.

Quelques années avant la révolution, les maisons de jeu, organisées sur un plan plus vaste, se multiplièrent à l'infini. Dans l'impossibilité d'arrêter le désordre, la police trouva convenable d'en tirer parti; elle *imposa* le mal qu'elle ne pouvait détruire.

Un des tripots le plus en vogue à cette époque était celui qu'avait ouvert madame Sainte-Amaranthe; Frascati, le pavillon d'Hanovre, l'hôtel de Richelieu, la maison de la rue Grange-Batelière, et cent autres, déguisaient le même piége sous les noms de *soupers*, de *concerts*, de *bals masqués*. Cette dernière invention, la plus funeste que le génie du jeu ait imaginée, permettait aux femmes de ruiner incognito leurs maris, aux hommes en place, aux négociants, aux agents comptables, de compromettre leur fortune sans compromettre leur crédit, et aux laquais de jouer, sans attirer l'attention sur eux, tout l'argent qu'ils pouvaient dérober à leurs maîtres.

Le Palais-Royal devint le centre de ces dangereux établissements, auxquels on ne rougit pas de donner le caractère d'une institution publique, en créant une *administration des jeux* qui étendit, en le régularisant, le fléau dont elle avait et dont elle a conservé l'odieux privilége. Grace aux nombreuses succursales qu'elle entretient dans toute la France et dans tous les quartiers de Paris, aucune classe de la société ne peut se soustraire à sa désastreuse influence; elle prélève son impôt sur la journée de l'ouvrier comme sur le traitement de l'ambassadeur, et ne dédaigne pas plus le cuivre de l'artisan que l'or du receveur-général.

Le *Cercle des étrangers* tient le premier rang parmi les maisons de jeu, avec lesquelles il n'a de commun que son objet. La meilleure et la plus brillante compagnie de Paris en hommes s'y réunit tous les soirs. C'est un lieu de rendez-vous pour les personnages de distinction, parmi lesquels on est tout surpris de trouver des gens qu'ils eussent refusé six mois avant pour leurs laquais, et qu'un coup de dés a fait leurs égaux. Là, ce n'est pas le besoin qui implore le hasard; c'est l'opulence qui lutte imprudemment avec la fortune, dans l'espoir de faire payer au jeu les dépenses d'un luxe hors de proportion avec des revenus qui ne peuvent y suffire.

Je saute une vingtaine de maisons intermédiaires pour passer du *Cercle des étrangers* au N° 9 du Palais-Royal, le plus gai, sinon le plus décent des tripots de Paris, il est plus facile de le faire connaître que de le désigner par le nom qu'on est convenu de lui donner. Cette maison a deux entrées : l'une pour les novices où l'on paie vingt sous, l'autre pour les affidés ou pour les dupes auxquels on croit devoir offrir ce nouvel appât. Le *creps*, la *roulette* et le *trente-et-un*, y multiplient les chances des joueurs, c'est-à-dire contre les joueurs. Une salle où l'on danse, contiguë à celle où l'on joue, est sans cesse ouverte aux amateurs, qui ne s'informent pas des mœurs de leurs danseuses.

Les habitués de ce singulier lieu sont, pour la plupart, des provinciaux qui viennent y chercher les plaisirs de Paris; des militaires en congé, qui croient y jouir des délices de la paix, et des *Grecs* mâles et femelles qui spéculent sur la crédulité des uns et sur l'insouciance des autres. On y perd son argent le plus gaiement du monde. Vingt femmes, assises autour d'une table de *roulette*, cherchent à doubler à ce jeu l'argent qu'elles ont gagné à un autre, et, après l'avoir vu disparaître sous le fatal rateau, retournent au bal pour y briguer des succès moins incertains.

Dans une pièce adjacente, le buffet du restaurateur sollicite pendant toute la nuit l'appétit des joueurs heureux. Tandis que ceux-ci, autour d'une table chargée de mets exquis, de vins délectables, réparent gaiement les fatigues de la danse avec les profits du jeu, quelques pauvres diables qu'il a ruinés, sans argent pour solliciter un asile de la pitié de ces dames, dorment sur les banquettes de la salle de bal, au bruit des walses et des contredanses.

Le N° 113 est en quelque sorte la sentine, l'égoût des autres maisons du même genre; il est destiné à la classe des joueurs la plus basse et la plus malheureuse. Trois ou quatre grandes salles pauvrement décorées suffisent à peine à la foule des ouvriers, des pères de famille, qui viennent y perdre le produit de leur travail, et le gage journalier de la subsistance de leurs enfants, qu'un coup de dés leur ravit. Le jeu se montre là dans toute sa hideuse difformité. Le banquier, les croupiers, les pontes, ont tous un air diversement sinistre. Des sbires d'une stature colossale se promènent autour de la table, et leur regard farouche semble interdire aux victimes du hasard jusqu'à l'expression de leurs regrets. L'impassible attitude du banquier et de ses complices est peut-être plus effrayante encore. Également sourds aux cris du désespoir et aux élans de la joie, ils ramassent l'argent qu'ils gagnent avec le même sang-froid qu'ils répandent celui qu'ils perdent, et qui doit bientôt leur revenir. Le sentiment de la perte est là plus affreux que par-tout ailleurs : c'est la misère qui dispute un morceau de pain à l'avarice; la joie est sans charmes; c'est le répit du désespoir.

Mon fils, qui venait de lire la première partie de ce tableau, paraissait croire que je l'avais chargé à dessein.

« . . . . . . . . . . . Non, mon fils, lui dis-je, ce ne sont point ici les déclamations d'un moraliste, les anathèmes d'un prédicateur; ce sont des faits dont les preuves journalières sont malheureusement sous nos yeux. Je le répète, c'est dans l'histoire des maisons de jeu qu'il faut chercher la cause de presque tous les crimes : la biographie des joueurs compose une grande partie des annales des tribunaux : comptez seulement les noms odieusement célèbres des misérables dont les lois ont fait justice dans ces dernières années : Lepelley, Héluin, Cartier, l'Homond, Dautun, tous sortis d'une maison de jeu pour monter à l'échafaud. Le plus terrible argument qu'on puisse faire contre ces établissements, c'est qu'ils rapprochent l'intervalle immense qui, par-tout ailleurs, séparent l'innocence du crime, et qu'un honnête homme peut en un seul jour s'y voir transformé en scélérat.

« De toutes les séductions offertes aux jeunes gens dans cette grande ville, la plus dangereuse, la seule qui n'ait point de terme, la seule contre laquelle on ne puisse trouver de refuge, c'est le jeu. L'expérience, l'habitude même vous met en garde contre l'appât des autres plaisirs; la nature prend soin d'en régler l'usage; la passion du jeu est la seule qui se nourrisse, qui s'accroisse de ses propres excès, dont l'abus garantisse en quelque sorte la durée, et qui excite les mêmes desirs, les mêmes transports dans le cœur du jeune homme et dans celui du vieillard. Par une fatalité qui ajoute encore au danger de ce genre de séduction, et dont il est moins facile de donner l'explication que la preuve, les premiers pas dans cette funeste carrière sont presque toujours marqués par des succès. On dirait que le sort prend à tâche de favoriser les débutants, qu'un premier échec pourrait décourager. »

Ces réflexions s'adressaient à mon fils Victor, qui se trouve lié très intimement avec un jeune officier qu'une leçon terrible a, je crois, corrigé d'une passion funeste qui eût sans doute entraîné sa ruine. Léon (c'est le nom de l'ami de mon fils) m'avait été recommandé par son père, et j'ai été chargé, pendant quelque temps, de lui payer par trimestre une pension de deux mille écus, et qui devait suffire pour le maintenir honorablement dans une des compagnies rouges où il sert. Léon, qui venait alors assez habituellement chez moi, me parlait sans cesse du besoin indispensable qu'il avait d'augmenter sa dépense en prenant un cheval et un cabriolet de plus. En ma qualité de ministre des finances, j'essayais, en lui présentant son budget, de lui prouver qu'à moins de se sevrer de tout autre plaisir, et même de prendre sur ses besoins, il ne pouvait, avec 500 francs par mois faire face à cette nouvelle dépense. Mon calcul lui parut d'abord assez juste; mais il voulut le faire vérifier par un de ces mathématiciens qui connaissent mieux la table du *trente-et-un* que celle de Pythagore, et qui ne manqua pas de lui prouver qu'un jeune homme qui peut disposer de 500 francs par mois, a dans ses mains les éléments infaillibles d'une fortune de trente mille livres de rente. A vingt ans, on n'est pas difficile sur des raisonnements qui flattent nos goûts et nos desirs. Au premier jour de paiement de sa pension, Léon fit l'essai d'un plan de finances qu'il adoptait d'autant plus volontiers qu'il l'entendait moins; il joua, décupla son petit capital, et ne douta plus que le jeu ne défrayât amplement le luxe de son écurie. Effrayé de la vie qu'il menait, et dont je fus instruit par lui-même, j'allai le voir un matin pour essayer de l'arrêter sur le penchant de l'abîme. Je le trouvai avec son Mentor, occupé à calculer les chances *finaillibles* d'une martingale. Léon répondit à mes remontrances en étalant devant moi l'or qu'il avait gagné la veille, et je crus inutile d'argumenter contre de pareilles preuves.

J'espérais que la fortune ne lui ferait pas attendre long-temps les revers qui pouvaient seuls donner quelque poids à mon sermon; et, pour être plus tôt en mesure de les mettre à profit, je résolus de suivre mon étourdi dans une maison de jeu de la rue des \*\*\*, où il se rendait tous les soirs, et dans laquelle je fus introduit par un vieil habitué, qui avait payé bien cher l'espèce de considération qu'on lui témoignait. La compagnie était nombreuse, et je pouvais espérer d'y faire mes observations sans être aperçu de celui qui en était l'objet.

Je le vis approcher de la maîtresse du logis, qui le reçut d'un air très affectueux et comme un homme que l'on attend : il causa familièrement avec elle, appuyé sur le dossier de sa chaise, jusqu'à la fin de la *taille;* et lorsqu'on en commença une nouvelle, il alla prendre sa place auprès du banquier. Je ne le perdis pas de vue un seul moment. Il appela d'abord *monsieur de la chambre* (dénomination inventée pour flatter tout à-la-fois l'amour-propre des laquais des maisons de jeu, et pour ménager celui des autres). On lui apporta une carte et une grosse épingle pour *piquer la taille.* Le croupier lui donna les honneurs de *la coupe,* frappa trois coups de *rateau* sur la table, et les prêtres de ce dieu numérique qu'on nomme *trente-et-un* rendirent aussitôt leurs oracles. *La martingale* fit encore une fois merveille; Léon gagna beaucoup, fut complimenté, fêté par une foule d'amateurs émérites qui n'ont d'autres moyens d'existence que l'impôt qu'ils mettent sur la générosité des joueurs heureux. Je ne jugeai pas à propos d'attrister inutilement son triomphe; mais inquiet de savoir comment il usait de la victoire, je revins le lendemain sur le champ de bataille, où j'eus tout lieu de croire qu'il y avait couché.

Cette fois je le trouvai assis près d'une femme aussi jolie que peut l'être une joueuse; cette dame s'intéressait vivement à son jeu, et paraissait l'aider à tirer parti de la fortune qui continuait à lui sourire, à en juger par le tas d'or amoncelé devant lui : les banquiers attendaient qu'il eût disposé ses *masses* avant de prononcer les mots irrévocables : *rien ne va plus, le jeu est fait*. Dans le cours de cette *taille* orageuse, à laquelle je reviendrai tout-à-l'heure, je m'étais éloigné de la table assiégée par trois rangs de joueurs; et, assis avec mon guide sur la *banquette des blessés*, je passais en revue les personnages les plus marquants de ce tripot célèbre, qu'il me faisait successivement connaître.

« Vous voyez, me disait-il, ce grand homme maigre dont les cheveux gris et rares se tiennent, pour ainsi dire, debout sur son front; la nature lui avait tout donné : une belle figure, un beau nom, de l'esprit, et même un bon cœur; le jeu a souillé sa vie d'une action honteuse, dont les circonstances ont fait un crime atroce. A cette époque terrible où les prisons étaient remplies de victimes dévouées à l'échafaud, un de ses cousins qu'il aimait tendrement avait été arrêté; son sort n'était point douteux, il allait être traduit devant le tribunal révolutionnaire. M........ apprend qu'une somme de dix mille francs peut arracher son ami à la mort; il n'a qu'une très petite partie de cette somme; il court chez tous ses parents, réalise la somme entière, et n'attend plus que l'heure de la nuit qui lui est assignée pour se rendre à la prison dont son cousin va sortir. La fatalité, l'habitude, le conduisent dans une maison de jeu; le temps pèse à son impatience; il croit le tuer en *carottant* quelques écus; pour les rattraper, il hasarde une somme plus forte; le sort s'obstine à le poursuivre; un seul coup peut réparer ses pertes; il le joue et le perd; sa tête s'échauffe, s'égare....; l'argent sacré dont il est le dépositaire est entamé : pour recouvrer le tout, il expose le reste.......: sa fortune, son honneur, la vie d'un parent qu'il aime, sont placés sur une carte; le banquier la nomme, et cet arrêt du destin condamne à-la-fois deux victimes, l'une à la mort, l'autre à l'ignominie.

« Je n'ai pas besoin de vous nommer ce beau vieillard à cheveux blancs, assis à l'une des extrémités de la table dont il fait si honteusement les honneurs; vous l'avez vu, il y a vingt ans, remplissant Paris du bruit de ses fêtes, de l'éclat de son luxe et du scandale de ses amours: le jeu a dévoré sa fortune; et, réduit à la plus honteuse misère, il n'a pas rougi d'accepter un *bout de table,* c'est ainsi que l'on nomme ces croupiers subalternes désignés par la place qu'ils occupent, et dont les fonctions se bornent à surveiller les *pontes*.

« Ce gros homme si rouge, dont la cravate est nouée négligemment, et qui s'approche de la cheminée en disant *tout va au rouleau*, est un père de famille, distingué autrefois dans une profession honorable; sa femme, à laquelle il devait la fortune qu'il a dissipée, est réduite à blanchir des schalls pour faire vivre ses quatre enfants, et, dans le moment où je parle, il vient de perdre une somme qui les aurait fait vivre honorablement pendant plus de six mois. »

Au silence profond qui régnait autour de la table, nous jugeâmes qu'il s'agissait d'un coup important; nous nous approchâmes. Les deux tableaux étaient couverts d'or et de billets; Léon, au dernier coup de sa martingale, avait tout son argent à *la noire*. le banquier amène *trente-et-un* pour cette couleur; le parti de la *rouge* est consterné; les cartes filent..... *trente-et-un après*. L'argent est *mis en prison;* les plus prudents en retirent la moitié..... Les rateaux s'agitent; les masses nouvelles se forment; *faites votre jeu.....* Encore un refait!! Une caverne de voleurs n'est pas plus bruyante : *rouges et noires* exhalent leur fureur de cent manières; les uns parcourent le salon en jurant; les autres cassent les rateaux sur le dos des chaises; ceux-ci, près de suffoquer, s'essuient la figure; ceux-là déchirent leur chemise et se frappent la poitrine. Si quelque chose peut donner une idée du supplice des damnés, de la rage des enfers, c'est une maison de jeu dans un pareil moment. Enfin l'arrêt définitif est prononcé; la *noire* perd, et tout l'or de Léon est versé dans la corbeille du banquier: je le suis des yeux.

Il lui reste pour dernière ressource une belle épingle, où le portrait de sa mère est monté en diamants, et une montre à répétition chef-d'œuvre de Breguet. *Monsieur de la chambre* prête sur l'un et l'autre objet le cinquième de leur valeur, et cette somme va grossir en un moment la caisse *de la roulette*. Léon, au désespoir, s'adresse alors à un homme de la figure la plus sinistre, qui l'attire dans l'embrasure d'une croisée; mon *cicerone* me fait connaître ce personnage, et je vois qu'il est temps de me montrer. La tête de Méduse ne produisait pas un effet si prompt; le malheureux jeune homme me regardait avec stupeur, et je vis de grosses larmes rouler dans ses yeux. En un pareil moment toute réprimande eût été déplacée; et sans doute il y eût été moins sensible qu'aux consolations que je crus devoir lui donner en lui remettant son épingle et sa montre, de la remise desquelles j'avais traité d'avance avec le prêteur.

Nous nous disposions à sortir de ce repaire au moment où une explosion terrible vint y jeter le désordre et l'effroi. Toutes les bougies furent éteintes.

Dans ce tumulte épouvantable, on distinguait les vociférations des banquiers qui criaient: *Arrêtez! Fermez les portes!* La garde arriva : des gendarmes s'emparèrent des portes; les croupiers, sans égard pour les blessés, pour les femmes évanouies, s'occupèrent d'abord de la caisse; leur regard farouche semblait désigner un complice dans chaque spectateur. Les soupçons s'arrêtèrent sur quelques individus plus mal notés que les autres, et dans le nombre se trouva un homme avec lequel Léon m'avoua qu'il s'était lié la veille, et qu'il avait invité à déjeûner le lendemain.

Enfin nous sortions de cette maison infernale; un homme qui descendait derrière nous, en poussant par intervalle de profonds soupirs, nous suivit dans une des allées du jardin, et s'adressant à Léon d'une voix dont je suis sûr qu'il n'oubliera jamais l'accent : « Jeune homme, lui dit-il, retenez bien la leçon que je vais vous donner; il y a quinze ans que je suis entré pour la première fois dans cette maison, où je fus témoin du suicide d'un homme qui y perdit à-la-fois la vie et l'honneur: puisse cet exemple, qui ne m'a pas corrigé, faire plus d'impression sur vous! » En achevant ces mots, et sans nous donner le temps d'arrêter son bras, ce malheureux mit un pistolet dans sa bouche et se fit sauter la cervelle.

Cette terrible catastrophe, les événements qui l'avaient précédée, avaient tellement bouleversé nos esprits, qu'aucun de nous n'avait la force de proférer une parole. Notre vieux conducteur mit le comble à l'espèce d'horreur dont nous étions remplis, en nous faisant remarquer, dans la rue de Richelieu, une voiture énorme escortée par quatre gendarmes, le sabre à l'épaule, consacrée au transport de la caisse des jeux. Et c'est dans le pays, chez le peuple le plus policé du monde, que la force publique protége un pareil brigandage; qu'elle prend sous sa garde un trésor monstrueux, qui se compose de la dot des épouses, du bien des enfants, de l'honneur, des larmes et du sang des familles!

N° XLII. [11 mars 1815.]

# UNE MATINÉE A LA HALLE.

---

*Non convivere licet, nec urbe totâ,*
*Quisquam et tam propè tam proculque nobis.*
MART., *Ep*

Quel rapport peut-il y avoir entre des gens qui sont si près et si loin de nous

Dumarsais, dans son Traité des *Tropes*, prétend qu'il se fait plus de figures de rhétorique à la Halle un jour de marché, que dans vingt séances d'académies : c'est à la vérité de cette observation qu'il faut sans doute attribuer le goût que plusieurs hommes d'esprit ont manifesté pour le langage vif, piquant et figuré du peuple des Halles. Les mœurs des habitants de ce quartier n'ont presque rien de commun avec celles des autres, et la civilisation, dont les progrès se font sentir dans les dernières classes de la société, semble respecter la rudesse native et les traits originaux de cette singulière espèce d'hommes.

Les gens de la Halle, sans autres droits que d'anciennes traditions, sans autres liens que de vieilles habitudes, forment une des corporations les plus solides et les plus sagement administrées de la capitale : les étranges priviléges qu'ils se sont arrogés sont d'autant plus irrévocables, qu'ils sont moins reconnus ; ils en jouissent par prescription, et personne ne s'aviserait de les leur contester.

Louis-le-gros, vers le commencement du XII$^e$ siècle, avait jeté les premiers fondements des Halles ; mais ce ne fut qu'en 1181, sous le règne de Philippe-Auguste, qu'elles furent établies d'une manière stable et définitive. Ce monarque ( un de ceux auxquels Paris est le plus redevable, et dont les travaux publics doivent paraître immenses quand on les compare à l'époque où ils furent exécutés ) conçut le premier l'idée de réunir dans un même lieu tous les approvisionnements de la capitale. Il fit à cet effet l'acquisition d'une pièce de terre attenante au fossé de circonvallation de l'ancienne ville, et la fit clore de murs pour la sûreté des marchands. Vingt-trois ans après, les Halles, appelées *Champeaux*, du nom du terrain où elles avaient été bâties, devinrent une propriété royale en vertu d'un concordat passé avec Guillaume, évêque de Paris. C'est sous Louis IX que fut construit ce vaste portique appelé *les Piliers des Halles,* dont la plus grande partie subsiste encore aujourd'hui.

Du commencement du XIII$^e$ siècle à la fin du XV$^e$, les Halles servirent de lieu d'exécution. Le malheureux duc de Nemours y fut décapité par ordre du cruel Louis XI ; et lorsque, plus d'un siècle après, la place de l'Hôtel-de-ville obtint le triste privilége des échafauds, les restes des malfaiteurs exécutés à la Grève continuèrent à être exposés sur la place de la Halle. Saint-Foix s'indigne contre cet usage *d'étaler aux mêmes lieux des fleurs et des cadavres.* Ces vestiges de barbarie ont disparu : les Halles sont aujourd'hui, sinon le plus beau quartier de Paris, du moins le plus gai, et peut-être le plus riche.

On connaît aujourd'hui sous le nom de *Halles* toute cette partie de la ville située entre la pointe Saint-Eustache, la rue Saint-Denis et la rue de la Ferronnerie. C'est là sur-tout que l'on peut prendre une idée de la population de Paris, en voyant cet immense entrepôt de comestibles qui se renouvellent plusieurs fois par jour, et qui ne sont estimés que la dixième partie des subsistances nécessaires à la consommation journalière de cette capitale.

Dans les six volumes d'Observations que j'ai déjà publiés sur les mœurs parisiennes, je crois avoir retracé avec quelque exactitude les usages, les goûts, les préjugés, en un mot la manière d'être des différentes classes de la société. De tous les tableaux, celui des Halles est le plus difficile à faire, par la nature et la multiplicité des détails dont cette vaste composition abonde. Des scènes qui se varient à l'infini; des personnages qui ont des mœurs, des habitudes, un langage particuliers; des situations qui naissent des contrastes les plus bizarres, forment non pas un tout, mais une réunion de parties hétérogènes dont il est presque impossible de saisir l'ensemble.

Un homme d'esprit (que Voltaire a fort mal traité dans un moment d'humeur, d'ailleurs assez excusable, mais auquel il a fait une réparation plus que suffisante, en publiant sous son nom des *facéties* dont chacune suffirait à la réputation d'un homme de lettres), Vadé, auteur à-peu-près inconnu de la *Canadienne* et du *suffisant*, a été surnommé *l'Homère des Halles*. Il a composé dans l'idiome du pays quelques ouvrages qu'on ne lit point sans plaisir, quand on peut les achever sans dégoût. On y trouve une foule d'expressions bassement énergiques, de tournures burlesquement ingénieuses, dont il n'est pas l'inventeur, mais qu'il a eu l'art d'encadrer dans son poëme héroï-comique de la *Pipe cassée*.

La loi salique ne s'applique pas au royaume des Halles; les femmes y règnent sous le titre de *dames*, qu'elles ont pris et que l'usage a consacré. Ces dames-là forment, en quelque sorte, un troisième sexe, qui participe de la nature et du caractère des deux autres.

La plupart des Parisiens de la classe opulente ne connaissent la Halle que par le rapport de leur maitre-d'hôtel, ou tout au plus pour l'avoir traversée en voiture au milieu des brocards dont ces *dames* habillent ordinairement ceux qu'elles ne sont pas accoutumées à voir. La curiosité m'a plus d'une fois conduit au milieu d'elles, et presque toujours avec l'intention de provoquer ces bordées de quolibets grivois dont elles ne manquent pas de vous assaillir à la moindre agression.

Je sortais, un jour de la semaine dernière, à quatre heures du matin, d'un bal de la mi-carême, chez des grands parents, dans la rue du Roi-de-Sicile, où l'on pourrait habiter comme par-tout ailleurs, si l'on trouvait un moyen d'y arriver en voiture sans écraser les gens qui sont sur le pas de leur porte. Cinq ou six dames et demoiselles du même quartier s'étaient entassées dans le seul fiacre qui restât; et, comme le temps était beau, je me vis sans peine dans l'obligation de regagner à pied mon logis. Je parcourais les rues désertes du Marais, où les portes sont habituellement fermées à dix heures du soir, depuis la place Royale jusqu'au cimetière Saint-Jean. Je suivais tranquillement mon chemin, sans autre épisode que la rencontre de quelques chiffonniers qui grattaient le ruisseau à la lueur d'une lanterne, et sans autre distraction que le bruit de quelques voitures qui roulaient dans le lointain; ce bruit augmentait à mesure que j'approchais de la rue Saint-Denis; et ce ne fut pas sans une surprise extrême qu'en débouchant de la rue aux Fers, je me trouvai tout à-coup transporté de la solitude la plus profonde au milieu d'une population bruyante et active comme un essaim d'abeilles à l'entrée de sa ruche. Les charrettes, les fourgons, les carrioles, les mulets et les ânes, arrivaient de tous les points de cette immense place, et venaient, chacun à l'endroit indiqué, déposer autour du poids public leur charge de marée, d'œufs, de fruits et de légumes. Ce moment est celui du premier marché entre les syndics de la Halle et les gens de la campagne. Les denrées, distribuées par lots, sont vendues à la criée, et payées sur-le-champ aux cultivateurs, qui sont en route pour reporter à leurs familles le prix de leur travail, avant que la dixième partie de la population de Paris soit sur pied.

A ce premier marché en succède un second, dans lequel les syndics revendent les denrées aux marchandes en détail. Celles-ci en ouvrent bientôt après un troisième, où viennent s'approvisionner les fruitières de différents quartiers de Paris, chez qui les petits consommateurs viendront se pourvoir de la quatrième main; en sorte que l'humble chou, acheté par la femme d'un laborieux artisan, a déjà fait vivre quatre personnes avant d'entrer dans le pot-au-feu de la modeste famille qu'il doit nourrir.

Le soleil se montre à peine que les étalages des marchandes de la Halle sont déja décorés avec un art qui n'est pas exempt de charlatanisme. Immédiatement après les fruitières, arrivent les maîtres-d'hôtel, les cuisiniers des grandes maisons, suivis de leurs aides : ils parcourent le marché en jetant de côté et d'autre des regards dédaigneux que chaque marchande cherche à fixer sur elle ; on croirait voir des sultans se promenant dans leur harem. Enfin leur choix est fait ; les volailles et les poissons, les légumes et les fruits, entassés dans de vastes corbeilles, traversent la Halle sur la tête des marmitons, qui, tout fiers de leur charge, coudoient rudement la petite servante qui vient, le panier au bras, faire sa modeste provision.

Il est neuf heures ; la Halle est dans tout son éclat, et le commerce dans toute son activité : ici l'un marchande un turbot de dix louis, et l'autre une botte d'oignons d'un sou ; on se dispute ici pour un faux poids, là pour une fausse mesure.

J'admirais l'ordre qui règne au milieu de ce chaos, où l'Argus de la police a constamment ses cent yeux ouverts, lorsqu'une circonstance, beaucoup plus rare qu'on ne le croirait, donna lieu à une scène de confusion digne du pinceau de Teniers et de Van-Ostade. Un jeune étourdi, qui traversait la Halle dans son bocquey, renversa un panier d'œufs qui débordait l'étalage d'une marchande. Mille voix glapissantes s'élèvent aussitôt contre l'imprudent conducteur, qui croit échapper aux réparations qu'on exige de lui en appliquant un coup de fouet à travers la figure d'un porte-faix qui s'était mis à la tête de son cheval. L'étincelle dans une poudrière est moins prompte : en un moment le marché des Innocents est en combustion; trois cents personnes entourent le malencontreux cabriolet; la foule qui grossit ne respectant plus rien, des flots de populace entraînent et renversent les corbeilles de fruits, les baquets de poisson. Les marchandes crient, jurent, distribuent force coups de poings à droite et à gauche, et ne parviennent à sauver d'une avarie totale qu'une partie de leurs marchandises.

La foule augmente toujours; toute circulation est interrompue; quarante voitures à la file, engagées au milieu de cet océan de monde, ne peuvent ni avancer ni reculer: les maîtres, aux portières, regardent d'un œil inquiet; les cochers, impassibles sur leur siége, attendent que le torrent s'écoule, et les laquais, derrière, rient aux éclats des coups qui se distribuent. La garde, accourue, ne peut se faire jour à travers la multitude : une rixe en occasione quarante autres; de tous côtés on crie *à la garde!* la garde crie de son côté; le caporal ne sait auquel entendre, et les soldats, pour apaiser cette immense querelle, sont forcés d'y prendre une part active. Enfin, après une heure de tumulte, d'injures, de coups donnés et reçus, on s'aperçoit que le cabriolet, première cause du désordre, s'est échappé dans la bagarre. Quelques uns des plus ardents fauteurs d'une querelle dont ils ne connaissent seulement pas l'objet, sont conduits au corps-de-garde; l'explication qui s'ensuit ne prouve que des torts réciproques; les parties sont mises hors de cour, dépens compensés, et tout rentre dans l'ordre.

Vers midi, la Halle prend un autre aspect; la foule des chalands diminue : les inspecteurs parcourent le marché, examinent la qualité des marchandises qui n'ont point encore trouvé d'acheteurs, et prononcent, suivant le cas, des amendes et des confiscations.

A une heure, la journée des gens de la Halle est à-peu-près finie, et les cabarets qui bordent le marché des Innocents se remplissent de *dames* et de *forts* de la Halle : les groupes se forment, comme dans les cafés du Palais-Royal ou des boulevarts, autour des nouvellistes du quartier; on y parle politique aussi gravement et peut-être plus sagement que par-tout ailleurs. Dans ces assemblées, où les affaires d'état ne sont pas sous l'influence des intérêts particuliers, on agite le partage de la Saxe et de la Pologne avec une justice, avec une impartialité qui eût fait beaucoup d'honneur au congrès. Il en est de la *grosse raison* comme de la *grosse gaieté* du peuple, c'est presque toujours la bonne.

N° XLIII. [18 MARS 1815.]

# L'INTÉRIEUR D'UNE ÉGLISE.

*Religentem esse oportet, religiosum nefas.*
Aug. Gell.

Si la superstition est un crime, la religion est un devoir.

Pourquoi faut-il qu'en tout temps, en tout lieu, l'abus soit à côté de l'usage, et que les idées mondaines trouvent accès jusque dans les choses les plus saintes? Je ne suis jamais entré dans une église sans tomber dans un pieux recueillement. Ces voûtes consacrées à la prière, où l'enfance commence en quelque sorte la vie, où le vieillard en paix vient attendre la mort, où le riche et le pauvre, le faible et le puissant, éprouvent les mêmes besoins, forment les mêmes vœux, implorent la même protection; ces voûtes, dis-je, font naître les grandes pensées; et l'homme qui s'y repose dans le silence des passions y trouve à-la-fois la preuve de sa faiblesse et de sa grandeur, de son néant et de son immortalité.

Veut-on éloigner ces sublimes images, et, sans

sortir de la même enceinte, retrouver, dans toute sa misère, l'humanité, qu'on avait perdue de vue? il suffit de passer de la nef à la sacristie, et d'assister aux conférences intimes du curé, du bedeau, du clerc et du marguillier. C'est là que je place l'action d'un tableau où j'envisage les objets sous leurs rapports comiques, sans toucher à ce qu'ils ont de respectable, comme ont fait Boileau, La Bruyère et Gresset. On ne s'est point mépris sur leurs intentions; j'ose espérer qu'on ne se méprendra pas sur les miennes.

Qui sert l'autel doit vivre de l'autel.

Rien de plus juste; faites de l'autel une table, mais n'en faites pas un comptoir; vivez-en, mais n'en trafiquez pas. Les *fabriques* sont devenues de véritables maisons de commerce : c'est là que se vendent, à prix débattus, les bienfaits de l'église; c'est là que les messes basses et les grand'messes, les absoutes et les baptêmes, sont tarifés comme une facture de mercerie; c'est là qu'une présentation de pain bénit, le choix d'une quêteuse, le nombre des cierges pour un office, le raccommodage des chasubles, deviennent tour-à-tour l'objet des plus sérieux débats et des plus profondes délibérations. On y marchande un sermon comme un libraire marchande un pamphlet; on y intrigue pour enlever un bon organiste à une autre paroisse, comme un directeur de province pour débaucher un bon acteur à son confrère. Tantôt on s'assemble pour régler le prix des chaises ou pour augmenter celui des petits cierges que les dévotes viennent brûler devant l'image de sainte Agnès ou de saint Pacôme. Hier on agitait la question de savoir si l'on doit, pour une messe de six francs, mettre la chasuble de serge ou celle de lampas ; il s'agit aujourd'hui de décider combien on paiera les chaises le jour où monseigneur viendra confirmer.

Comme on pourrait supposer que je parle un peu légèrement d'objets qui me sont étrangers, je crois à propos de faire connaître la source où j'ai puisé ces connaissances, et la personne à qui j'en suis en partie redevable.

M. Moussinot, mon propriétaire, a un frère que l'on nomme M. Durenard, ancien employé aux messageries, lequel s'est retiré sur la paroisse de Saint-P... avec dix-huit cent cinquante livres de rente, non compris sa pension de cent écus. Ce M. Durenard, que je rencontre souvent chez son frère, est un modèle achevé de ces bons bourgeois parisiens, production spontanée du sol de la *cité* qu'ils habitent, et hors de laquelle je penche à croire qu'on aurait de la peine à conserver l'espèce.

M. Durenard jouit dans son quartier d'une grande considération ; il y passe pour une forte tête et pour le plus habile joueur de domino du café de l'Étoile.

Comme il a soixante ans, et dix-huit heures dans la journée dont il ne sait que faire, il eût été fort embarrassé de son temps, s'il ne se fût créé des occupations administratives en se faisant nommer marguillier de sa paroisse, et des fonctions militaires en sollicitant la place de fourrier adjoint dans une compagnie de la garde nationale. Il est vrai de dire que cette cumulation de dignités n'a pas été sans inconvénient pour son caractère. Les honneurs ont un peu changé ses mœurs. Le marguillier de Saint-P... ne reçoit plus ses amis qu'à jour fixe; il fait faire antichambre sur son palier à ses neveux qui viennent le voir, et du bout de son banc, dans l'église, il regarde d'un air qu'on pourrait prendre pour de la hauteur les pauvres paroissiens qui entendent bourgeoisement la messe à genoux sur les pavés du temple. On a remarqué qu'il ne manquait jamais le dimanche de paraître à la grand'messe en habit de garde national, et décoré de deux croix du lis.

Depuis la restauration, M. Durenard, moins inquiet sur le sort de la capitale, a donné plus particulièrement ses soins à sa paroisse, dont il se vante d'avoir doublé les revenus par des moyens ingénieux, dans la confidence desquels il a daigné me mettre.

Le premier acte de son administration, comme marguillier en chef, a été de faire regratter les deux têtes de bœuf dont le portail de l'église est décoré.

En feuilletant Corrozet, Sauval et Germain Brice, il avait découvert que le nom de cette église et les ornements singuliers du portail tiraient leur origine de la dévotion de deux bœufs qui s'agenouillèrent à la porte du temple. Il imagina fort judicieusement qu'en rappelant ce miracle aux yeux et au souvenir des paroissiens, il réveillerait leur zéle et leur générosité.

M. Durenard s'occupa ensuite de trouver à bon marché un artiste habile pour toucher l'orgue, auquel il fit ajouter deux soufflets.

La distribution du pain bénit est une des cérémonies paroissiales dont il a le plus habilement médité les avantages. Il a dressé lui-même une liste des maisons les plus opulentes de son quartier, et de celles où se trouvent les plus jolies personnes, qu'il choisit toujours pour quêteuses. Je ne serais pas étonné que M. Durenard, à qui les livres ascétiques sont familiers, n'ait consulté le *Roman Bourgeois* de Furetière, où je trouve la description suivante, dont le marguillier de Saint-P.... paraît avoir fait son profit.

« Une belle fille, qui devait y quêter ce jour-là,
« y avait attiré force monde, et tous les polis, qui
« voulaient avoir quelque part à ses bonnes graces,
« y étaient accourus exprès pour mettre quelques
« grosses piéces dans sa tasse; car c'était une pierre
« de touche pour connaître la beauté d'une fille, ou

« l'amour d'un homme, que cette quête. Celui qui
« donnait la plus grosse pièce était estimé le plus
« amoureux, et la demoiselle qui avait fait la plus
« grosse somme était estimée la plus belle. »

On voit que la dévotion, vers le milieu du 17$^e$ siècle, n'était pas exempte de ces petits calculs mondains qu'on lui reproche aujourd'hui, et sur lesquels M. Durenard a fondé le plus clair des revenus de sa fabrique. Le dimanche matin, une voiture de place, la plus propre de la file, va chercher la jolie quêteuse, qui se rend à l'église en grande cérémonie, le bouquet au côté, les barbes flottantes, précédée du suisse et du bedeau qui porte le pain bénit sur un plat de vermeil.

A ces moyens d'attirer le beau monde à son église, M. Durenard en a joint un autre : il a mis à la mode la promenade du quai de l'Archevêché, où les femmes les plus élégantes du quartier se rendent le dimanche après la messe, et vont faire assaut de graces et de parure.

Le rang qu'il occupe dans la garde nationale lui sert encore à rehausser l'éclat qu'il donne à la paroisse. Il ne meurt pas un soldat de la légion, que son convoi ne soit ordonné à Saint-P....; les tambours drapés, la compagnie sous les armes, accompagnent le défunt; l'organiste exécute l'ouverture du *Jeune Henri;* les chaises sont tiercées, des sentinelles sont placées aux portes de l'église pour le maintien de l'ordre, et la recette est ordinairement fort abondante.

Le regret que manifeste le plus habituellement ce prototype des marguilliers, c'est de n'avoir jamais eu l'aubaine d'un enterrement de sénateur, de pair de France, ou même d'un simple conseiller-d'état; il n'en parle jamais sans porter envie au curé de Saint-Thomas-d'Aquin, qui se vante d'avoir eu cinq ou six bonnes fortunes de cette espèce.

Le choix d'un prédicateur, dont M. Durenard s'est occupé pendant six mois, est un des résultats de son administration qui lui font le plus d'honneur. La fabrique n'avait pas le moyen de payer un abbé Frayssinous; mais, en se rappelant que l'abbé de Bernis n'avait pas eu moins de succès par ses avantages extérieurs que Bourdaloue ou Massillon par leur sainte éloquence, Durenard jeta les yeux sur un jeune séminariste qui avait été, pendant deux ans, précepteur des enfants d'un ministre, chez lequel il ne se donnait pas une fête que l'abbé Poupard n'en fût l'ordonnateur : ses talents dans ce genre l'auraient infailliblement conduit à l'évêché; la révolution du 31 mars vint renverser ses espérances.

L'abbé, qui ne trouvait plus à placer ses couplets, s'est mis à faire des sermons : sa vocation naturelle ne l'appelait pas à ce genre de travail; mais, à l'aide d'une vingtaine de sermonaires dont il a fort bien cousu les lambeaux, il est parvenu à se faire un petit carême qui rappelle en plusieurs endroits celui de Massillon. Il ne manquait plus à l'abbé Poupard qu'une chaire pour y faire son début; celle de la paroisse de Saint-P.... était vacante : il se présenta chez notre marguillier, qui sut apprécier au premier coup d'œil sa voix sonore, son teint fleuri, l'éclat de sa soutane nouée avec une large ceinture de moire.

M. l'abbé n'était point exigeant; le marché fut aussitôt conclu. Dès le soir même, M. Durenard en proclama l'objet au café de l'Étoile; et, dans un moment, cette nouvelle se répandit depuis la rue de la Vieille-Draperie jusqu'au parvis Notre-Dame. Bientôt il ne fut plus question que du beau prédicateur : l'alarme se mit parmi les vieux directeurs des bourgeoises de la Cité; elle fut à son comble lorsqu'on le vit entrer dans l'église; jamais solennité n'y avait attiré tant de monde.

L'abbé Poupard avait dîné ce jour-là chez le syndic des marguilliers, avec le curé de la paroisse et les principaux membres de la fabrique. C'était le premier dimanche de l'Avent. Après le dîner, on se rendit à l'église : le jeune prédicateur traversa, pour arriver à l'escalier de la chaire, une double haie de femmes parées avec beaucoup de recherche. Tous les yeux se portèrent sur lui; son surplis de mousseline des Indes, plissé avec beaucoup d'art, et dont sa soutane en gros de Naples relevait l'écla-

8.

tante blancheur; ses cheveux, dont la boucle circulaire flottait avec grace sur ses épaules; sa démarche, modestement assurée, lui concilièrent, avant qu'il eût parlé, tous les suffrages de son brillant et nombreux auditoire.

Le texte de son sermon était l'*humilité chrétienne* : après avoir jeté négligemment deux mouchoirs de la plus fine batiste sur le devant de la chaire; après avoir commandé l'attention, en promenant autour de lui ses regards pleins de douceur, il débita son h mélie avec tant de force et d'onction, que, sans égard à la sainteté du lieu, l'assemblée l'interrompit plusieurs fois par des murmures d'approbation, dont la vanité du prédicateur paraissait trop visiblement excuser l'inconvenance.

M. Durenard, habile à saisir l'occasion, profita de ce moment d'enthousiasme, et fit faire une quête pour les *besoins de l'église*. Le succès de cette première récolte lui donna l'idée d'en faire une seconde pour le *luminaire*, à laquelle succéda une quête pour les *pauvres honteux*, dont le produit ne fut pas moindre que celui des deux autres.

L'habileté que M. Durenard déploya dans cette circonstance, et dont il avait donné tant d'autres preuves, lui mérita l'honneur d'être nommé marguillier perpétuel. Depuis ce jour, entièrement absorbé dans les affaires de la fabrique, rien n'échappa à sa vigilante administration. Quatre nouveaux troncs ont été placés dans l'église, avec des inscriptions en si mauvais latin, que les femmes elles-mêmes peuvent l'entendre. Aux quêtes journalières il en a, par supplément, ajouté trois autres : l'une pour les *ames du purgatoire*, l'autre pour les *pauvres convertis*, la troisième pour *le reliquaire* de Saint-Pierre : enfin, grace au zéle infatigable de son marguillier, la fabrique de la paroisse de Saint-P.... sera bientôt assez riche pour créer un chapitre et pour entretenir une douzaine de chanoines.

N° XLIV. [27 MARS 1815.]

## LE RETOUR DE L'EMPEREUR.

*Tantò major famæ sitis est quàm virtutis*
Juv., sat. x.

Tant il est vrai que l'homme est plus affamé de gloire que de vertu.

Cette capitale a été témoin deux fois, dans la même année, d'un de ces événements mémorables semés à de grandes distances dans l'espace des siècles : la chute d'un souverain précipité du premier trône du monde où l'avait élevé la victoire, et la réintégration d'une famille de rois, exilée depuis vingt-cinq ans. Tout portait à croire que le spectacle d'une pareille catastrophe ne se renouvellerait pas aux yeux des contemporains : Napoléon semblait à jamais perdu pour l'empire, alors même que le bruit de son nom remplissait encore l'Europe, et que la France était en quelque sorte couverte des débris de son naufrage.

Les Bourbons pouvaient se croire affermis sur le trône de Henri IV, et la nation, péniblement désa-

LE RETOUR DE L'EMPEREUR.

busée du rêve de sa grandeur, se résignait au repos violent dont sa situation lui faisait la loi. Je ne reviendrai pas sur les causes politiques qui ont amené si brusquement une révolution nouvelle; et, sans empiéter une seconde fois sur les droits de l'historien, je me hâte de reprendre mes modestes fonctions d'observateur. L'esquisse, même imparfaite, du tableau de la capitale pendant le mois de mars 1815, sera d'un grand intérêt pour l'avenir, et peut-être de quelque utilité pour le présent.

Ceux qui jugeaient de la situation de la France par celle de la cour dans les trois premiers jours du mois de mars dernier, pouvaient être dupes du calme apparent dont la capitale offrait l'image. Les Parisiens avaient enfin pris leur parti sur les décisions d'un congrès où la France figurait d'une manière si dérisoire : à peine quelques vieux politiques du café de Foy se tenaient-ils encore au courant des conférences de Vienne; l'armée, ensevelie dans ses cantonnements, oubliait la victoire, et recevait avec indifférence les favoris ministériels que l'on substituait à ses anciens chefs; les prêtres ne cachaient pas assez le but et le motif de leurs espérances, et ne voyaient, dans les concessions qui leur étaient faites, que le moyen d'en obtenir de nouvelles; les courtisans s'occupaient à rétablir les barrières de l'étiquette; et les ministres, incapables de grandes choses, s'occupaient de petites intrigues.

Celui-ci employait toutes les ressources de son imagination pour assurer à une chanteuse étrangère un privilége dont il dépouillait le légitime possesseur; celui-là ne voyait le salut de la France que dans la réforme, c'est-à-dire dans la destruction de l'Institut national et de l'Université; un troisième, à qui la justice avait confié sa balance, n'y pesait que les intérêts de sa vanité, de ses préjugés, et de ses aversions: les journaux, pour amuser la galerie, faisaient une petite guerre quotidienne: les uns poussaient de toute leur force au pouvoir absolu; les autres défendaient ou feignaient de défendre la charte constitutionnelle. Tel était l'état des esprits et des choses, lorsqu'un bruit sourd et lointain terrifia la cour, étonna Paris, et fit tressaillir l'armée.

Tous les yeux se portent vers le midi de la France, d'où le coup était parti. On n'aperçoit d'abord qu'un point à l'horizon, mais tout-à-coup le météore s'élève, grandit, approche, et remplit l'espace: c'était Napoléon! Du haut du rocher qu'il s'était choisi pour asile, son regard planait sur la France: il a mesuré l'abîme qui l'en séparait; il entreprend de le franchir, et de ressaisir le sceptre échappé de ses mains. Ce projet, le plus audacieux, le plus funeste par ses résultats qu'un homme ait jamais conçu, il l'exécute à la tête de six cents braves qu'il associe à sa fortune.

La nouvelle de son débarquement parvint à Paris

dans la journée du dimanche 5 mars; mais, soit que la terreur glaçât d'abord tous les esprits, soit qu'on craignît d'interrompre les pieux exercices auxquels ce jour était consacré, on remit au lendemain à s'occuper des mesures à prendre dans un événement où le retard d'une heure pouvait entraîner la perte d'un trône.

Dans la matinée du lundi, cette nouvelle inconcevable franchit l'enceinte des Tuileries et circula dans la ville, où elle produisit une impression si variée, si mobile, qu'on ne pouvait encore lui assigner de caractère. Le *Moniteur*, en la fesant officiellement connaître, la présenta comme un acte de démence dont quelques gardes-champêtres suffisaient pour faire justice. Tout ce qui approchait de la cour affectait la même confiance; les plus zélés allaient jusqu'au mépris : l'alarme était dans une partie de la ville, et l'espérance dans l'autre; les militaires seuls annoncèrent le succès en apprenant l'entreprise.

Bientôt on vit se renouveler les scènes du mois de mars de l'année précédente. Dans la journée du 7, les groupes se formaient aux Tuileries et sur les boulevards; les cafés se remplissaient de nouvellistes, dont chacun avait en poche sa lettre confidentielle; et la lecture du *Moniteur*, qui se faisait à haute voix, était interrompue par des commentaires où l'esprit de parti commençait à se montrer à découvert. Dès ce jour, on put remarquer dans la contenance des militaires un changement dont il était aisé de démêler la cause et de prévoir l'effet.

Ceux à qui les petits détails n'échappent point, et qui en tirent quelquefois de grandes inductions, s'aperçurent qu'à cette même époque les décorations du lis étaient moins communes: on sut que, depuis plus de six mois, par une espèce de pressentiment et de convention tacite, les soldats, dans l'intimité de la caserne, donnaient à l'empereur le surnom mystérieux de la *Violette,* auquel ils attachaient l'idée d'un *Retour au printemps.* Cette pensée secrète prit dès lors un signe extérieur: un bouquet de violette parmi les bourgeois, et parmi les militaires le ruban de la Légion négligemment noué à la boutonnière, furent adoptés, par les partisans les plus dévoués de Napoléon, comme un moyen de s'entendre et de se reconnaître.

Le gouvernement, après avoir jeté dans les journaux un cri d'alarme auquel il n'avait point préparé le public, adopta des mesures qui semblaient dictées par la sécurité la plus parfaite. Grenoble avait ouvert ses portes à l'empereur, et les princes délibéraient encore aux Tuileries sur le plan de défense qu'il fallait adopter, ne s'apercevant pas qu'il y avait beaucoup plus loin, en pareille circonstance, du golfe Juan à Grenoble, que de Grenoble à Paris.

Le départ du comte d'Artois pour Lyon rassura

momentanément les esprits. La maison du Roi tout entière fut rappelée dans ses cantonnements. Cette jeunesse valeureuse et brillante, parmi laquelle l'exilé de l'île d'Elbe comptait quelques partisans, ne balança pas un moment, et son zèle fut aussi actif, aussi sincère, que si son dévouement eût été plus entier; mais quel pouvait en être l'effet, dans l'état où se trouvaient ces compagnies (dont plusieurs n'étaient point montées), commandées par des chefs pour qui l'art de la guerre et le métier des armes n'étaient plus que le souvenir confus d'un autre âge?

A mesure que Napoléon avançait, par un calcul de prévoyance dont personne ne se rendait compte, les esprits semblaient se rapprocher et les inquiétudes se confondre. Les espérances d'un parti, moins expansives à mesure qu'elles devenaient plus certaines, ménageaient prudemment le désespoir de l'autre: celui-ci, cherchant à se tromper lui-même, mettait toute sa confiance dans l'opinion publique, dont il croyait trouver l'expression dans les cris d'une multitude rassemblée chaque jour dans les cours et sur les terrasses des Tuileries.

Le retour précipité du comte d'Artois jeta l'épouvante parmi les amis du Roi. On sentit, mais trop tard, la nécessité de se faire un appui de cette charte constitutionnelle, dévouée, depuis un an, au mépris des royalistes purs et aux insultes des journaux:

la même politique, qui avait éloigné l'armée dans un temps où il eût été si avantageux de l'approcher de la personne du Roi, dont on confiait la garde à des Suisses; la même politique, dis-je, appelait alors ces troupes humiliées et mécontentes à la défense du monarque. Ce qu'un ministère inhabile pouvait seul ne pas prévoir, ce qu'on devait craindre, arriva; les forces de l'empereur s'augmentèrent de tous les régiments qu'on envoya contre lui.

Napoléon approchait; et, dans la confusion où s'égaraient les dépositaires de l'autorité, on crut un moment pouvoir recourir aux mesures de rigueur qui répugnaient le plus à la justice du Roi et à sa bonté naturelle. On dressa des listes de proscription; on menaça hautement la liberté de tous les citoyens que l'on supposa devoir former des vœux pour le triomphe d'une cause qui était beaucoup moins la cause de Bonaparte que celle de l'honneur national, bien ou mal entendu. Un ministre poussa l'extravagance jusqu'à présenter aux deux Chambres, qui le repoussèrent avec indignation, un projet de loi digne des tribunaux révolutionnaires de 93.

Paris, dans les cinq derniers jours de cette crise, offrit le singulier spectacle de deux genres de proscrits, cherchant auprès les uns des autres des secours et des garants contre la chance politique que chacun avait à craindre. On allait se réfugier chez l'homme à qui l'on avait promis un asile pour le lendemain; et ce qui caractérise honorablement cette époque, c'est qu'au milieu des haines qu'enfante l'esprit de parti, on n'a pas cité un seul exemple de délation, ou seulement d'abus de confiance.

Tandis que les volontaires royaux, dernière et faible ressource de la monarchie, passaient des revues à Vincennes, Napoléon approchait de la capitale, après avoir traversé la France dans sa plus grande largeur, sans avoir trouvé le moindre obstacle et sans avoir brûlé une amorce dans sa route.

Tous les projets d'insurrection avaient échoué, même dans la Vendée; l'empereur n'était plus qu'à deux petites journées; les princes, en sortant de la revue, donnèrent des ordres pour leur départ: dès ce moment chacun prit son parti, et prépara son costume et sa figure pour le lendemain.

Pour avoir une idée juste de la cour et des hommes qui l'habitent, il faut avoir assisté, dimanche matin, 19 mars, à la messe du roi, aux Tuileries. Cette chapelle, trop petite naguère pour contenir la foule brillante qui s'y précipitait sur les pas du monarque, n'offrait plus qu'une vaste solitude où quelques serviteurs fidèles avaient eu le courage d'accompagner leur maître malheureux. La désertion de ces indignes favoris parut affecter vivement le cœur du roi; mais il tira du moins de leur abandon l'avis utile que tout espoir de succès était momentanément perdu, et qu'il était temps pour lui de quitter la capitale.

La nuit du 19 au 20 parut bien longue à la plupart des habitants de cette ville, et l'on compterait peu de maisons d'où la crainte, l'inquiétude, les regrets ou l'espérance, n'aient banni le sommeil. Dès six heures du matin, quelques cris de *vive l'empereur!* annoncèrent un événement auquel on était depuis long-temps préparé; le roi était parti, et déja le pavillon tricolore, flottant sur la colonne des Victoires annonçait à la France de nouvelles destinées. Il est facile de se rendre compte du mouvement général qui entraînait tant de monde sur la place du Carrousel; on venait y contempler ce palais désert où la fortune ramenait l'homme extraordinaire qui l'a maîtrisée pendant quinze ans.

N° XLV. [1ᵉʳ AVRIL 1815.]

# A QUI LA FAUTE?

> Au tort de n'avoir rien appris, ils joignaient le malheur de n'avoir rien oublié.
> *Franc-Parleur*, tom I, n° 11

Le vieux Mercier, qui avait plus de bizarrerie que d'originalité, et plus de raison que de talent, a fait, entre beaucoup d'autres de la même espèce, deux vers baroques, dont le second exprime assez gaiment un vœu que j'ai souvent formé moi-même:

« O temps! grand dévidoir, auguste majesté,
« Épargne-moi; je vis par curiosité. »

Le bonhomme est mort deux ans trop tôt; s'il eût vécu jusqu'à ce moment, il est probable que sa curiosité eût été satisfaite.

En effet, quelle autre époque (à partir du déluge, ou de plus loin si l'on veut) a jamais été plus fertile en événements extraordinaires que celle où nous vivons? Je ne prétends pas dire que cet état de convulsion perpétuelle soit du goût de tout le monde;

qu'il n'y ait pas des gens, amis d'un ordre de chose immuable, qui ne préférassent, les uns le repos voluptueux des anciens peuples de l'Asie, les autres la simplicité de la vie patriarchale ; ceux-là, les temps d'une glorieuse liberté réservés aux anciennes républiques ; ceux-ci, le siècle brillant des lettres sous Louis XIV : il n'est question ici que des gens qui *vivent par curiosité ;* et ceux-là, je pense, doivent être contents en songeant qu'il existe telle période de vingt siècles dans les annales du monde qui ne fourniraient pas à l'histoire autant de faits remarquables qu'en offrent les vingt-cinq années qui viennent de s'écouler sous nos yeux.

On a beaucoup écrit sur les causes de notre révolution, et l'on a, je crois, oublié la seule véritable. Les mœurs de la nation avaient changé, le gouvernement était resté le même : l'opinion publique agissait depuis long-temps en sens inverse de l'autorité royale, et de cette lutte d'une force toujours croissante contre une résistance affaiblie par ses propres efforts, devait nécessairement résulter, en 1792, la chute d'un trône qui n'avait plus d'autre appui que les vertus privées du monarque. Cette révolution, semblable à toutes les autres dans ses moyens et dans ses résultats, a été néanmoins marquée du caractère inexplicable du peuple qui l'a faite. On y trouve par-tout l'extravagant contraste de l'horreur et de la gaieté, des calembourgs et des massacres, de la bassesse et de l'héroïsme, des caricatures et des proscriptions, des bals et des échafauds. Ce qui distingue plus particulièrement encore ce drame révolutionnaire, c'est l'apparition du grand personnage que la chance des événements amena sur la scène. Bonaparte parut, et toute autre gloire pâlit devant la sienne. Les belles campagnes de Pichegru, de Hoche, de Moreau, n'étaient que le prélude de celles d'Italie et d'Égypte, où se formèrent ces phalanges de héros qui devaient illustrer à jamais les champs de Marengo, d'Austerlitz, de Friedland, et d'Iéna. Des faits d'armes fabuleux, tels qu'on en chercherait en vain de semblables dans l'histoire des autres nations, ouvrirent au vainqueur de l'Europe le chemin d'un trône vacant où l'appela le peuple français d'une voix presque unanime.

Quelques années suffirent au nouvel empereur pour consolider sa puissance, en l'établissant sur des institutions conformes à l'esprit du siècle, aux vœux des peuples et aux progrès incontestables des lumières. Fondateur d'un empire plus vaste que celui de Charlemagne; reconnu par tous les souverains qui briguaient sa protection ou s'honoraient de son amitié; allié, par le sang, à la famille royale la plus ancienne de l'Europe, le trône de Napoléon semblait à l'abri des efforts humains et même des coups de la fortune. Une seule entreprise a tout renversé, et la victime de ce grand désastre pouvait seule en être l'auteur.

La campagne de Moscow (où quelques gens n'ont vu, après l'événement, qu'un projet insensé), ouverte un mois plus tôt, eût probablement été consignée dans l'histoire comme un événement unique dans les fastes du monde, dont la postérité seule aurait pu calculer et apprécier les immenses résultats.

Au mois de mai 1812 la plus belle armée que l'Europe ait vue passa le Niémen ; conduite par un tel chef, elle eût pu entreprendre la conquête du monde : les éléments conjurèrent sa ruine ; au mois d'avril 1814 à peine put-on rassembler vingt mille hommes pour défendre les murs de Paris.

Parlons dès aujourd'hui le langage de la véridique histoire. La première faute de Napoléon fut d'avoir trop présumé des forces humaines en les mesurant sur sa propre énergie, et d'avoir reporté la guerre au-delà du Rhin immédiatement après le désastre de Moscow ; d'avoir oublié que les petits souverains, fidèles esclaves du vainqueur, sont les plus cruels ennemis du vaincu, et que le prince heureux, qui ne trouve que des serviteurs dévoués, se voit environné de traîtres le jour où la victoire abandonne ses drapeaux.

Tel ministre, qui commençait à douter du succès, prenait déjà des mesures de prévoyance pour se ménager la faveur d'un nouveau maître ; tous les ressorts de l'administration se détendaient à-la-fois ; la même perfidie ou la même impéritie qui fortifiait Montmartre, le 30 mars, avec cinq pièces de canon, qui rédigeait la capitulation en même temps qu'elle feignait d'organiser les moyens de défense, favorisait les progrès de l'ennemi sur tous les points du territoire français. L'héroïque dévouement d'une armée affaiblie par tant de pertes, l'activité, l'audace sans exemple de l'empereur, qui semblait se multiplier pour faire face par-tout à l'Europe en armes débordée sur la France, devaient céder enfin au torrent qui ne trouvait plus d'autres digues. Il était au-dessus de la puissance humaine de sortir victorieux d'une pareille lutte; si la chose n'eût été qu'impossible, peut-être eût-elle été faite.

L'armée ennemie entra dans la capitale, et les efforts de quelques royalistes, soutenus par six cent mille baïonnettes étrangères, décidèrent la chute de l'empereur. Paris, dont les paisibles habitants, depuis plus de deux siècles, ne connaissaient les malheurs de la guerre que par les relations des gazettes, en avaient, en ce moment, sous les yeux les tristes résultats.

Nos braves défenseurs blessés dans les combats traversaient chaque jour les boulevarts, sur des charrettes transformées en ambulances; les incendiés des provinces voisines venaient, en larmes, effrayer les Parisiens du récit des maux que ceux-ci redoutaient pour eux-mêmes. Les prisonniers de guerre appelaient sur Paris les flammes de Moscow; la consternation était générale. Ce fut dans ce moment de terreur, et lorsque des conseils pusillanimes eurent décidé l'impératrice à quitter la capitale, que le nom des Bourbons fut prononcé, et que l'on chercha, sous le drapeau blanc, un abri contre le dernier coup de la tempête.

La France, fatiguée de victoires, découragée par l'abdication de son chef, ne sentait plus que le besoin du repos et de la paix: la famille de ses anciens rois se présentait sous ces heureux auspices; elle les accueillit avec respect, et crut retrouver à-la-fois les Bourbons et la liberté. Le comte d'Artois parut, et nos guerriers, en acceptant de sa main la cocarde blanche, ne purent oublier qu'elle remplaçait sur leur front le signe éclatant de la gloire nationale.

Je ne crains pas de rappeler qu'il y a bientôt un an je retraçais avec la même fidélité que je m'impose aujourd'hui toutes les circonstances qui ont accompagné l'entrée des Bourbons, sans affaiblir les sentiments de vénération dont ils reçurent alors d'éclatants témoignages; je m'expliquerai maintenant avec franchise sur les causes de la révolution rapide qui les a, pour la seconde fois, éloignés du trône en détruisant, dans leur germe, les espérances que leur retour avait fait naître. Au premier tort, de soudoyer des écrivains pour prodiguer l'insulte au grand homme malheureux qui avait régné quinze ans sur la France avec tant d'éclat et de gloire, on ajouta la faute, plus humiliante encore aux yeux des Français, de livrer aux ennemis cinquante-deux des places les plus fortes de l'Europe, barrières impénétrables que les armées de la coalition avaient franchies et n'avaient pas conquises, et dont l'abandon volontaire était un acheminement au traité de Paris, qui nous enleva le fruit de vingt-cinq ans de victoires.

Profondément blessés dans leur gloire, et journellement attaqués dans leur honneur, les Français cherchèrent un dédommagement dans le bienfait d'une constitution méditée par un roi instruit à l'école du malheur dans le pays le plus libre de l'Europe. Le jour où fut publiée cette charte constitutionnelle, tout imparfaite qu'elle était, fut un jour de fête pour la nation; mais cette fête n'eut pas de lendemain.

Les Bourbons régnaient dans le même pays que leurs ancêtres; ils crurent régner sur le même peuple. Le roi, homme d'esprit et de sens, mais hors d'état, par ses infirmités, de rien voir par lui-même, laissa tomber en des mains faibles et infidèles les rênes de l'état. Un favori eut la folle idée de relever la féodalité, comme Richelieu avait eu l'idée sublime de la détruire: il y avait entre ces deux hommes et leurs projets toute la distance qui sépare le génie de la nullité.

Les autres ministres, dont la probité est du moins restée sans atteinte, n'ont guère été moins funestes au gouvernement dont ils étaient les organes. La presse fut enchaînée quinze jours après la promulgation de la charte qui en garantissait la liberté. Des projets de lois sur les biens des émigrés jetèrent l'alarme dans la plus grande moitié de la population intéressée au maintien de la vente des biens nationaux : dès ce moment les inquiétudes allèrent toujours croissantes.

Chaque jour on portait atteinte à cette charte constitutionnelle proclamée au nom du roi, et on professait hautement l'opinion de cette *monarchie pure* devenue le mot de ralliement d'un parti qui ne cachait déjà plus ses projets de vengeance. Le ridicule vint heureusement mettre un utile contrepoids dans la balance en faveur des Français que l'on désignait sous le nom de *libéraux*.

On vit tout-à-coup crever sur Paris une nuée de gentilshommes sexagénaires, qui venaient réclamer des places et des dignités dont le nom même était oublié depuis vingt-cinq ans; jamais une pareille réunion d'originaux n'avait égayé la capitale. Des uniformes de corps supprimés au temps de la Régence reparaissaient au grand étonnement de nos soldats, qui, ne sachant comment appeler ces nouveaux frères d'armes, les affublèrent du nom comique de *voltigeurs de Louis XIV*. Le nom de M. *de*

*La Jobardière* devint patronymique pour tous ces vieux seigneurs provinciaux, sortis de leurs donjons, dont ils voulaient rétablir les priviléges. Enfin, on stygmatisa du titre de *chevaliers de l'éteignoir* les gens en place, les orateurs et les écrivains à qui l'on supposa l'intention de nous ramener à ces jours d'ignorance et d'esclavage où l'on ne craignait pas d'avancer que les peuples étaient le patrimoine des rois. Ce fut sans doute un des malheurs, j'ai presque dit un des crimes de cette époque, que le ridicule versé sur la vieillesse; mais on est forcé de convenir qu'elle courut au-devant en se représentant dans une carrière où l'on peut vieillir, mais où il ne faut pas reparaître après une longue inactivité.

La faute la plus grave, celle dont les suites devaient être les plus funestes à l'autorité royale, fut le résultat des dégoûts dont on abreuva l'armée ; de l'affectation avec laquelle on avilit, en la prodiguant, cette croix d'honneur instituée pour récompenser les plus grands services et nourrir la plus noble émulation.

Quelques prêtres, toujours habiles à ressaisir la puissance sous un gouvernement faible, opposèrent brusquement au flambeau des lumières la torche de la superstition. Les processions, les *vœux au sacré cœur*, le rétablissement clandestin des maisons religieuses, la scène scandaleuse de Saint-Roch, anéantissaient la liberté de conscience, et faisaient craindre une nouvelle révocation de l'édit de Nantes. Les honneurs funèbres rendus aux cendres de Louis XVI, au lieu du caractère auguste et pieux que la religion devait imprimer à cette touchante cérémonie, n'offrirent qu'une scène de mélodrame dont l'exécution fut *officiellement* confiée à l'*intendant des Menus-Plaisirs*. Mon respect pour la mémoire de cet excellent prince m'interdit toute autre réflexion sur ce douloureux sujet.

On a dit qu'il existait une conspiration à Paris pour le retour de l'empereur; cette conspiration, les royalistes seuls l'ont ourdie, et les journaux suffisaient pour en indiquer les progrès rapides. Les infractions à la charte constitutionnelle, le système de persécution dirigé contre une classe nombreuse de citoyens, le silence accusateur que la flatterie elle-même gardait sur les princes les plus voisins du trône, l'avilissement où la nation était tombée, le rôle honteux que le ministre de France jouait au congrès, où il sembla n'avoir été appelé que pour assister au partage de l'Europe, les prétentions absurdes de quelques nobles, le mécontentement de l'armée, et, par-dessus tout, les souvenirs glorieux dont Napoléon nous avait entourés; telles sont les intelligences qu'il s'est ménagées au milieu de nous, et qui contribueront à rendre croyable aux yeux de la postérité l'événement miraculeux dont nous venons d'être témoins.

N° XLVI. [4 avril 1815.]

# LES PROPOS DE TABLE.

*Proprium hoc esse prudentiæ conciliare sibi animos hominum, et ad usus suos adjungere.*
CICER.

Le grand art est de se concilier l'estime des hommes, et de la faire tourner à son propre avantage.

Je ne sais trop quel nom donner à ce sentiment violent et pénible qui, dans les révolutions, dans les grandes crises politiques, détruit toutes les affections sociales, et brise quelquefois jusqu'aux liens du sang. Je serais plus embarrassé de le nommer que de le définir ; car il est évident qu'il se compose de trois éléments bien distincts, la vanité, la crainte, et l'égoïsme, décoré, le plus souvent, du beau nom d'amour de la patrie. Ce dernier sentiment, après avoir été la dupe des deux autres, finit toujours par nous ramener sur nous-mêmes, et nous y concentre au milieu des regrets, des souvenirs, et des espérances. Les temps deviennent-ils plus calmes, les esprits sont-ils moins agités, on se rapproche, les liaisons se renouent, les habitudes se reprennent, et peu-à-peu les affections se raniment avec la sécurité qui les avait fait naître. Des amis que l'esprit de parti avait séparés, qui se saluaient à peine en se rencontrant, s'abordent avec un peu d'embarras, s'excusent gauchement d'avoir été si long-temps sans se voir, et prennent jour pour dîner ensemble.

De tous les moyens d'établir ou de rétablir l'intimité entre les hommes, la table est le plus prompt et le meilleur; le rapprochement y est plus immédiat, l'expression plus vive, et l'aveu des torts plus facile. Les anciens connaissaient mieux que nous le parti utile qu'on en peut tirer; et si l'on ne s'amusait pas autant au banquet de Platon et à celui des sept Sages qu'aux petits soupers de Paris, il est probable qu'on y raisonnait mieux et qu'on s'y instruisait davantage, à en juger du moins par *les propos de table* que le bon Plutarque nous a conservés. Dans ce livre, qui pourrait être abrégé sans inconvénient, l'auteur, à l'exemple de Platon, adopte la forme du dialogue : cette manière dramatique de mettre en scène les personnages que l'on fait parler, d'exposer les caractères par les discours, les pensées par les actions, est incontestablement la plus difficile; mais elle est aussi la plus piquante, la plus vraie, et par conséquent celle qui convient le mieux aux propos de table.

Mon respect pour l'antiquité, et ma prédilection

particulière pour le prince des biographes, ne m'empêchent pas de convenir que l'ennui se glisse quelquefois dans son banquet au nombre des convives, principalement lorsqu'il se met avec eux en frais d'érudition, et qu'ils dissertent à perdre haleine sur de vieilles origines où la vérité est aussi difficile à découvrir qu'inutile à connaître. Je suis également prêt à convenir qu'on peut dire des bons mots, des sentences, des apophthegmes de Plutarque, ce que Martial disait de ses épigrammes; mais on passe facilement sur les taches d'un ouvrage où se trouvent beaucoup de pensées comme celles-ci :

« Les enfants ont plus besoin de guides pour lire
« que pour marcher. »

« Se taire à propos est un talent plus rare que de
« bien parler. »

« C'est dans l'enfance qu'on jette les fondements
« d'une bonne vieillesse. »

« Celui qui affecte toujours de dire comme vous
« dites, de faire ce que vous faites, n'est pas votre
« ami : c'est votre ombre. »

« Le caméléon prend toutes les couleurs, excepté
« le blanc; le flatteur imite tout, excepté ce qui est
« bien. »

De pareilles maximes, semées pendant le repas dans la conversation des convives, donnent une haute opinion de leur esprit. Il est vrai que ces gens-là parlaient l'un après l'autre ; en parlant comme chez nous, tous ensemble, on court risque de n'être pas entendu de la postérité.

Le repas du soir est une habitude que j'ai contractée dès l'enfance, à laquelle le despotisme de la mode n'a pu me faire renoncer. Le vieux capitaine de vaisseau dans le manoir duquel je fus élevé [1] aimait beaucoup à boire; le commandeur de Céderon aimait beaucoup à parler; ma tante adoptive ne dormait jamais mieux qu'au bruit de la conversation; et moi, j'avais toutes les qualités d'un bon auditoire : j'écoutais bien, et je croyais tout. Devenu, à mon tour, chef de famille et maître de maison, je n'ai rien eu de plus pressé que d'y organiser, une fois par semaine au moins, un petit souper d'amis, où je pusse parler à mon aise, et me dédommager du silence que je gardais avec le commandeur.

Les derniers événements avaient suspendu nos soupers hebdomadaires : M. Moussinot fut le premier à s'en plaindre, en m'assurant qu'il manquait quelque chose à son bonheur depuis que nous ne soupions plus ensemble. Comme je tiens beaucoup à ce qu'il ne manque rien au bonheur de M. Moussinot, qui contribue si généreusement à nos plaisirs, j'ai repris mes bonnes habitudes, et nos convives ont été invités pour le second jeudi d'avril.

[1] Voyez le n° 1 du *Franc-Parleur*, tome I, page 2

Madame Guillaume, à qui j'ai laissé le droit de remontrance, et qui en use très librement en matière d'économie domestique, aurait bien desiré, *vu la rigueur des temps,* que je m'abstinsse d'une dépense qu'elle me surfait tant qu'elle peut ; mais je suis venu à bout de lui prouver qu'il ne pouvait y avoir en France de temps *rigoureux* que celui du despotisme ou de l'anarchie ; qu'on n'y pouvait craindre l'un ou l'autre sous un gouvernement fort et libéral ; que la force du gouvernement était principalement dans l'opinion publique, laquelle se formait dans les réunions particulières. Ces considérations d'intérêt général, dont je n'ai pas eu de peine à lui montrer les rapports avec l'intérêt de famille, qui la touche davantage, ont décidé madame Guillaume à faire de très bonne grace les préparatifs de notre souper ; elle nous a pourtant fait la petite malice de décorer elle-même le surtout, en y mêlant des fleurs qui ne croissent pas dans la même saison, et qui ne fleurissent pas ensemble.

Ce ne fut pas sans un vrai plaisir que nous nous trouvâmes encore une fois réunis, Duterrier, Clénord, Dubuisson, Moussinot, et le cousin Fréminville, qui revenait d'accompagner le roi jusqu'à la frontière.

Nous nous mettions à table au moment où nous vîmes entrer, à notre grand étonnement, M. C..., ancien conventionnel, autrefois tuteur de ma femme, et retiré au fond d'une petite terre en Languedoc, d'où il sortait pour la première fois depuis vingt ans, rapportant à Paris, avec le costume, les manières et les idées de 93. Je l'invitai à souper avec nous, et, sans trop de façon, il prit place entre Dubuisson et Fréminville.

La séance s'ouvrit par une invitation (dont l'inutilité ne lasse point ma femme) d'écarter toute espèce de discussion politique: on le promit; nous allons voir comme on tint parole.

C....

Il faut convenir que les villes jouissent d'un beau privilége, celui de rajeunir en vieillissant. Je ne reconnais plus Paris; des rues, des places, des monuments, des quais nouveaux! C'est le triomphe des architectes.

CLÉNORD.

Jamais les arts, en France, n'ont brillé d'un pareil éclat.

C....

Tant pis. Rome libre était de chaume; Rome esclave était de marbre: les Fabricius ne logeaient point dans des palais.

DUBUISSON.

Vous conviendrez que le bon temps n'a pas été, pour nous, celui des Fabricius.

C....

Il vous faut des Césars. Quoi qu'il en soit, n'avez-vous pas honte de transformer en marché le local célèbre des Jacobins?

CLÉNORD.

C'est une halle d'une autre espèce.

C....

Votre rue de Rivoli est percée sur le terrain qu'occupait la Convention nationale.

CLÉNORD.

Il ne fallait rien moins que le souvenir d'une grande victoire pour.faire oublier de grandes folies.

C....

Que sont devenus les sections, les comités, les clubs, tous ces monuments de la souveraineté nationale?

DUBUISSON.

Cette souveraineté-là n'a jamais été plus méconnue, ou moins respectée, que par les jacobins; j'en appelle à votre bonne foi, M. C....

CLÉNORD.

Je soutiens que les royalistes *purs* allaient plus directement au même but.

FRÉMINVILLE.

Qu'entendez-vous par royalistes purs, M. de Clénord? car l'esprit de parti commence toujours par dénaturer les mots.

CLÉNORD.

J'entends, monsieur, ces petits seigneurs de paroisse qui prétendaient avoir encore des vassaux, et les gouverner d'après le code féodal du 13ᵉ siècle.

FRÉMINVILLE.

Ce code-là en valait bien un autre, et je n'ai pas entendu dire que le peuple s'en trouvât plus mal.

DUBUISSON.

Si vous appelez peuple le clergé, la noblesse, et les vilains anoblis.

FRÉMINVILLE.

C'est le beau peuple, du moins.

DUTERRIER.

Oui, mais ce n'est pas le bon. Le bon peuple, n'en déplaise à M. de Fréminville, est celui qui nourrit, qui défend, qui soutient l'état de son bras et de son industrie, qui paie le quart du produit de son domaine ou de son travail, pour que les gens qui, comme vous et moi, n'ont de revenus que ceux des places qu'ils ne remplissent pas toujours, et des charges qu'ils occupent, puissent courir en cabriolet dans les rues de Paris, et faire insérer leur nom tous les ans dans l'*Almanach impérial*.

C....

Nous ne voulions pas de ces gens-là dans notre république, et nous donnions le précepte et l'exemple d'un noble désintéressement. J'ai administré pendant trois ans les revenus de la république, et je me suis retiré avec un millier d'écus de rente : citez-moi un surintendant de vos rois dont on en puisse dire autant.

CLÉNORD.

Aussi ne battaient-ils pas *monnaie sur la place publique.*

C....

On ne fait point de révolution à l'eau rose. Nous avions un but; nous y marchions d'un pas ferme, et malheur à l'obstacle qui se trouvait sur notre chemin !

CLÉNORD.

Il est vrai que vous ne marchandiez pas plus votre vie que la nôtre, et que, pour peu qu'on vous eût laissés faire.... il n'aurait plus manqué à la France que des Français.

C....

Un pays a toujours assez d'hommes : c'est de liberté, d'égalité, de gloire, qu'il a besoin.

MOUSSINOT.

Et de repos, Messieurs; vous n'en parlez pas, et c'est tout ce que nous vous demandons, nous autres bons bourgeois qui payons pour être gouvernés, pour être défendus; qui nous soucions fort peu qu'on partage la Pologne, que Gènes soit libre ou asservie, que la Saxe soit gouvernée par Pierre ou par Paul, et qui ne nous embarrassons pas plus que ce soit Murat ou Ferdinand qui règne à l'extrémité de l'Italie.

C.....

De mon temps, M. Moussinot, les gens de votre

espèce s'appelaient des *modérés*, des *suspects*, des *accapareurs;* je les avais signalés au comité de surveillance, et nous aurions fini par les *mettre au pas.*

DUTERRIER.

En leur coupant bras et jambes, n'est-il pas vrai?.... Elle était au moins bien impolitique cette manie de tourmenter cette masse inerte d'honnêtes gens dont se composent en tout pays les trois quarts de la nation, et qui n'ont d'autre tort que d'attacher au mot patrie un sens un peu étroit: doit-on leur faire un crime de penser que le règne le plus glorieux est celui où ils dorment tranquilles, de ne connaître de force militaire que celle de la gendarmerie qui les préserve des voleurs; d'administration que celle de la police qui veille à l'éclairage des rues, et d'état florissant pour le commerce que celui qui leur procure le sucre à vingt-cinq sous et le café à trente?

CLÉNORD.

Je ne verrais pourtant pas de mal à faire entendre à M. Moussinot et à toute la classe vénérable qu'il représente, que la gloire nationale est, dans un grand État, la seule base de la prospérité publique; laquelle, en dernière analyse, se compose de toutes les prospérités particulières. Je ne désespère pas de lui faire entendre qu'un bon traité de commerce ne s'obtient jamais que par la victoire; que les colonies ne prospèrent qu'à l'aide d'une marine; que la paix, pour être solide, pour être durable, veut être conquise, qu'une grande nation, pour être heureuse, doit être respectée, et que l'idée de bonheur, chez les Français, ne s'alliera jamais avec la certitude, je dirai même avec l'apparence de l'humiliation.

### DUTERRIER.

Ajoutez que la révolution, en dédommagement de tous les maux qu'elle a causés, nous a laissé le besoin impérieux d'une liberté sage et d'un gouvernement qui nous en assure le bienfait; nulle puissance humaine ne peut désormais régner sur la France que sous la garantie d'une constitution libérale, conforme aux vœux de la nation et aux lumières du siècle, dont rien ne peut arrêter les progrès.

### FREMINVILLE.

Et tout cela ne peut s'obtenir qu'avec Napoléon; car c'est là, je le vois bien, où vous en voulez venir.

### CLÉNORD.

N'achevez pas ma pensée: je vous la dirai tout entière: la France, désabusée des conquêtes, ne pouvait cependant consentir à descendre au rang subalterne qu'on prétendait lui assigner; un seul homme pouvait la tirer de cet état d'abaissement, il ne remonte, dit-il, au trône que pour faire respecter la nation qui le choisit de nouveau pour son chef. Il n'a plus rien à faire pour sa gloire et pour la nôtre; l'épée de Marengo et d'Austerlitz brille encore entre ses mains, mais seulement pour la défense de la patrie.

#### FREMINVILLE.

Un agression injuste peut le forcer à de nouvelles victoires. Arrêtera-t-il l'élan de son armée? Et vous chargerez-vous alors de mettre un terme à son ambition?

#### CLÉNORD.

Oubliez-vous que les assemblées du Champ-de-Mai vont s'ouvrir, et que nous aurons une constitution qui fixera invariablement les devoirs du prince et les droits de la nation?

#### C....

Qu'il nous garantisse la liberté publique, sous quelque forme de gouvernement que ce soit, et je suis des vôtres et des siens.

#### FREMINVILLE.

Malgré mon vieil attachement à la famille des Bourbons, si j'étais sûr qu'il nous tînt parole.... Mais je le connais bien, et il n'y faut pas compter.

#### MOUSSINOT.

Qu'on abolisse les droits-réunis, qu'on n'augmente pas la contribution foncière, et qu'on me paie exactement mes rentes, on verra comme je crierai *vive l'empereur!*

#### MADAME GUILLAUME.

Eh bien! Messieurs, vous m'aviez bien promis de ne point parler de politique; voilà le souper fini :

de quoi a-t-il été question? je vous ai écoutés fort attentivement, et je ne vois qu'une chose à conclure de tous vos beaux raisonnements, c'est que les hommes finissent toujours par s'entendre, quand la raison vient au secours de l'intérêt particulier.

N° XLVII. [11 avril 1815.]

# LE FOYER DES THÉATRES.

> . . . . . *Strenua nos exercet inertia.*
> Hor., lib. I, ep. 11
> Une paresse laborieuse s'empare de toutes nos facultés.

« Il y a vingt-cinq ans que je n'ai mis le pied au spectacle (me disait l'autre jour, en dînant chez moi, un vieux procureur qui s'est retiré du Palais avec vingt mille livres de rente, et une réputation d'esprit et de probité qu'un demi-siècle passé dans l'antre de la chicane n'a pu lui faire perdre). Comme un autre, et plus qu'un autre, continuait-il, j'ai été possédé de la fureur du théâtre. Je n'avais pas quinze ans, que je m'esquivais à quatre heures, de l'étude où j'étais déja confiné, pour aller attendre, au café Procope, le neveu d'un acteur nommé *Paulin*, avec lequel j'avais été en pension, et qui me faisait entrer aux Français par la porte des comédiens. Je restais tapi toute la soirée dans un coin du théâtre, d'où je jouissais à-la-fois du triple spectacle de la salle, de la scène, et des coulisses. A force de me voir, les comédiens en prirent l'habitude; l'amitié que me témoignait Préville m'attira la bienveillance de Grandval, de Dangeville, d'Armand, et même de Lekain. En grandissant, je me fis également bien venir des actrices (car il est bon que vous sachiez, mon cher Guillaume, que j'ai eu mes vingt ans comme un autre, et qu'alors je ne portais pas cette perruque dont vos enfants rient de si bon cœur).

« En y pensant bien, le plus beau jour de ma vie fut peut-être celui où je reçus (à la suite d'un repas que nous avions fait au Gros-Caillou) mes grandes et petites entrées à la Comédie française. Le soir même, on me fit reconnaître depuis le ceintre jusqu'au trou du souffleur, dans lequel je me plaçai dans plus d'une grande circonstance où je ne trouvai point à me loger ailleurs.

« J'ai fait mes premières armes, au théâtre, sous le chevalier de la Morlière, qui jouissait, chez Procope, d'une bruyante réputation. Sa bravoure, son ton leste et moqueur, ses manières originales, m'avaient inspiré beaucoup de respect; et le dévouement que je montrai pour sa cause, le jour de la seule représentation qu'ait eue son *Amant déguisé*, me plaça très avant dans ses bonnes graces: il me présenta, comme un amateur d'une grande espérance, à tous les habitués du foyer, et me fit l'honneur de m'admettre dans sa société intime. Les démêlés fréquents qu'il avait avec la police, l'obligation où j'étais, la moitié de l'année, de lui faire mes visites au Fort-l'Evêque, refroidirent et finirent par rompre notre liaison.

« Les foyers n'étaient pas alors ce qu'ils sont aujourd'hui ; on n'y rencontrait guère que des acteurs émérites, de vieux habitués, des auteurs, et quelques hommes de cour qui confondaient, le plus souvent, l'amour de l'actrice avec l'amour de l'art. On se rassemblait autour de la cheminée dans les entr'actes et à la fin du spectacle, pour y discuter le mérite des ouvrages que l'on venait d'entendre, et des acteurs qui les avaient représentés. Marmontel, Diderot, Duclos, La Harpe, tenaient habituellement le dé dans les conférences, où Dubreuil, Deschamps, et la Thorillière, apportaient leur contingent de vieux souvenirs, tandis que Saint-Foix égayait l'assemblée en mystifiant Poinsinet.

« Vous concevez tout ce qu'une pareille réunion pouvait offrir d'instruction et d'intérêt, particulièrement les jours de première représentation. Le jugement sur la pièce nouvelle se revisait au foyer; on y cassait souvent les arrêts du parterre ; et comme les auteurs dominaient dans cet aréopage, on s'y montrait d'une extrême sévérité pour les succès, et d'une grande indulgence pour les chutes. Quelques financiers, qui venaient digérer en dormant au spectacle, entraient au foyer pour s'y faire une opinion sur la pièce qu'ils n'avaient par entendue ; les journalistes y recueillaient des observations et des traits de critique dont ils assaisonnaient leurs articles hebdomadaires ; et plus d'un grand seigneur, après avoir lâché quelques bonnes impertinences dont on se moquait avec beaucoup de liberté, sortait du foyer pour se rendre à Versailles, et y débiter contre la pièce nouvelle des bons mots qu'il n'avait eu que la peine de retenir. Les soupers du grand monde, en vogue à cette époque, et dont les anecdotes de coulisses et les nouvelles littéraires faisaient en grande partie les frais, n'étaient que l'écho des foyers.

« Celui de l'ancienne Comédie française perdit ces avantages lorsque ce théâtre, en 1782, fut transféré au faubourg Saint-Germain, et que de nouvelles dispositions mirent la foule en possession du foyer, jusque-là réservé à un petit nombre d'amateurs Aujourd'hui, on se promène, on chuchote dans vos foyers, et l'on n'y cause plus ; les gens de lettres qui en faisaient le charme ont eu des successeurs au mérite desquels je veux bien croire, pour ne me faire de querelle avec personne ; mais leur caractère a je ne sais quoi d'âcre, d'insociable, qui leur fait craindre de se trouver ensemble. Le Mierre avait un amour-propre excessif, Marmontel était tranchant, Champfort emportait la pièce ; mais ces défauts étaient compensés par de la franchise, de la justice et une grande sûreté de commerce: qualités sans lesquelles il ne peut y avoir de réunion durable. On se rencontre maintenant, mais on ne se cherche pas: on se pelotonne, au lieu de se réunir. Vous en avez conservé le nom, mais vous n'avez plus de foyer.

« — De votre aveu, répondis-je à mon vieux procureur, il y a vingt-cinq ans que vous n'êtes entré dans une salle de spectacle; ainsi je puis croire que vous mettez vos prétentions à la place de vos observations, et je suis résolu de ne céder, sur ce point, qu'après vous avoir mis à même de comparer. »

Ce ne fut pas sans peine que je le décidai à m'accompagner le lendemain à la Comédie française. Le bonhomme ne doutait pas qu'on ne lui eût conservé ses entrées, et, pour lui épargner, à la porte, l'affront d'un refus qui l'aurait indisposé, je m'étais muni d'avance d'un billet, que je glissai, sans qu'il s'en aperçût, dans la main du contrôleur : mon vieux compagnon prit pour lui le salut que cet homme m'adressa: « Il me reconnaît, me dit-il avec un air de satisfaction, et j'ai moi-même quelque idée.... Ah çà, conduisez-moi, ajouta-t-il; votre Comédie française est pour moi un vrai labyrinthe. Il y a quarante ans, je la connaissais comme mon étude.... «Je le menai d'abord au foyer, il entra chapeau bas, regardant tout le monde d'un air tout-à-fait original; il s'approcha de la cheminée, où deux personnes parlaient des débuts de Préville. « C'était en 1750, disait l'un. — Vous ne vous trompez que de dix ans, répondait l'autre. Préville a débuté, en 1760, dans *les Fourberies de Scapin*.— Vous voulez dire dans les cinq rôles du *Mercure Galant;* pour ce fait-là, j'en suis sûr. » Grand débat pendant lequel mon procureur, d'un air capable et railleur que je me plaisais à observer, faisait tourner sa tabatière d'or entre le pouce et l'index de la main gauche, en fredonnant un vieux refrain; à la fin, n'y pouvant plus tenir: « Permettez-moi, Messieurs, d'user du triste avantage que me donnent sur vous mon âge et ma qualité de témoin du fait dont vous vous entretenez. Préville a débuté le 20 septembre 1753, par le rôle de Crispin du *Légataire Universel*. » L'assurance avec laquelle il parla fixa l'attention sur lui; et, sans ajouter un mot, il alla s'asseoir sur une banquette, attendant qu'une nouvelle bévue lui donnât lieu de placer une nouvelle anecdote. Pendant que nous prêtions l'oreille à une discussion très vive, élevée entre deux auteurs, dont l'un contestait à son confrère le droit d'être *tombé* avant lui, droit qu'il s'était acquis au moyen d'un ordre surpris au surintendant, pour être joué le premier, une scène d'une autre nature venait de se passer au parterre : les partisans de deux actrices rivales, qui se faisaient mutuellement siffler par des hommes à leurs gages, s'étaient pris de querelle, et les choses en étaient au point de rendre nécessaire l'intervention de la force armée.

« Messieurs, dit le procureur à quelques personnes qui faisaient le récit de ce qui venait de se passer, il n'en était pas ainsi de mon temps : jamais je n'ai vu mademoiselle Clairon faire siffler mademoiselle Dumesnil ; le parterre était alors un tribunal, et non pas une arène ; il est indécent que les plaisirs de deux mille personnes soient troublés par une vingtaine de polissons qui se sont fait un métier de leur infamie. *Ce droit de siffler, qu'à la porte on achète en entrant*, ne peut s'entendre que des pièces nouvelles et des débuts ; encore ne devrait-il s'exercer qu'à la fin de l'acte ou de la pièce, où, sans nuire aux plaisirs de l'assemblée, le bruit des sifflets peut avantageusement remplacer l'orchestre des Français, composé par tous mes contemporains. — Fort bien, monsieur, reprit un jeune homme ; mais, de votre temps, quand un acteur manquait au public....? — Il était sévèrement puni. On ne contestait point aux comédiens les égards et la considération auxquels le talent et la conduite ont de si justes droits ; ils jouissaient, dans la vie privée, de tous les priviléges des autres citoyens ; mais on pensait qu'une fois le rideau levé, l'acteur est esclave du public, au plaisir duquel il est voué par état, et qu'il doit respecter, même dans ses caprices : c'était la seule partie de l'administration théâtrale qu'entendissent bien les gentilshommes de la chambre, et la seule à laquelle vos surintendants n'ont jamais rien entendu. Je dis encore aujourd'hui ce que je disais alors: enterrez vos comédiens quand ils meurent, mais punissez-les quand ils s'oublient. Mademoiselle Clairon soupait avec les hommes, et, qui plus est, avec les femmes les plus distinguées de la cour; ce qui ne l'empêcha pas d'aller passer huit jours au Fort-l'Évêque.

« La police des spectacles est difficile à faire; le régime des comédiens suppose la connaissance d'une foule de petites manœuvres que le public ignore, parcequ'elles se pratiquent derrière la toile; mais qui finissent toujours par influer directement ou indirectement sur ses plaisirs... » Là, mon vieil amateur fut interrompu par un homme à voix grêle, qui, d'un ton de tragique bourgeois, où il entrait quelque peu de métier, lui dit, en relevant sa cravate : « Monsieur, je vous observe..... — C'est, je vous fais observer, qu'il faut dire, interrompit le procureur en prenant une prise de tabac. — Eh bien! je vous fais donc observer, monsieur, que les comédiens, dans leur foyer, sont chez eux; que tout ce qui peut s'y faire ou s'y dire doit être considéré comme affaires de famille, comme des actions de la vie privée où l'on ne me fera jamais entendre que le public et les journaux aient le droit de s'immiscer. — Ce que vous me faites l'honneur de me dire n'est pas absolument juste, répliqua le procureur; j'ai passé près de quarante ans de ma vie dans votre foyer, dans ce sanctuaire où vous prétendez être à l'abri de la censure publique; mais où je pense, moi, qu'elle aura droit de vous poursuivre aussi longtemps que le public sera aussi immédiatement intéressé aux affaires qui s'y traitent et aux abus qui s'y glissent. N'est-ce pas dans votre foyer que se trament ces petites intrigues qui ont pour but ce que vous appelez des *réceptions de canapé?* réceptions dont le moindre inconvénient est d'inonder le théâtre d'une foule de pièces médiocres. N'est-ce pas dans votre foyer que les chefs d'emploi se distribuent des congés, pendant la durée desquels leurs rôles sont abandonnés à des *doubles?* N'est-ce pas là que se fait le répertoire de la semaine, qui se divise en *grands* et en *petits jours*, c'est-à-dire en bonnes et mauvaises représentations, comme si le prix des places n'était pas toujours le même? N'est-ce pas là que s'organisent les cabales pour empêcher les débuts? N'est-ce pas au foyer que s'élèvent ces querelles politiques qui ont tant d'influence sur votre administration intérieure; qui font que vous refusez de jouer dans la pièce de tel auteur, ou de paraître en scène avec tel de vos camarades dont les opinions diffèrent des vôtres? Vous voyez, monsieur, que je suis initié dans les mystères du foyer, et que si j'en relève quelques uns, c'est pour que vous me sachiez gré d'en taire beaucoup d'autres.

« Mais je ne suis cependant pas injuste, et je sais aussi le bien qu'on peut en dire. Les foyers intérieurs sont, pour les jeunes comédiens, une excellente école : c'est là qu'autour de la cheminée, où siégent les vieux acteurs, ils entendent développer et réduire en préceptes une théorie de l'art d'autant meilleure qu'elle est fondée sur une longue expérience ; c'est là que les bonnes traditions se conservent dans toute leur pureté. Une conversation de Talma, de Fleury, vaut mieux pour un jeune acteur intelligent que trois ans de théâtre. Dugazon m'a souvent dit qu'il ne jouait jamais mieux un rôle qu'après avoir causé une heure avec Préville.

« Les foyers ne sont pas inutiles aux jeunes auteurs : ils vont y étudier ce qu'on appelle aujourd'hui le *métier*, et ce que, de mon temps, on nommait un peu durement le *cabotinage;* cet art-là n'est point à dédaigner, et j'ai connu plus d'un auteur de mon temps qui lui a dû tous ses succès. On m'assure que ceux du vôtre y sont passés maîtres.

« Dans le foyer, plus communément encore que dans le monde, le caractère perce à travers le costume du personnage. L'éloquent *Cicéron* s'y dispute avec le tailleur pour mettre un lé de moins dans sa robe de consul ; le républicain *Brutus* sollicite l'honneur d'aller faire antichambre chez un chambellan; la prude *Arsinoé* fait les yeux doux à un receveur-général, et *Pasquin* traite du haut de sa grandeur l'auteur de *la Métromanie*. »

Je ne sais pas où se serait arrêté notre homme, dont l'éloquence allait croissant avec les auditeurs qui faisaient cercle autour de lui, si l'un des garçons de théâtre n'était venu prévenir que le spectacle était fini depuis trois quarts-d'heure, et n'eût forcé l'auditoire à s'écouler en se mettant en devoir d'éteindre les quinquets.

Comme l'amour-propre ne perd jamais ses droits, le vieux procureur, ravi de l'effet qu'il avait produit, et de l'attention avec laquelle on l'avait écouté, sortit en convenant que les foyers étaient mieux composés qu'il ne le croyait, et en se promettant bien d'y revenir quelquefois.

N° XLVIII. [18 avril 1815.]

# UN SOUPER DE FEMMES.

> Les lois romaines ne permettent aux femmes de parler qu'en présence de leurs maris; toute curiosité sur les affaires d'état leur était expressément défendue : ces lois-là ne sont point en vigueur en France
>
> PALISSOT.

« Qu'est-ce donc, madame Guillaume? pourquoi ces préparatifs de souper? Ce n'est point aujourd'hui mon jour. — Non, monsieur, mais c'est le mien. Vous avez pris l'habitude de me faire souper une fois par semaine avec une demi-douzaine d'amis, qui font de ma maison un club où il n'est question que de politique et d'affaires d'état; vous voudrez bien permettre, à votre tour, que je reçoive de temps en temps quelques amies avec qui je puisse causer d'objets plus intéressants pour les femmes, et surtout moins ennuyeux. — J'entends, vous rétablissez la fête des mystères de la bonne déesse; prenez garde, madame Guillaume, qu'il ne s'y glisse quelque Clodius; ce n'est pas pour y veiller moi-même, je vous prie de le croire, que je sollicite de vous la faveur d'être du nombre de vos convives. — Vous vous ennuierez de notre commérage ; mais c'est une revanche que vous me devez; je la prendrai avec un grand plaisir, et sans la moindre pitié, je vous en préviens; car nous n'aurons que des femmes. — La menace ne m'intimide pas du tout, et vous verrez, madame, que je ne suis pas encore aussi déplacé que vous paraissez le croire dans un cercle de cette espéce. — Vous vous décidez à passer deux heures sans dire et sans entendre un mot de politique? — D'autant plus volontiers que je ne fais aucun cas de la politique des femmes, si vous me permettez de vous le dire. — Aux sottises qu'elle fait commettre et débiter aux hommes, je ne vois pas trop sur quoi ils établissent le privilége qu'ils s'en réservent; quoi qu'il en soit, nous ne le leur envions pas. Attendez-vous qu'il ne sera guère question que d'affaires de ménage, d'enfants, de modes, de parure. — Le tout assaisonné d'un grain de médisance, et voilà sur quoi je me sauverai. — Vous êtes prévenu; c'est votre affaire. »

Il existe entre madame Guillaume et moi une convention tacite pour maintenir entre nous la bonne harmonie; convention sur laquelle nous ne nous sommes jamais expliqués, et qui ne s'en exécute pas moins fidélement; on n'en peut pas dire autant de beaucoup de traités écrits, longuement discutés avant leur rédaction, et jurés le plus solennellement du monde.

En vertu de ce pacte conjugal, il est convenu que je serai le maître absolu chez moi, que j'y serai investi de cette toute-puissance que Molière a conférée *au côté de la barbe*, et que néanmoins, pour balancer mon autorité sans limite, je la soumettrai aux désirs de madame Guillaume, qui auront force de loi dans la maison. Il résulte de cet équilibre de pouvoirs, que celui qui m'est garanti par la charte de famille est purement nominal, et que ma femme gouverne par le fait. J'ai souvent pensé à lui proposer un acte additionnel qui modifie nos constitutions matrimoniales; mais, après avoir bien consulté la force de ma volonté et la persévérance de la sienne, je n'ai pas cru prudent de remettre en question l'examen de nos droits réciproques; j'ai pris exemple sur plus d'un grand roi, qui jouit tout juste du pouvoir absolu que j'exerce, et dont les premiers ministres se contentent des droits de madame Guillaume.

Après avoir pris, comme on vient de le voir, mes ordres souverains sur le souper qu'elle avait provisoirement arrangé, ma femme, par suite de cette déférence dont elle s'est fait une loi, vint m'apporter la liste des convives.

La première était madame de Courville, jolie petite femme de dix-huit ans, mariée depuis deux ans à un receveur général qui la laisse à Paris, chez sa mère, sans lui imposer d'autre obligation que de venir annuellement séjourner deux mois dans son département, pour y faire les honneurs de la recette générale; pendant deux autres mois de congé que son mari vient passer à Paris, il sort si peu de l'antichambre et des bureaux du ministre, que sa femme s'aperçoit à peine de sa présence. Courville économise beaucoup en province, mais il exige que madame dépense beaucoup à Paris, et elle se conforme à ses volontés avec une docilité qui fait le plus grand honneur à son caractère. Elle a réglé sa maison sur le pied de trois grands dîners par semaine; l'un de grands personnages dont elle fait des protecteurs à son époux; le second d'artistes, pour suivre l'usage de la haute finance qui, dans le siècle dernier, se croyait obligée de protéger les arts; le troisième est un tribut qu'elle paie au grand monde, et dont elle s'acquitte avec une grace, une élégance, qui éloignent toute idée d'ostentation : en femme d'ordre, et pour faire face aux dépenses de l'hiver, elle économise pendant la belle saison, qu'elle passe à la campagne avec une vingtaine d'amis qui vont s'enterrer avec elle au fond d'un château, à quatre lieues de Paris.

La seconde personne, par ordre d'invitation, était madame Dubreton, petite espiégle de quarante-cinq ans, à qui l'on n'en donnerait pas plus de quarante aux lumières, et dont un corset de madame Coutant redresse si bien la taille, qu'il faut un œil de femme pour y découvrir une de ces légères imperfections que la jalousie s'amuse quelquefois à relever en bosse. Madame Dubreton est l'oracle des modes; elle en parle d'autant mieux qu'elle en fait, depuis trente ans, l'unique affaire de sa vie.

Madame Destillet, femme d'un riche négociant, est bien la plus drôle de chose animée dont le ciel ait jamais égayé la création. Rien n'est en place, ni dans sa figure, ni dans ses manières, ni dans son esprit; c'est un désordre, un décousu qui ne ressemble à rien : dans un quart d'heure elle parle de vingt choses différentes; elle avance vingt propositions qui se contredisent; se réjouit et s'afflige des mêmes événements; dénigre dans le même moment, et quelquefois dans la même phrase, celui dont elle a commencé l'éloge. On se demande comment une tête humaine peut fournir à cette succession d'idées incohérentes, et comment un cœur de vingt-deux ans peut loger tant de contrastes inexplicables. Madame Destillet est jolie, mais sa physionomie est si mobile qu'il est impossible d'en assigner le caractère; ses yeux, tour-à-tour indécis, brillants, langoureux, varient d'expression aussi souvent que sa bouche, et il n'y a pas plus à se fier à son dernier regard qu'à sa dernière parole.

Il est difficile d'avoir des prétentions plus gothiques que madame de Fonval, dont le mari, avant la révolution, était avocat général près d'une cour souveraine de province. Elle est venue s'établir à Paris, avec toute sa famille, et, en qualité de femme de l'ancienne robe, elle s'est logée au Marais, dans l'hôtel d'un ancien président au parlement. Elle a passé le temps de la restauration dans l'antichambre du chancelier, à solliciter pour son mari la présidence de la cour de cassation, qu'elle se flattait d'obtenir lorsque la révolution du 20 mars est venue renverser ses espérances. Depuis, on a eu l'insolence d'offrir à M. de Fonval une place de juge dans un tribunal de première instance : on sent tout ce que doit avoir d'odieux un gouvernement qui déjoue d'aussi justes prétentions : aussi madame de Fonval s'est-elle hautement prononcée contre le nouvel ordre de choses; sa maison est le rendez-vous des nouvellistes de la Belgique; c'est là que se fabriquent les bulletins officiels de la coalition, et que s'arrête le plan de campagne de douze cent mille hommes prêts à entrer en France pour rendre la simarre à M. de Fonval.

Madame de la Mesnardière, veuve d'un ancien officier de la garde-robe, est affligée d'une soixantaine d'années au moins, et d'une surdité qui ne lui permet pas de suivre le fil de la conversation; ce qui ne l'empêche pourtant pas d'y prendre une part très active, et d'y placer, à tort et à travers, des observations qui donnent lieu, de temps en temps, à de singuliers quiproquo.

La sixième et dernière de nos convives était madame d'Amblemont, femme d'un officier de la vieille garde, qui a suivi l'empereur à l'île d'Elbe. Sa beauté irrégulière a quelque chose de l'indépendance de son esprit : à la première vue, on est surpris de ses manières un peu trop franches, de son ton un peu cavalier ; mais on s'accoutume bientôt à des formes qu'ennoblissent un esprit cultivé, une belle ame, et un noble caractère.

Ces dames arrivèrent presque toutes ensemble.

MADAME DE COURVILLE.

Vous nous manquez de parole, ma chère; vous nous aviez promis que nous n'aurions point d'hommes.

MADAME GUILLAUME.

Mon mari demande une exception en sa faveur.

M. GUILLAUME.

Je me retirerai, si ces dames l'exigent.

MADAME DESTILLET.

Restez, monsieur, restez; un homme ne gâte jamais rien.

MADAME DE FONVAL.

J'arrive un peu tard, et je craignais de vous trouver à table; mais je n'ai pas perdu mon temps : je sors de chez ma cousine la comtesse d'Ancenille, et j'en rapporte les déclarations du congrès.

Bon gré, mal gré, il fallut en entendre la lecture;

et ce fut en vain que j'essayai de prouver à cette dame que la plupart de ces nouvelles étaient démenties par leur date, et que les autres reposaient sur des suppositions d'événements qui ne s'étaient point réalisés. « Il y a des gens qu'on ne persuade jamais, » interrompit madame de Fonval en remettant toutes ses pièces diplomatiques dans son sac à ouvrage.

MADAME DUBRETON.

Pardon, ma chère amie, si j'arrive faite comme je suis; j'ai presque l'air d'une vieille femme: c'est qu'en vérité j'ai passé une nuit affreuse. Si je n'avais pas craint de vous désobliger, je ne serais pas sortie de chez moi.

MADAME DE FONVAL.

Eh! madame, on ne s'occupe guère de toilette au milieu de tant d'intérêts politiques....

MADAME DESTILLET.

De la politique! bon Dieu, quel casse-tête! je n'y entends rien et ne veux rien y entendre; je brouille tout dans ma tête: le congrès, les alliés, les ennemis, tout cela est la même chose pour moi.

MADAME GUILLAUME.

C'est raisonner très juste que de raisonner ainsi.

MADAME DE FONVAL.

Ces dames ne savent pas, apparemment, que l'on fortifie Paris?

MADAME DE COURVILLE.

Comment! fortifier Paris? mais c'est une horreur! nous reverrions encore ces vilains cosaques qui m'ont fait tant de peur l'année dernière?

MADAME DE LA MESNARDIÈRE.

Et moi aussi, je les ai vus avec un bien grand plaisir, l'année dernière, ces pauvres amis...

On riait de l'à-propos, lorsque madame d'Amblemont entra. Elle était vêtue très simplement; mais elle portait sur son chapeau un gros bouquet de violette, qui parut scandaliser beaucoup madame de Fonval.

MADAME GUILLAUME.

Vous voilà enfin, ma chère Adèle! Comment se porte le général?

MADAME D'AMBLEMONT.

Fort bien, ma bonne amie, mais très occupé, comme vous pouvez croire: il part après-demain pour Valenciennes, où j'irai le joindre si la guerre recommence.

MADAME DE COURVILLE.

Vous avez bien du courage, madame; pour moi, je n'entends jamais parler de guerre sans frémir.

MADAME D'AMBLEMONT.

Vous y avez perdu sans doute quelqu'un qui vous était cher?

MADAME DE COURVILLE.

Ma jolie maison de Monfermeil, que ces maudits

cosaques m'ont pillée de fond en comble. J'ai été obligée d'y faire remettre pour vingt mille francs de glaces; et pourtant j'avais une sauvegarde du général Sacken.

### MADAME D'AMBLEMONT.

On se console de ces malheurs-là, quand on est digne d'en éprouver d'autres.

On vint annoncer que le souper était servi, et l'on se mit à table. Quelque habitude que j'aie d'observer, et quelque fidèle que soit ma mémoire, je ne puis me flatter d'avoir retenu la dixième partie des saillies, des futilités, des choses gaies, sérieuses, folles ou raisonnables, qui se sont dites dans une conversation de trois heures entre sept femmes d'humeurs, d'inclinations, et d'opinions si différentes : je me souviens seulement que le souper finit par une rupture.

### MADAME DUBRETON.

Laissons la politique, et parlons de choses moins sérieuses. Savez-vous, madame de Courville, que vous avez là une garniture d'un goût exquis? C'est de chez madame Germont, n'est-il pas vrai? Décidément je quitterai Leroi.

### MADAME DE COURVILLE.

Il est toujours le premier homme de son siècle pour les chapeaux, témoin celui de madame d'Amblemont; c'est un amour.

MADAME DE FONVAL.

Les fleurs pourraient être mieux posées et mieux choisies, si j'ose le dire.

MADAME DESTILLET.

Pourquoi pas? Je connais beaucoup de femmes qui n'aiment point la violette, c'est l'emblème du *retour*.

MADAME DE LA MESNARDIÈRE.

On parle de femmes sur le retour; cela nous regarde, madame de Fonval.

MADAME DE FONVAL.

Quand on entend tout de travers, ne pourrait-on pas se dispenser de se mêler de la conversation?

MADAME GUILLAUME.

En fait de retour, je n'en crains plus qu'un; c'est celui de nos chers alliés.

MADAME D'AMBLEMONT.

Vous ne les reverrez plus; soyez tranquille.

MADAME DE FONVAL.

Je n'en jurerais pas.

MADAME DESTILLET.

Vous le parieriez?

MADAME DE COURVILLE.

Comment, nous reverrions ici ce petit colonel Oursikow, qui me faisait si drôlement la cour, en couchant toute la nuit sur un banc de pierre, à la porte de mon hôtel? Il était assez aimable pour un Tartare.

MADAME D'AMBLEMONT.

Pour moi, j'ai tous ces gens-là en horreur ; et je ne conçois pas qu'on en parle sans indignation.

MADAME DE FONVAL.

Le mari de madame est un des braves qui nous ont ramené Bonaparte..... Cela se voit.

MADAME D'AMBLEMONT.

Je vous demande pardon, madame ; mon mari est un des braves qui ne l'ont pas quitté.

MADAME DE FONVAL.

Excellente raison pour haïr ses ennemis !

MADAME D'AMBLEMONT.

Ses ennemis, madame, ce sont les nôtres, ce sont ceux de la France.

MADAME DE FONVAL.

Chacun voit la France dans son parti.

MADAME D'AMBLEMONT.

Mon parti est celui de la gloire, de la liberté nationale.

MADAME DE FONVAL.

En un mot celui du peuple.

MADAME D'AMBLEMONT.

Et le vôtre, celui de la noblesse, peut-être ? Dans ce cas, nous faisons toutes deux preuve de désintéressement !

MADAME DE FONVAL.

Que voulez-vous dire, je vous prie ?

Madame Guillaume eut beau rompre vingt fois

la conversation, parler de spectacles, de mariages, d'anecdoctes récentes, de *la Pie Voleuse*, de *la Vénus Hottentote*, la maudite politique revint toujours; les paroles s'aigrirent, l'humeur s'en mêla, les réparties devinrent des épigrammes, et ces dames se quittèrent fort mécontentes les unes des autres, et bien résolues de ne se voir que lorsque l'hiver aurait passé sur les fleurs.

N° XLIX. [25 avril 1815.]

# LE DÉMÉNAGEMENT.

*Quo fit, ut omnis*
*Votivâ pateat veluti descripta tabellâ*
*Vita*

Hor., sat. 1, liv. II.

Il retrace dans son livre les différentes scènes de la vie, comme dans ces tablettes votives où sont représentés les divers accidents d'un naufrage.

« Je suis l'homme le plus malheureux du monde, » me disait un de mes amis qui jouit, à quarante ans, de vingt-cinq ou trente mille livres de rente, d'une bonne santé, et d'une grande considération. Sur l'observation que je lui faisais de tant d'avantages qui semblaient donner un démenti si formel à ses plaintes : « Vous ne faites pas entrer en ligne de compte, continua-t-il, les contrariétés de toute espèce, les tracasseries domestiques qui m'assiégent, et auxquelles j'ai le malheur d'être extrêmement sensible. Les grands chagrins sont rares ; ils ont un terme que l'espérance vous laisse entrevoir du moment où ils commencent : les peines de l'ame, quelque vives qu'elles puissent être, sont des situations de la vie que vous avez prévues, auxquelles l'expérience des autres a pu vous préparer, où vous finissez quelquefois par trouver un certain charme; mais ces tribulations de toutes les heures, ces petites vexations sourdes qui s'emparent d'un homme au sortir de son lit, et le harcèlent tout le long du jour, voilà ce qui rend la vie insupportable, et dont je consentirais à me débarrasser au prix d'une belle et bonne infortune. »

Après m'être un peu moqué de ses doléances, je finis cependant par convenir avec lui qu'il y avait quelque chose de très réel dans ce malheur imaginaire auquel les hommes de lettres sont plus exposés que les autres. Combien de circonstances frivoles, d'incidents légers en apparence, se succèdent ou se réunissent pour harceler un pauvre auteur jusque dans le cabinet où il s'enferme! Une pensée neuve ou piquante se présente à son esprit, revêtue de l'expression la plus heureuse; il craint de la perdre; il va l'écrire; mais une porte s'entr'ouvre, et crie aigrement sur ses gonds; un rayon de soleil tombe d'aplomb sur ses yeux, une orgue de Barbarie s'obstine à jouer sous ses fenêtres; sa cheminée fume, ses enfants crient; sa femme, sous prétexte d'arranger et de parer sa bibliothèque, s'est avisée de classer ses livres par ordre de format et de reliure, sans égard à leur division par ordre de matières; en sorte qu'il passe des heures entières à chercher le volume dont il a besoin. On ne finirait pas si l'on s'imposait la tâche d'énumérer seulement les contrariétés de toute nature qui empoisonnent la vie la plus heureuse, et dont l'habitude ne fait qu'aggraver le supplice.

Au nombre de celles que je supporte le plus impatiemment, je compte l'ennui de déménager. Je ne connais pas d'accident qui bouleverse plus complétement les idées d'un homme qui fait métier d'en avoir deux de suite, que cette ennuyeuse opération, à partir de l'obligation préalable de donner congé en temps utile, sous peine de payer un ou deux termes de plus d'un loyer dont vous ne jouissez plus, jusqu'à la nécessité de payer six mois d'avance pour un logement dont vous ne jouissez pas encore.

Si jamais, comme Guillaume Penn, je fais bâtir une ville, je veux que chaque habitant y soit propriétaire de sa maison ou de sa cabane, et j'abolirai, par une loi expresse, avec le singulier commerce de faire payer un asile, les trois quarts des procès civils qui n'ont pas d'autre source. Comme cette loi n'existe pas à Paris, et qu'il n'est pas probable qu'elle s'y établisse de long-temps, il faut, à défaut, d'une maison à soi, se loger dans celle des autres; et, pour la sixième fois dans ma vie, je viens de faire la pénible épreuve de toutes les tribulations qu'entraîne un *déménagement*.

Il y a six ans que j'habite la maison de M. Moussinot, et je m'étais si bien familiarisé avec les incommodités dont elle est amplement pourvue, qu'il est probable que je n'en serais jamais sorti, s'il n'était survenu des changements dans ma famille qui en nécessitent d'autres dans la distribution de mon logement. Ma fille, qui n'avait que dix ans lorsque je suis entré dans la maison de M. Moussinot, en a seize maintenant, et ne peut plus coucher dans la chambre de sa mère; mon fils, qui était convenablement couché dans une petite chambre attenante à mon cabinet, pendant le temps des vacances, aimerait autant, depuis qu'il est au service, que je ne fusse pas aussi exactement instruit de l'heure où il rentre; un appartement séparé lui devient d'autant plus nécessaire, qu'il n'est pas très convenable qu'un officier de hussards passe par la chambre de sa sœur pour se rendre dans la sienne : toutes ces considérations m'ont mis dans la nécessité de déménager.

Le choix d'un nouveau logement est une affaire d'état dans une famille : le quartier, le prix, l'exposition, la distribution, la commodité, sont autant d'articles à examiner séparément; et comme chacun de nous était intéressé dans cette recherche, c'est en famille que nous nous mîmes en quête d'une nouvelle habitation.

Nous voilà donc, par un beau jour, en course dans le quartier d'Antin : je donnais le bras à madame Guillaume; et mon fils avec sa sœur, marchant quelques pas devant nous, faisaient déja leurs petits arrangements, sans trop s'embarrasser s'ils entraient dans les nôtres. Nous interrogions tous les écriteaux, et nos enfants avaient grand soin de nous faire remarquer ceux qui annonçaient de jolis *appartements ornés de glaces et fraîchement décorés*. Mon fils s'arrêta en face d'un hôtel sur la porte duquel on lisait en gros caractères : *Grand et bel appartement à louer, au premier, entre cour et jardin.* « Ma mère, voilà ce qu'il nous faut! — Êtes-vous fou, mon fils? c'est un logement de grand seigneur. — Madame Guillaume, la vue n'en coûte rien : entrons. » Le portier, qui nous avertissait par écrit qu'il était *Suisse*, nous reçut assez lestement quand il vit que nous étions venus à pied; il est même probable qu'il ne se serait pas donné la peine de nous répondre si les petites moustaches et le ruban rouge de Victor ne lui eussent imposé : « Monsieur, dit-il à mon fils qui l'interrogeait, l'appartement est de huit pièces de plain-pied, jardin, écurie pour six chevaux, remise pour trois voitures, et six chambres de domestiques. — Et le prix? — Six mille francs. » Nous nous retirâmes sans en demander davantage. Le suisse alla rejoindre en sifflant des palefreniers occupés dans la cour à laver les voitures, et qui paraissaient regarder en pitié des gens hors d'état de prendre un loyer de six mille francs.

Après avoir vu plusieurs autres logements, nous entrâmes dans une petite maison charmante, à laquelle conduisait une allée d'arbres, et dont la cour formait une espèce de boulingrin d'un aspect très agréable.

Une grosse portière, dont les manières accortes me prévinrent favorablement, nous donna d'abord les détails dont nous avions le moins besoin : elle nous apprit que la maison était occupée par la *femme* d'un colonel, qui la quittait pour aller rejoindre son mari. La jeune dame était au logis ; Victor insista pour voir l'appartement. J'étais moins pressé, et je craignais que ma fille ne fût déplacée dans cette visite ; nous montâmes cependant.

Il était une heure ; Madame était déjà levée. Une très jolie petite femme-de-chambre vint nous ouvrir, et fronça le sourcil en apprenant le motif qui nous amenait chez sa maîtresse ; néanmoins, comme l'examen que nous venions faire est un des inconvénients indispensables d'un appartement à loyer, il fallut bien, à la voix de la portière, nous en permettre la visite. Ce pavillon était un petit temple, et il était aisé de voir à quel dieu il avait été élevé. Tandis que Victor et sa sœur admiraient la beauté, le nombre, la disposition des glaces, la fraîcheur des peintures, madame Guillaume s'occupait plus utilement des objets de nécessité première.

Victor pénétra le premier dans la chambre à coucher principale, où la jeune dame, nonchalamment assise dans une bergère, prenait une tasse de thé d'un petit air boudeur qui ne gâtait rien à sa figure véritablement séduisante ; elle nous fit, sans changer d'attitude, une inclination de tête à laquelle mon fils répondit par un compliment, dont un sourire aimable le paya très généreusement.

Comme il est de ma nature et de mon état d'observateur d'avoir les yeux par-tout, je remarquai, sans attacher la moindre importance à cette observation, que la femme-de-chambre, en rangeant l'appartement où régnait encore le désordre du matin, enleva de dessus le lit un madras semblable à celui que sa maîtresse portait sur sa tête, mais qui paraissait avoir été noué avec beaucoup moins d'art.

Chaque pièce de ce logis fut, pour madame Guillaume, l'objet d'un examen particulier, où elle déploya un esprit d'ordre, de prévoyance, une justesse de coup d'œil, une connaissance des moindres détails, dont la portière elle-même ne revenait pas ; déja chaque chambre avait reçu sa destination, chaque meuble avait trouvé sa place. Ces arrangements de ménage, qui se faisaient en présence de la dame du logis, n'avaient pas l'air de l'amuser beaucoup, et elle ne me parut pas sentir le prix de l'occasion qui lui était offerte de connaître, piéce à piéce, tout le mobilier de notre maison.

Après avoir pris des mesures pour la hauteur des

rideaux et des glaces, pour l'emplacement des canapés et des tapis, nous prîmes congé de la dame, qui permit à mon fils, d'une manière assez obligeante, de venir mesurer le lendemain un entre-deux de croisée, dans un cabinet qu'elle n'avait pas jugé à propos de nous ouvrir, et dans lequel ma fille avait l'intention de placer son piano. Le prix et le logement nous convenaient; il ne s'agissait plus que de terminer avec le propriétaire; la portière me donna son adresse, et je me rendis chez lui le lendemain.

M. H*** est un ancien homme d'affaires; je ne sais pas comment il a fait celles des autres, mais il a si bien fait les siennes, qu'il est aujourd'hui propriétaire de sept ou huit maisons, dans les plus beaux quartiers de Paris, dont il ne retire guère moins de quatre-vingt mille livres de rente, toutes impositions payées. Si l'on est surpris, en le voyant pour la première fois, d'apprendre qu'il soit parti d'une petite étude de procureur de la rue du Harlay, pour arriver au point où il se trouve, on est étonné, après avoir traité la moindre affaire avec lui, qu'il ne soit pas plus riche. Il s'est fait, en sa qualité de propriétaire, un petit code qui me donnerait une bien haute idée de l'adresse du locataire qui parviendrait à le tromper. Nous passâmes deux grandes heures à régler les conditions du bail, et trois matinées à dresser *l'état des lieux*. Tout en me faisant valoir son extrême désintéressement, il tira de moi une centaine d'écus pour des tringles, des cloisons, dont je n'avais aucun besoin, et qu'il m'obligea de lui acheter, sous condition de ne pas les emporter, en cas de déménagement, de peur de dégrader les murs; d'où je conclus que ces mêmes objets, qui ne valent pas cent francs, en passant d'un locataire à l'autre, avaient déja dû lui rapporter une centaine de louis. Enfin, après avoir signé, contre-signé et paraphé le double d'un bail qu'il avait pris soin de rédiger lui-même, il me demanda, en riant, cinq sous pour le papier timbré de la quittance des six mois que l'usage, auquel il n'est pas homme à déroger, veut que l'on paie d'avance. « Il ne tenait pas à une pareille bagatelle, comme je pouvais croire; mais il faut de l'ordre dans les affaires. »

Sorti des mains de cet homme de proie, ma femme s'occupa du déménagement, dont les préparatifs commencèrent mon supplice. Les ouvriers de toute espèce prirent la maison d'assaut: tapissier, menuisier, serrurier, c'était à qui ferait le plus de bruit et de dégât. Poursuivi de chambre en chambre, je m'étais retranché dans mon cabinet, d'où je bravais encore l'ennemi; mais force fut de capituler: en un clin-d'œil, et sans égard à mes ordres, à mes prières, je vis mes livres descendus des rayons de la bibliothèque, entassés pêle-mêle dans de grandes mannes, sans respect de mérite, de genre, et de for-

mat. Corneille avec Dorat, Racine avec Mercier, Poinsinet avec Voltaire. O honte! ô confusion!.....
Après avoir disputé, dans mon cabinet, le terrain pied à pied, les meubles pièce à pièce, las de crier, de tempêter, réduit littéralement au désespoir, je me sauvai du logis avec le seul livre que j'eusse pu sauver du pillage, et j'allai me promener pour évaporer ma bile, laissant à ma femme et à mes enfants le soin d'achever cette œuvre de destruction.

Je n'étais pas au bout de mes peines; j'avais quitté mon ancien logement; en entrant dans l'autre, je ne fis que changer de chaos: les ouvriers m'y poursuivirent, et m'abandonnèrent, le premier soir, au milieu d'un désordre où j'avais peine à me retrouver moi-même. On avait pensé à tout, excepté au moyen de se coucher; mon lit était encore sur le brancard. Après deux heures de recherches, je retrouvai mes pantoufles dans le *bonheur du jour* de madame Guillaume, et ma robe de chambre parmi les ustensiles de cuisine, ce qui donna occasion à ma femme de me faire remarquer que rien ne s'égarait avec elle; chacun passa la nuit comme il put, et le jour vint éclairer un tableau cent fois plus triste encore.

Trois mille volumes de ma bibliothèque, choisis avec tant de soin, rassemblés à tant de frais, étaient amoncelés dans une chambre basse; mes plus belles éditions avaient été froissées, tachées, déchirées;

je n'avais plus la force de me plaindre, et je contemplais ce désordre en poussant de gros soupirs, auxquels madame Guillaume répondait par des exclamations continuelles à la vue de ses porcelaines écornées, de ses cristaux en pièces. Ma fille ne trouvait plus les pédales et les pieds de son piano. Victor s'était couché tout habillé sur un sopha en lampas, où il avait laissé l'empreinte indélébile de ses bottes. Les domestiques ne savaient auquel entendre, et rejetaient l'un sur l'autre toutes les sottises qui avaient été faites en commun. La première journée se passa en lamentations, et la semaine entière en reproches, en tracasseries de tout espèce. Au bout de huit jours, nous parvînmes à nous reconnaître, et nous convîmes, en récapitulant nos pertes, que le proverbe a raison, et *que trois déménagements équivalent à un incendie.*

N° L. [3 mai 1815.]

## UNE NUIT DE PARIS.

> *Duplex libelli dos est: quòd risum movet*
> *Et quòd prudenti vitam consilio monet.*
> PHÈDRE.
>
> Je me propose, en écrivant, le double but d'amuser et de corriger

Lundi dernier, la nuit était belle, l'air était doux, et la lune se promenait dans un ciel sans nuages. Je goûtais, à ma fenêtre, un de ces plaisirs innocents dont on jouit, comme de beaucoup d'autres, sans jamais s'en rendre compte; je fumais un cigarre, et, comme ce grand *flandrin de vicomte* qui s'amusait à faire des ronds dans un puits je m'amusais à suivre dans l'air les bouffées de tabac que j'expirais avec la gravité d'un bourguemestre de Groningue: je ne voyais rien, je ne songeais à rien; je m'écoutais vivre.

Mon cigarre achevé, je rentrai dans le monde social et politique dont j'étais absent depuis un quart-d'heure; et mon esprit se remit au travail. En par-

courant des yeux cette rue déserte, où tant de
gens s'agitaient, se coudoyaient quelques heures auparavant, j'en vins à me rappeler quelques traits
d'une assez mauvaise peinture d'*Une Nuit de Paris*,
qu'a faite Rétif de la Bretonne dans la préface de ses
*Contemporaines*; ensuite il me prit fantaisie de retracer moi-même un semblable tableau; j'en avais une
belle occasion; le temps était superbe, tout le monde
dormait chez moi, et je n'avais pas la moindre
disposition au sommeil. Je sortis furtivement, en
me rappelant, avec un soupir, le temps où de semblables précautions avaient un autre motif, et j'arrivai à la grande porte de la rue, que j'eus beaucoup
de peine à me faire ouvrir. La portière, obligée de
se lever,

............ Dans le simple appareil
D'une beauté qu'on vient d'arracher au sommeil,

en tournant d'une main la grosse clef, et voilant de
l'autre des appas dont je détournais modestement
mes regards, grommelait entre ses dents: « La belle
heure pour sortir!...... Où diable peut-on aller?....
A moins, pourtant... Ah! mon dieu! mon dieu! »

Me voilà dans la rue; je n'avais pas fait cinquante
pas que je commençai à me repentir de ma démarche; mais le moyen de rentrer? Je ne me sentais
pas la force de braver une seconde fois l'humeur de
la portière. Je n'avais point de projet arrêté, ainsi

tout chemin m'était égal; je marchais devant moi, sans trop savoir où j'allais. J'étais arrivé au bout de la rue de Provence, sans avoir rencontré personne, et je commençais à craindre que ma promenade nocturne ne me fournît d'autres sujets d'observation que moi-même. Un bruit confus de voix se fit entendre, je tournai mes pas de ce côté : il s'agissait d'une rixe entre des cochers de fiacre; l'un d'eux avait imaginé de nourrir ses chevaux aux dépens de ceux de ses camarades, en profitant de leur sommeil ou de leur station au cabaret pour s'approprier quelques poignées de fourrage, dont il composait à ses chevaux une ration économique qu'il avait soin de porter en compte à son bourgeois. Le maraudeur, pris sur le fait, n'en fut pas quitte pour quelques coups de fouet, qui lui furent appliqués de main de maître, il fallut entrer en arrangement chez un grenetier voisin, dont la boutique était encore ouverte : assis sur un sac d'avoine, celui-ci écouta la plainte, évalua le dommage et les intérêts, prononça très sagement sur les indemnités auxquelles les plaignants avaient droit, et se fit allouer un poisson d'eau-de-vie pour les frais d'arbitrage. Fort bien jugé, me disais-je à moi-même, en continuant ma promenade; si cette affaire de foin eût été portée devant un tribunal, les procureurs et les huissiers en auraient mangé bien des bottes.

Au détour de la rue de l'Arbre-sec, à quelques

pas de la fontaine, je vis une patrouille qui réveillait un homme étendu sous une porte cochère, où il était établi de manière à faire croire qu'il avait l'habitude d'un pareil domicile. Celui-ci trouva très mauvais qu'on troublât son sommeil ; on lui demanda son nom : « Je m'appelle la Riffardière, répondit-il avec fierté en se mettant sur son séant ; je suis artiste, et, qui plus est, poète ; je loge ici, parceque cela me convient, et qu'il n'y a point de loi qui défende à un citoyen de coucher dans la rue ; or donc, et en vertu de l'article 5 de l'acte additionnel, qui garantit à tout Français sa liberté individuelle, j'ai le droit de continuer mon sommeil ; » et il se recoucha. Je me joignis à la patrouille pour lui faire entendre qu'il dormirait plus commodément sur le lit de camp du corps-de-garde. « Prétend-on me faire violence, reprit-il du ton de Mirabeau à la tribune ? je proteste contre toute arrestation arbitraire, et je *déclare que je ne sortirai d'ici que par la puissance des baïonnettes.* » Le caporal qui commandait la patrouille, honnête mercier de la rue Montorgueil, se croyant déjà dans le cas prévu par nos constitutions, sur la responsabilité des fonctionnaires publics, n'osa rien prendre sur lui, et laissa le nouveau Diogène ronfler à son aise en plein vent.

Dans la rue des Poulies, un gros homme était arrêté devant une maison à sept ou huit étages, qu'il ne pouvait se faire ouvrir ; je l'abordai poliment, et je n'eus pas de peine à m'apercevoir qu'il avait trop bien soupé pour ne pas aspirer à retrouver son lit. Il était, disait-il, organiste de paroisse, et revenait de fêter un Saint-Isidore de ses amis. Je n'ai jamais vu de dépit plus comique que celui de cet honnête bourgeois, à l'idée de passer la nuit à la belle étoile : il frappait du marteau, des pieds, et des mains à la porte de l'allée, sans pouvoir se faire entendre d'une portière qui logeait au sixième étage, et qu'il avait oublié de prévenir. Mon homme, dans l'excès de son désespoir, allait, venait, pirouettait sur lui-même, et criait de toutes ses forces en appelant les locataires par leurs noms. Ceux-ci se mirent aux fenêtres, les uns en riant, les autres en jurant; toute la rue fut bientôt en rumeur. Les malédictions des époux réveillés, les cris du musicien, auxquels se mêlaient les aboiements des chiens du quartier, augmentèrent le vacarme, et finirent enfin par éveiller la portière, qui vint ouvrir, en donnant au diable tous les organistes du monde. Peu-à-peu tout rentra dans l'ordre rue des Poulies, et je n'entendis plus que les murmures confus du gros homme, qui se perdirent insensiblement vers le sixième étage de la maison.

J'étais en face de l'Oratoire, quand une vieille femme, qui sortait en sanglotant d'une allée voisine, me pria de lui indiquer un apothicaire : nous n'étions pas éloignés de la pharmacie de M. Cadet; je l'y conduisis, et j'appris d'elle, chemin faisant, « que son maître était un ancien employé de la ferme générale, dont la fortune était assez considérable, et la santé, depuis six mois, assez chancelante, pour avoir déterminé ses deux neveux à venir habiter avec lui. Une attaque d'apoplexie menaçait en ce moment les jours du vieillard ; le moindre retard dans l'application des remèdes devait amener la mort du malade ; et c'est elle, elle que l'âge et les infirmités accablent, qui se traîne avec tant de peine, que les deux jeunes gens, occupés à se partager la succession de leur oncle mourant, envoyaient chercher des secours qui, sans doute, arriveraient trop tard ! » Je confiai la bonne vieille aux soins du favori d'Esculape, et je m'éloignai en formant des vœux pour qu'ils ne fussent pas sans succès.

Au détour de la rue Croix-des-Petits-Champs, je trouvai un homme, en bonnet de nuit et en robe de chambre, qui cherchait, au clair de la lune, à découvrir le numéro des maisons : cet honnête bourgeois, dont la figure grotesque ne peut se rencontrer dans aucune autre ville du monde, était en quête d'une sage-femme, dont sa jeune épouse avait, me dit-il, le plus pressant besoin. Dans sa manière de m'apprendre qu'il allait devenir père, il entrait un peu de vanité, mais il s'y mêlait aussi quelque chose qui ressemblait à de la surprise. Je l'aidai dans sa recherche, et nous parvînmes à mettre la main sur le cordon de la sonnette de la sage-femme, qui ne se fit pas attendre dix minutes. Ce bon mari me remercia gracieusement, et peu s'en fallut qu'il ne m'invitât au baptême. Nous cheminâmes quelques moments ensemble; et tandis qu'il retournait en toute hâte au logis, donnant le bras à la Lucine parisienne, la vieille gouvernante, que j'avais laissée chez le pharmacien, revenait, de son côté, avec le garçon apothicaire, muni de tous ses médicaments. Ils rencontrèrent, au même point, deux ambassadeurs chargés de missions bien différentes : l'un venait annoncer au mari qu'il avait un héritier de son nom, et l'autre (l'un de ces neveux qui avaient chargé une vieille femme impotente d'aller chercher des secours), accourait lui-même, pour éviter de grever la succession d'une dépense que la mort de son oncle rendait inutile.

J'étais arrivé sous les arcades du Palais-Royal, qui retentissaient encore du bruit de l'orchestre du bal des Étrangers, des ris immodérés des danseurs, et des imprécations des joueurs. Quelques factionnaires parcouraient d'un pas mesuré ces longues galeries, en comptant les quarts-d'heure de l'horloge, pendant que d'autres sentinelles, d'une profession moins honorable, se promenaient mystérieusement, et prenaient note de tout ce qu'elles voyaient, ou même de ce qu'elles ne voyaient pas, afin de grossir le rapport du lendemain. Des cris m'attirèrent du côté du Perron : une violente dispute s'était élevée entre un militaire et un élève en chirurgie, au sujet d'une Hélène qui attendait avec assez d'indifférence l'issue d'un combat dont elle devait être le prix. La garde, arrivée presque aussitôt que moi sur le champ de bataille, mit fin à la querelle en s'emparant de la beauté en litige.

Je sortis du Palais-Royal, et j'errais depuis une demi-heure dans les rues adjacentes, sans avoir rencontré un être vivant : comme j'approchais de la place des Victoires, la sentinelle du poste de la Banque, confié à la garde nationale, me cria : *Qui vive?* du plus loin qu'elle m'entendit venir. La réponse : *Ami, bourgeois,* que je m'empressai de lui faire, ne la satisfit pas, et l'on m'ordonna militairement d'*avancer à l'ordre.* Je sais tout ce qu'on doit de respect et d'obéissance à la consigne; je ne balançai pas à m'y soumettre; j'entrai au corps-de-garde : dix ou douze chasseurs de la deuxième légion étaient groupés autour d'une table, et achevaient un bol de punch; le chef du poste, qui dormait sur un banc, se réveilla pour m'interroger; il me demanda ce que je faisais, à deux heures du matin, dans les rues de Paris; je répondis que je travaillais à un article de journal; cette vérité avait si bien l'air d'une mauvaise plaisanterie, que le commandant donnait déjà l'ordre de me conduire à la préfecture de police : fort heureusement pour moi, je fus reconnu par mon tailleur, qu'on venait de relever de faction, et l'on me mit en liberté.

Je m'applaudissais, en continuant mon chemin, du zèle et de la sévérité que déployait la garde nationale pour la sûreté des citoyens, lorsque, au coin de la rue de Cléry, deux hommes d'assez mauvaise mine m'engagèrent à prendre la rue voisine; je demandai à ces gens-là de quel droit ils me prescrivaient ma route. L'un d'eux me présenta un pistolet; sans me contenter de cette mauvaise raison, je me mis à crier : *Au voleur!* Au même instant, mes deux coquins, par un cri d'argot, donnèrent l'éveil à leurs camarades, occupés à *travailler* une boutique de bijoutier, à quelque distance de là, et la bande entière prit aussitôt la fuite. Les instruments de leur industrie, la pince, le trousseau de rossignols, et la lanterne sourde étaient restés sur le lieu du délit; je crus devoir prévenir le propriétaire du danger qu'il avait couru : dans un moment toute la maison fut sur pied; on envoya chercher un commissaire, qui reçut ma déposition.

En suivant le chemin qu'avaient pris les voleurs, je rencontrai dans le haut de la rue Montmartre un chiffonnier qui grattait, en sifflant, le ruisseau dont il suivait le cours, une lanterne à la main. Je m'informai de lui s'il avait vu les coquins dont j'avais troublé la fête. « Ce ne sont pas mes affaires, me répondit-il d'un ton délibéré; je gagne ma vie à ma manière, et je laisse les autres gagner la leur comme ils l'entendent. — Vous faites, mon ami, un métier qui ne doit pas vous rapporter beaucoup. — J'ai soixante ans, mon bon monsieur; vous voyez bien qu'on peut y vivre. Il est vrai que je suis en même temps commissionnaire-crocheteur. Informez-vous de moi au coin du faubourg Montmartre; Joseph, n° 2077.— Vous n'avez jamais fait d'autre état?—Si fait, dans ma jeunesse j'ai porté la livrée; mais, en vieillissant, j'ai senti la dignité de l'homme et le besoin de l'indépendance. — Vous êtes bien pauvre pour être libre. — Connaissez-vous beaucoup de riches qui soient plus libres que moi? Au moyen de mes deux métiers, la moitié de mon temps m'appartient. Quand j'ai fait une bonne journée, je me repose la nuit; quand j'ai fait une bonne nuit, je passe la journée sans rien faire. — Mais que pouvez-vous gagner à gratter les ruisseaux?— Tantôt plus, tantôt moins : une ou deux pièces de monnaie, un petit bijou, une bague, un bracelet : on trouve toujours quelque chose; il ne faut que chercher...» En quittant ce philosophe des rues, dont la conversation m'amusa beaucoup, je fis en sorte qu'il ne regrettât pas le temps que je lui avais fait perdre.

*Déja l'aube commençait à brunir les étoiles;* les épiciers ouvraient leurs comptoirs, et préparaient la liqueur du cassis pour l'ouvrier matinal. Je regagnais mon logement. Une dernière aventure m'arrêta sur le boulevart Italien, au coin de la rue de... (la discrétion est ici nécessaire). Je vis un jeune homme sortir d'un jardin, en escaladant la muraille : je n'oserais pas assurer que ce fût un voleur. Dans tous les cas, il avait quelque intelligence dans la maison, car je vis distinctement une jolie petite main qu'on lui tendait par-dessus le mur, et qu'il baisa d'une manière très respectueuse. Son cabriolet l'attendait au coin de la rue Neuve-Lepelletier. A l'air endormi du domestique, à l'impatience du cheval, je jugeai que la nuit leur avait paru plus longue qu'à leur maître.

Je rentrai chez moi au point du jour, et je me fis attendre pour déjeuner. Le silence et le regard accusateur de madame Guillaume ne me laissèrent pas douter un instant qu'elle ne fût instruite de ma sortie nocturne. Je n'ai pas cru devoir provoquer une explication; mais j'aurai grand soin de lui faire lire demain cet article, pour la rassurer sur l'emploi de ma nuit du 28 au 29 avril 1815.

N° LI. [ 10 mai 1815 ]

# INCONSÉQUENCES
## DANS LES MOEURS.

> . . . . . *Facto pius et sceleratus eodem.*
> Ovide.
> Criminel et honoré pour le même fait.

On s'est plaint souvent des inconséquences que l'on remarque dans l'ordre physique; les anomalies de la nature ont été l'objet de beaucoup de dissertations plus curieuses qu'utiles; des savants ont consacré leurs veilles à rechercher les causes de tant de contradictions dans les lois qui régissent l'univers. Qu'ont-ils découvert? que pouvaient-ils se flatter de découvrir? Rien: le génie de l'homme s'exerce sur les effets; il ne lui est pas donné de connaître les causes. Il n'en est pas ainsi dans l'ordre social, dont l'édifice est élevé par des mains humaines; ceux qui l'habitent peuvent blâmer le plan, critiquer les détails, demander des réparations, et se plaindre, sur-tout quand ils ne sont pas logés commodément.

J'ai connu un vieux capitaine de cavalerie, retiré depuis plus de cinquante ans du service, qui probablement, et vu son âge, aura pu servir de modèle à Destouches pour tracer le caractère de son *Homme Singulier*. Ce vieillard octogénaire, perclus de rhumatismes, avait conservé, de l'ancienne originalité de ses goûts et de ses manières, une conversation extrêmement piquante, où l'on retrouvait toute la bizarrerie des principes d'après lesquels il avait autrefois réglé sa conduite : j'allais volontiers passer quelques heures avec lui, quand sa sciatique lui permettait de prononcer une phrase entière sans la couper par deux ou trois jurons énergiques, qui ne manquaient jamais d'arriver comme membres accidentels de sa période, et qui en interrompaient le fil, sans en altérer le sens.

« Mon cher Guillaume, me disait-il souvent, vous entrez dans le monde; souvenez-vous d'une chose : vous n'avez que le choix d'y être méprisable en suivant les préceptes de la bonne compagnie, ou méprisé en écoutant votre raison et votre conscience. Dans le premier cas, et avec de l'esprit de conduite (ce qui ne vous engage à rien envers la probité, la morale et l'honneur), vous pouvez aspirer à la considération, aux honneurs et à la fortune. Dans l'autre, il faut vous attendre à rester inconnu avec beaucoup de talent; à végéter dans quelque emploi subalterne, et à user vos chapeaux en saluts qu'on ne vous rendra pas...... C'est comme cela que les hommes sont faits chez nous, et Dieu me damne s'ils valent mieux ailleurs. Mais vous arriverez à soixante ans, vous vous trouverez, comme moi, en présence de vos réflexions et de vos souvenirs, sans autre distraction que vos tisons et vos pincettes; c'est alors que vous vous établirez juge de vous-même et de la société, dont vous aurez eu honorablement à vous plaindre, ou honteusement à vous louer. Je suis fâché de le dire, mais c'est une caverne que le monde; je n'y ai guère vu que des fripons ou des dupes: tout est piége, tout est fraude, les lois, les mœurs et les préjugés.

« J'ai passé ma vie entière en opposition directe avec la troupe, dont je n'ai voulu être ni le complice, ni la victime: qu'est-il résulté de là? Les méchants m'ont tourmenté, les sots m'ont honni, les grands m'ont dédaigné, et les femmes se sont moquées de moi: je me venge aujourd'hui des uns et des autres en leur disant leur fait. »

Ici mon vieux misanthrope fut interrompu par une crise qui amena, tout naturellement, une sortie contre la médecine et les médecins. La bourrasque tomba ensuite sur son fidèle Jacques, qu'il avait appelé pour le tourner sur son fauteuil, et pour lui frotter le tibia, depuis le métatarse jusqu'à la rotule; commission dont celui-ci s'acquittait avec plus de zèle que de sensibilité, et sans trop s'inquiéter des injures dont son maître le récompensait. L'accès passé, le chevalier de la Vergne continua sur le même ton. « Guillaume, me dit-il, prenez ce volume que vous voyez sur mon secrétaire (c'était un gros in-4° relié en parchemin, et noté N° 10): c'est le dixième de la collection de mes Mémoires, que j'ai conduits jusqu'à ce jour; je l'ai consacré spécialement à signaler les inconséquences que j'ai observées, depuis soixante ans, dans nos mœurs, et qui, pour la plupart, sont relatives aux différents événements de ma vie. Toutes mes actions ont été, plus ou moins, l'objet de la censure; elles m'ont valu la réputation d'homme singulier, que j'accepte; et celle de méchant homme, que je crois être bien loin de mériter. Je vous le jure, Guillaume, aujourd'hui que je ne vis plus que dans le passé, que je me survis en quelque sorte à moi-même, je ne me rappelle pas une seule action dont j'aie à rougir, une seule où je voulusse aujourd'hui me conduire différemment que je l'ai fait, au risque de tous les maux qui m'en sont advenus. »

J'ouvris le volume: le titre de chacun des chapitres ne me parut d'abord que l'énoncé d'un paradoxe insoutenable, que je croyais suffisamment réfuté par un sourire que le vieux chevalier remarqua. « Ne vous gênez pas, mon ami, continua-t-il, riez à votre aise; vous devez sentir qu'avec un caractère comme le mien, je ne puis m'offenser qu'on se moque de moi, qui me suis tant moqué des autres. » Le premier chapitre sur lequel je jetai les yeux avait pour titre: *La Maréchaussée, premier corps de France.*

« *L'Almanach militaire* n'est pas de votre avis, lui dis-je en haussant les épaules. — Corbleu! répondit-il, l'*Almanach militaire* est un sot, aussi bien que tous ceux qui mesurent leur estime sur les distinctions qu'il établit : écoutez-moi bien, ajouta-t-il en se mettant sur son séant, et en relevant son bonnet de velours. J'avais fait la guerre de *Sept Ans*, et je revenais, après la malheureuse affaire de Minden, me faire guérir de deux blessures graves que j'y avais reçues : à quelques lieues d'Armentières, je fus attaqué par quatre bandits qui me tenaient le pistolet sur la gorge dans ma chaise de poste; deux cavaliers de la maréchaussée surviennent, le combat s'engage entre eux et les voleurs; l'un des cavaliers est tué sur la place, l'autre (que j'aidais de mon mieux en tirant quelques coups de pistolet par la portière de ma voiture d'où je ne pouvais descendre) parvint à mettre trois de ces brigands en fuite, et à s'assurer du quatrième. La veuve du cavalier mort n'aurait eu pour récompense qu'une aumône de soixante francs, si je n'avais pris soin d'elle. En arrivant à Paris, je sollicitai de l'avancement pour le cavalier qui s'était conduit avec tant de courage : on se moqua de moi dans les bureaux.

Furieux de cette injustice, je proposai à ce brave homme une place de maréchal-des-logis dans ma compagnie; le colonel trouva très mauvais que je voulusse faire entrer un cavalier de maréchaussée dans un régiment de dragons; je me fâchai; j'offris ma démission; le ministre l'accepta, en me proposant une place dans le corps honorable où servait mon défenseur. Honorable! oui, sans doute, plus honorable qu'aucun autre, si l'on s'entendait une fois sur la valeur de ce mot. A qui donc appartiendra la considération militaire, si l'on a la sottise de la refuser à des hommes dont les services intéressent toutes les classes de la société? Pendant la guerre, ils combattent l'ennemi, répriment la maraude, maintiennent la discipline; pendant la paix, lorsque toutes les troupes se livrent dans leurs garnisons aux douceurs du repos, la maréchaussée veille et combat sans cesse pour la sûreté de l'état et des citoyens. Quelle guerre plus périlleuse que celle qu'elle livre, sur les frontières et les grandes routes, aux contrebandiers, aux voleurs, aux assassins, à tous ces ennemis désespérés qui n'ont d'alternative que la victoire ou l'échafaud? Un soldat, dans sa fuite, tombe encore avec gloire loin du champ de bataille qu'il abandonne; les bienfaits du gouvernement vont chercher sa famille; et le cavalier de la maréchaussée meurt sans honneur, sous les coups de l'assassin qu'il poursuit au milieu des forets! Et ses enfants obtiendront à peine, de l'équitable société qui leur ravit un père, le prix du cheval sur lequel il était monté! Une pareille inconséquence est faite pour révolter tout homme qui ne sépare pas l'honneur de l'utilité publique, et qui n'a pas tout-à-fait renoncé au bon sens. »

J'écoutais le vieillard, et je commençais à m'accoutumer à la bizarrerie de.ses opinions.

En tête du chapitre suivant, on lisait ces mots: *l'Assassin de bonne compagnie.*

« Voilà encore, lui dis-je avec étonnement, des mots dont je ne conçois pas l'association. — Cependant celle des idées qu'ils représentent n'a rien qui vous révolte, ni vous, ni les autres. Puissiez-vous n'avoir jamais les mêmes raisons que moi pour changer d'avis! Écoutez bien.

« J'avais un frère beaucoup plus jeune que moi, plein d'esprit, de talents, et de bravoure. Insulté par un de ses camarades (il servait dans les mousquetaires), il en demanda raison. Son insolent adversaire était un certain marquis d'Enjac, spadassin de café, suppôt de maison de jeu, d'une valeur pour le moins équivoque sur le champ de bataille. Le marquis, suivant sa coutume, refusa de se battre à l'épée, dont mon frère savait se servir presque aussi bien que lui, et proposa le pistolet à un jeune homme qui n'avait de sa vie fait usage d'une arme qu'il ne connaissait que par la place qu'elle occupait dans ses fontes. Mon frère accepte; il est tué roide d'une balle à travers la poitrine. J'étais alors en garnison à Lille; je prends la poste, j'arrive, et j'apprends que mon frère a été assassiné, dans toute la force du mot, par un homme qui, depuis quinze ans, se faisait un revenu de moucher une bougie, à vingt-cinq pas de distance, avec une balle de pistolet. Je veux le faire battre à l'épée, il refuse; je veux le citer devant les tribunaux, on reçoit ma plainte en ricanant. Je le rencontre, un soir, au détour d'une rue, et je lui casse ma canne sur la tête et sur les épaules. Dès-lors, c'est moi que l'on poursuit en justice; c'est moi que l'on accuse, dans tous les salons, d'avoir lâchement outragé un *galant* homme : la bonne compagnie se fait écrire chez le marquis, et je me vois forcé, pour me réhabiliter dans l'opinion, de tuer en duel deux quidams qui m'insultent, et de recevoir, pour mon compte, deux grands coups d'épée à travers le corps. Eh bien! morbleu, ai-je eu tort d'intituler ce chapitre: *l'Assassin de bonne compagnie?* »

J'avais bien quelques bonnes objections à lui faire; mais je trouvais plus de plaisir à l'entendre qu'à le réfuter; et, tout en continuant à feuilleter le volume, je le priai de me donner le commentaire de certaine proposition qui me paraissait encore plus étrange que les autres.

« Ce chapitre, me dit le chevalier, n'est pas

fondé, comme les précédents, sur ma propre expérience ; mais il se compose d'observations générales, appuyées sur une foule d'anecdotes authentiques. Vous connaissez MM. de Néris, d'Optal, de Saint-Blair : recherchés à la cour, ils donnent le ton à la ville ; il n'est bruit que de leurs succès dans le monde ; point de maison où l'on ne tienne à honneur de les recevoir ; point d'égards, de prévenances, de distinctions, dont ils ne soient par-tout l'objet ; et cependant, en bonne police, en bonne morale, on aurait dû, depuis long-temps, les voir figurer tous les trois sur une place publique, avec un collier de fer de quatre pouces de hauteur. Le premier a fait mourir de chagrin une femme respectable dont il a déshonoré la fille, qu'il a abandonnée à des larmes éternelles dans la retraite où elle a été forcée d'aller cacher sa honte et le crime de son séducteur. Le second n'a pas trouvé de moyen plus ingénieux de s'assurer la possession d'une jeune innocente qu'il avait vue à la grille d'un cloître que de profiter du tumulte d'un incendie ( dont on le soupçonne d'avoir été l'auteur) pour l'enlever du couvent où elle était pensionnaire. Le troisième, professeur émérite dans l'art de la séduction, vit encore sur une réputation d'*homme aimable*, qu'il s'est acquise au prix du déshonneur de vingt familles. Ce Lovelace en cheveux gris n'a pas trouvé, au défaut d'un tribunal, un colonel Morden qui ait arrêté le cours de ses infames galanteries. Et vous me direz, après cela, que nous vivons dans un pays civilisé! Et vous me parlerez de la garantie de vos institutions! Et vous me vanterez la douceur de vos mœurs! Un malheureux, pressé par la faim, qui vous enlève votre montre, ira pourrir dans les cabanons de Bicêtre; et le misérable qui corrompt vos enfants, qui séduit votre fille, qui détruit le bonheur d'une famille entière, vivra considéré, honoré, recherché dans la société dont il est le fléau! Par la corbleu! messieurs les Welches, comme vous appelait Voltaire, vous êtes à mille lieues de la civilisation des Hottentots, chez lesquels de pareils crimes ne restaient pas une heure impunis.

« Je ne parle pas des gentillesses de l'adultère : la plainte, dans ce genre, est ridicule, même aux yeux des tribunaux. Trompez des femmes, rien de mieux; elles vous le rendent : affichez-les, qu'importe, la plupart tiennent à honneur d'être déshonorées : les maris donnent l'exemple de l'infidélité; les femmes le suivent : on fait de tout cela une cote mal taillée, soit; mais chacun devrait du moins y trouver son compte. Or, par quelle absurde inconséquence, quand les torts ne sont que du côté de la femme, le ridicule n'atteint-il que le mari? Pourquoi le battu paie-t-il l'amende? Pourquoi?... *Sic voluere mores;* donc sur ce point, comme sur tant d'autres, les mœurs n'ont pas le sens commun, et je le prouve... » Le Démosthène goutteux interrompit sa risible philippique en m'entendant prononcer, avec une exclamation de surprise, ces mots que je lisais dans le volume que je continuais à parcourir : *Fripons autorisés, coupe-gorge avec privilège.*

« J'espère que cela n'a pas besoin d'explication, interrompit-il en prenant un ton plus sévère, et je crois inutile de vous dire qu'il s'agit des joueurs de profession et des maisons de jeu. Après la vie, ce à quoi les hommes tiennent généralement davantage, c'est à leur propriété : pour s'en garantir la jouissance paisible, ils ont des lois, des tribunaux, des prisons, des archers, des gibets ; le vol d'un pain chez un boulanger conduit un homme à la potence ; et s'il échappe au supplice, l'infamie est à jamais son partage. C'est peut-être pousser un peu loin la justice ; mais enfin cette sévérité est dans les lois, dans les mœurs, et nul n'a droit de s'en plaindre, puisque tous ont intérêt à la maintenir. Cependant il existe une classe entière d'hommes qui font publiquement métier de spolier leurs concitoyens, au moyen de petits cubes d'ivoire ou de petits cartons peints de différentes couleurs. On compte dans Paris seulement deux ou trois cents tripots, dont les entrepreneurs ont le privilège de détrousser les passants, de ruiner les familles, d'anéantir les fortunes, et de tendre des pièges à la sottise et à la cupidité. On entasse les sophismes pour me prouver l'utilité de ce brigandage dans les grandes villes; je veux bien ne pas prendre la peine d'y répondre, mais du moins la société vengera son injure : les agents de ce honteux commerce seront flétris dans l'opinion; et les richesses qu'ils ont frauduleusement acquises ne les mettront pas à couvert du mépris... Préjugés que tout cela! Radotage de philosophe! Ces gens-là marchent de pair avec tout le monde. Leur honnête industrie les dispense d'esprit, de talents, de naissance, et leur carrosse passe insolemment à côté de la charrette qui conduit leur dupe à l'échafaud. Entre cent exemples épouvantables, je veux vous en citer un que je vous défie d'oublier... » Le médecin du vieux malade entra dans ce moment, et le força de remettre à un autre entretien l'aventure qu'il se préparait à me raconter.

N° LII. [15 mai 1815.]

# LES DÉSAPPOINTEMENTS.

..... *Hæ nugæ seria ducent*
*In mala derisum.*
HOR., *Art poet.*

De ces contrariétés naissent quelquefois de véritables malheurs

Quelque ennemi que je sois du néologisme, il faut bien créer ou adopter des mots nouveaux, quand on n'en trouve pas, dans la langue, qui puissent, à moins d'une longue périphrase, rendre l'équivalent de votre idée. C'est le cas où je me trouve : je ne connais point de terme français pour exprimer la situation d'un homme trompé dans une espérance raisonnablement conçue; je demande donc à mes lecteurs la permission de reprendre aux Anglais un mot qu'ils nous ont emprunté, avec cinq ou six mille autres, et pour lequel Montaigne avait une prédilection toute particulière.

Je me suis toujours félicité d'avoir une imagination qui me présente à-la-fois le but et l'obstacle, qui me répète sans cesse avec Ovide :

*Fallitur augurio, spes bona sæpè suo* [1].

On est sujet à ne jouir que de ses espérances, quand on s'habitue à voir tout en beau.

Scapin fait, selon moi, un bien meilleur calcul, quand il *rend grace au Ciel de tout le mal qui ne lui arrive pas.* Ceux qui s'obstinent à ne voir, dans le chapitre des événements, que les probabilités favorables, s'exposent à de continuels mécomptes; et de simples contrariétés deviennent souvent pour eux de véritables peines.

Au nombre des désappointements, il en est qui tiennent de la fatalité, dont la persécution opiniâtre appelle un véritable intérêt sur celui qui en est victime, et qui peuvent être envisagés comme de véritables malheurs. J'ai connu un de ces *souffre-douleurs* de la fortune, qui a passé une vie de soixante ans à toucher du bout du doigt l'occasion qu'il n'a jamais pu saisir.

Cet homme, que je nommerai Dumont, était fils d'un ancien portier de l'hôtel des Affaires Étrangères. Filleul de M. d'Argenson, ce ministre le fit élever avec soin, et le plaça près de lui en qualité de secrétaire intime. La plus brillante perspective

---

[1] Le succès trompe souvent notre attente.

s'ouvrait pour le jeune Dumont. Il venait d'être nommé chargé d'affaires dans une petite cour d'Allemagne, lorsqu'une intrigue de cour força son protecteur à la retraite. Dumont se présenta le lendemain chez le premier commis pour y prendre ses lettres de créance; malheureusement le ministre disgracié ne les avait pas signées la veille, et le chef de bureau trouva plus convenable d'en disposer en faveur d'une créature de M. de Puisieux. Le pauvre Dumont, désappointé, comme on peut croire, de recevoir la démission de la place dont il venait de chercher le brevet, prit néanmoins son congé de bonne grace, et partit pour aller rejoindre l'abbé Delaville, ambassadeur à la Haye, dont la protection particulière lui était acquise par les services signalés qu'il avait eu occasion de lui rendre au temps de sa faveur.

Dumont se met en route avec une imagination de vingt-cinq ans et une expérience de quatre années de faveur. Il ne doute pas un moment que son excellence, qui l'honore du titre d'ami, ne l'accueille de la manière la plus obligeante, et ne s'emploie pour lui avec autant de zèle qu'il en a mis lui-même à le servir. « L'abbé, se disait-il en route, est en grand crédit auprès de *leurs Hautes Puissances;* il lui sera facile de me procurer un bon emploi, bien lucratif, dans quelque comptoir hollandais aux Indes-Orientales : dans la carrière diplomatique, l'obscurité de mon nom eût toujours été un obstacle à mon ambition; celle du commerce, où je vais me lancer, ne m'en présente aucun; je ne puis manquer d'y faire, en peu d'années, une fortune immense. Je me marierai très probablement avec une riche héritière de Colombo ou de Batavia, et je n'aurai guère plus de trente ans quand je reviendrai à Paris pour y jouir de cent mille écus de rente, dont j'aurai le bon esprit de me contenter. » Il arrive à la Haye dans ces douces illusions, et descend chez l'ambassadeur en même temps que le courrier porteur des dépêches du nouveau ministre.

Son excellence était à table, et comme elle y traitait, de son aveu, l'affaire la plus importante de sa vie, elle ne souffrait pas qu'aucune autre vînt l'en distraire : les lettres de Paris furent mises sur le bureau, et Dumont profita de ce retard pour jouir des témoignages d'affection de son honorable ami, qui le présenta gracieusement à tous les convives comme un jeune homme du plus grand mérite, et qui ne pouvait manquer d'arriver aux premiers emplois, où il était moins appelé par la faveur que par la supériorité de ses talents. Le café servi, on lut les dépêches. M. d'Argenson n'était plus ministre, et dès-lors son protégé, l'espérance de la diplomatie française, fut à peine jugé digne d'une place de commis à bord d'un vaisseau marchand, que lui fit obtenir, au bout de quatre mois, un armateur de Sardam, avec lequel il avait dîné chez l'ambassadeur.

Ses excellentes qualités lui méritèrent l'amitié du capitaine, qui réveilla ses projets de fortune en lui promettant un intérêt dans sa maison de commerce à Calicut. En débarquant, on apprend que l'associé du capitaine a fait banqueroute depuis quelques jours, et s'est enfui au Bengale avec les fonds de la société.

Dumont, abandonné, sans protecteur, dans une ville des Indes, n'a rien de mieux à faire que de chercher les moyens de retourner en France, où il espère encore (en dépit de l'insolence des premiers commis et de l'ingratitude des ambassadeurs) trouver plus de ressources qu'à la côte du Malabar. La guerre de 1756 venait d'éclater : un bâtiment de Rochefort armait en course; le capitaine propose à Dumont de le prendre à son bord, et lui promet mille louis de part de prise. Il s'embarque sans trop se fier à des promesses dont le hasard est le seul garant, mais certain, du moins, de revoir bientôt sa patrie. Presque en vue des côtes d'Europe, on fait rencontre d'un bâtiment anglais richement chargé : le corsaire a sur lui le vent et la marche; il le poursuit, le joint, l'attaque, et le force d'amener : les chaloupes sont en mer; on prend possession du navire, dont la cargaison est estimée quinze ou dix-huit cent mille francs. Dumont ne céderait pas sa part pour vingt mille écus, et déjà il s'occupe de la manière dont il placera la somme qui doit lui revenir. Pendant qu'il se consulte, un grain s'élève; la bourrasque devient une tempête; et le corsaire et sa prise, poussés sur la côte d'Angleterre, sont forcés de chercher un refuge dans le port de Plymouth, où la prise, à son tour, amarine le corsaire et fait prisonnier l'équipage. Le pauvre Dumont, cruellement désappointé, attendit quatre mois, sur un ponton, un échange de prisonniers où il se trouva compris.

De retour à Paris, moins avancé qu'au moment de son départ, il continua d'y être dupe des coquetteries de la fortune, qui se plaisait à lui retirer ses faveurs au moment où il croyait les obtenir. Il se maria, et ce fut le plus cruel de ses désappointements : la mort y mit le comble et le terme, en le surprenant à la suite d'une maladie dont, sur la foi des médecins, il se croyait parfaitement guéri.

Une aussi longue série de contre-temps peut passer pour une véritable infortune. Les désappointements proprement dits sont les malheurs des gens heureux : ils ont cela de particulier, qu'au lieu de les plaindre on est presque tenté d'en rire. L'homme qui n'a rien à desirer, et qui s'afflige des petites contrariétés qu'il éprouve, est un personnage véritablement comique, et je suis étonné que le théâtre n'en ait pas encore fait son profit.

D'Étange est le type des caractères de cette espèce. Il est né avec une très grande fortune, que son aïeul a pris la peine de faire, et que son père a considérablement augmentée : il n'a guère plus de quarante ans; il jouit d'une bonne santé et d'une réputation excellente, dont il ne faut pas trop rechercher la source. Si l'on ajoute à cela qu'il est doué d'un esprit d'ordre qui ne lui a jamais permis de voir la fin de son revenu; qu'il a de plus un estomac imperturbable et un cœur froid et sec, on croira pouvoir se dispenser de le plaindre, bien qu'il soit, en effet, l'heureux le plus malheureux du monde, grace aux désappointements auxquels il est sujet, et qu'il supporte plus impatiemment que personne.

D'Étange a singulièrement perfectionné les dispositions que la nature lui a données pour la gourmandise; et comme sa table est excellente, il mangerait toujours chez lui, s'il ne trouvait son profit à dîner souvent chez les autres, après s'être bien assuré cependant qu'on ne le traitera pas sans façon. Ce qu'il pardonne le moins, c'est un mauvais dîner; un de ses cousins vient d'en faire l'épreuve. D'Étange avait été invité chez ce parent quinze jours d'avance, et l'on avait eu soin de le prévenir qu'il trouverait au rendez-vous une carpe du Rhin, un quartier de présalé, des truites du lac de Genève, et, qui plus est, une soupe à la tortue. Il vivait depuis quinze jours sur l'espoir d'un si bon repas;

mais une erreur de date dans le billet d'invitation fut cause qu'il arriva le lendemain du festin, et qu'il fut obligé de se contenter d'un dîner de famille dont il a gardé trois mois rancune à son cousin.

Dans les dernières élections qui viennent de se faire, d'Étange, en attendant qu'il soit nommé pair, s'était mis en tête qu'il devait être élu député; non qu'il attachât aucun sens au mot de *patrie* ou de *citoyen;* non qu'il se soit occupé jamais des *droits* de la nation, des intérêts de l'état, des prérogatives du trône : mais il craignait, disait-il, de se soustraire aux vœux de son département. Il se rend dans le chef-lieu, donne à dîner aux électeurs, et n'obtient que trois votes au dépouillement du scrutin : son ambition désappointée en a fait un républicain.

L'expérience de la vie n'est qu'une suite de désappointements. La vérité que l'on découvre ne répond jamais à l'idée qu'on s'en était faite avant de la connaître. *Quoi! ce n'était que cela!* est presque toujours la première exclamation qui échappe à la jeunesse à la vue d'un objet nouveau. C'est la faute de l'éducation, qui tend à éveiller l'imagination avant de former le jugement. Je m'éloignerais trop de mon sujet, en cherchant à développer cette idée par des exemples.

Il est des désappointements qu'on ne peut appeler de ce nom que quand on en a passé l'âge. Edmond vient d'obtenir, de la beauté qu'il adore, un quart-d'heure d'entretien secret, qu'il sollicite en vain depuis six mois; la semaine entière qui doit s'écouler suffit à peine au rêve de ses espérances. Le jour tant desiré se léve; tous les obstacles sont prévus, toutes les mesures sont prises : l'heure approche; il part, il vole; il a évité pendant la route vingt fâcheux qui s'étaient donné le mot pour retarder son bonheur; il arrive enfin. Comme son cœur palpite! Comme sa main tremble en soulevant le marteau de la porte! Elle s'ouvre; il monte l'escalier quatre à quatre; il entre... O désappointement cruel! Un père, un oncle, un mari, que sais-je? est retenu au logis par une incommodité subite; c'est lui qui reçoit le pauvre Edmond, dont l'imagination n'a travaillé, depuis huit jours, qu'à se procurer l'occasion de faire un cent de piquet avec un vieux malade.

De tous les désappointements, le plus funeste par ses conséquences, et le plus comique par ses moyens et par son résultat, c'est celui d'un mauvais mariage, où les deux parties contractantes se sont volontairement et mutuellement trompées. Rien n'est plus plaisant que le lendemain d'une pareille noce. Le mari avait passé sur la laideur de sa femme, parcequ'il comptait sur sa fortune; la femme avait passé sur l'âge et sur les défauts de son mari, parcequ'elle comptait sur l'éclat du rang et d'un nom qui devait rejaillir sur elle : l'un et l'autre avaient cru devoir montrer d'autant plus de confiance, que chacun en avait également besoin. Le moment de l'explication arrive. L'une ne possède que l'usufruit d'un bien qui appartient à des enfants mineurs, lesquels vont bientôt cesser de l'être; l'autre se targuait d'un titre qu'on lui ôte, et d'un nom que malheureusement on lui laisse : tous deux s'aperçoivent trop tard de la sottise qu'ils ont faite, et leur désappointement devient leur punition.

Les désappointements littéraires ont aussi leur côté plaisant. Que de gens ont spéculé sur le succès d'une ode dont le nom du héros était malheureusement en rime à chaque strophe! Que de créanciers désappointés après la représentation d'une pièce de théâtre dont l'auteur avait assigné le paiement de ses dettes sur le produit de ses droits!

Dans la liste des désappointements habituels, j'oublierai d'autant moins celui des lecteurs de journaux, que j'ai bien peur, en achevant cet article, d'avoir en même temps fourni le précepte et l'exemple.

N° LIII. [21 MAI 1815.]

# LES INTRIGANTS.

> Ne descendons jamais dans de lâches intrigues;
> N'allons pas aux honneurs par de honteuses brigues.
> PIRON, *Métromanie*

De tous les vices inconnus chez les peuples sauvages, l'intrigue est celui dont on peut le moins y soupçonner l'existence. Je possède un vocabulaire polyglotte de presque tous les idiomes des peuplades des deux Amériques, et je n'y trouve pas un seul mot qui puisse, je ne dis pas exprimer, mais seulement donner une idée de celle que nous attachons au mot *intrigant*. Si l'on disait à un habitant des bords du Missouri, en employant une longue périphrase, qu'il existe en Europe une classe nombreuse de gens assez industrieux pour obtenir, par adresse, ce qui ne doit être accordé qu'au talent et au mérite; qui ont réduit en précepte l'art de tromper et de feindre; qui spéculent sur la bonne foi des autres, et qui prouvent, contre l'axiome des mathématiciens, que la ligne courbe est la plus courte pour arriver au but qu'ils se proposent; qu'au moyen de cette science de l'intrigue, on passe, en peu de temps, de la misère à l'opulence, du mépris à la plus haute considération, et d'un grenier dans un hôtel; qu'on franchit quelquefois, du premier bond, l'intervalle qui sépare la caserne du quartier-général, et les tréteaux du boulevart, de la comédie-Française; si l'on disait à cet enfant des bois que l'intrigue aplanit toutes les difficultés, rapproche toutes les distances, dispense de tous les titres, ouvre toutes les portes, depuis celle du greffier de village jusqu'à celle du palais des souverains; depuis celle de l'Athénée jusqu'à celle de l'Institut; mon sauvage, émerveillé de semblables prodiges, desirerait, sans doute, qu'on lui communiquât les secrets de l'art qui les opère. Mais si l'on ajoutait qu'il faut commencer par vouer sa vie entière aux remords et à la honte; qu'il faut payer chacun de ces succès par une injustice ou par une infamie; qu'il faut savoir, au besoin, sacrifier sa patrie, ses amis, sa famille; dévorer des affronts, supporter des injures, mendier des mépris; qu'il faut se faire un caractère malléable, propre à recevoir toutes les empreintes, même celle de la probité; qu'il faut savoir ramper entre les caprices des grands et ceux de la canaille, et si vous venez à être foulé par mégarde, baiser gracieusement le pied qui vous écrase; je suis bien certain que l'habitant des bois à qui vous offririez des trésors et des palais au même prix, vous redemanderait bien vite ses forêts et sa cabane, seul asile où l'intrigue ne pénétre pas. Son empire est en Europe, et ses principales résidences à Londres et à Paris.

Je suis un grand ami des lumières (j'entends des lumières qui éclairent et ne brûlent pas); je crois au perfectionnement de l'espèce humaine (mais non pas à sa perfectibilité indéfinie; car je trouve partout des limites en-deçà desquelles l'homme est invinciblement retenu): en conséquence de mes opinions, il doit donc m'en coûter de convenir que les progrès de ce vice odieux de l'intrigue sont par-tout en raison des progrès de la civilisation.

La révolution, en établissant, du moins en principe, une sorte d'égalité de droits entre les citoyens, a ouvert un champ plus vaste à l'émulation: l'intrigue s'en est aussitôt emparée. De mon temps il était difficile qu'un homme, quel que fût son mérite, pût franchir les barrières que sa condition avait mises à son avancement: en entrant dans la carrière, il voyait l'espace qu'il avait à parcourir et le point où il serait forcé de s'arrêter. Son ambition se bornait nécessairement à y arriver le plus vite possible. Il ne serait jamais venu dans l'idée d'un conseiller à la cour des aides de Montpellier de devenir un jour chancelier de France: un huissier au Châtelet n'avait pas la prétention de devenir premier président; et, malgré l'exemple de Catinat et de Fabert, je ne pense pas qu'un soldat s'engageât alors dans l'espoir d'arriver au grade de maréchal de France. Tous les rangs, tous les emplois, toutes les dignités sont maintenant accessibles au mérite, et s'il y parvient plus rarement depuis qu'il a le droit d'y prétendre, c'est qu'il est plus facile de vaincre les préjugés que de déjouer l'intrigue.

Cette dernière réflexion appartient à un vieil encyclopédiste, nommé d'*Angeville*, qui demeure dans mon voisinage, et avec lequel j'agitais dernièrement la question que je traite aujourd'hui.

« Les intrigants, me disait-il, se divisent en quatre classes bien distinctes: *les intrigants de fortune, les intrigants littéraires, les intrigants de cour et les intrigants politiques:* chacune de ces classes a son prototype, que je me charge de vous faire connaître, en vous le montrant au point de départ et au moment de l'arrivée, sans m'engager à vous indiquer au juste le chemin qu'ils ont suivi; car il en est de ces gens-là comme de ces petits ruisseaux qu'on voit s'enfoncer dans la terre à peu de distance de leur source, et qui, par un travail souterrain où l'on ne saurait les suivre, vont ressortir à plusieurs lieues de là, avec tout le fracas et toute la majesté d'un grand fleuve.

« Vous m'avez déjà entendu parler du gros Gerneval: cet homme est riche de cinq millions, et ne paie pas soixante francs d'imposition foncière. Comment a-t-il fait cette immense fortune? Elle ne lui est pas venue par héritage. Son père, qui tenait à Brest une petite boutique de perruquier, à côté de l'hôtel des gardes de la marine, était le plus riche de la famille. Avec une figure bassement désagréable, sans usage du monde, sans talents, il n'est pas présumable qu'il ait trouvé auprès des femmes le moyen de parvenir : privé de toute espèce d'esprit, même de celui des affaires, il n'a trouvé de ressource ni dans le travail, auquel on ne l'a jamais vu se livrer, ni dans aucun genre d'industrie, dont il est incapable. Qu'a-t-il donc fait? il a intrigué. Après avoir spéculé quelque temps au Pérou sur les assignats, et avoir gagné une centaine de mille francs sur les pensions alimentaires des rentiers réduits au tiers consolidé, il a servi ensuite d'*homme de paille* à un fournisseur dont il a pris sur lui les iniquités, et qu'il a forcé, en sortant de prison, de partager avec lui les bénéfices d'une affaire dont il avait seul couru tous les risques.

« Ce petit démêlé avec la justice l'éloigna pour un moment de la scène financière, où il reparut armé d'un projet dont l'exécution ébranla le crédit de plusieurs grandes maisons de France. Trois millions restèrent entre ses mains, comme gage des réclamations qu'il avait, disait-il, à exercer envers le gouvernement, qui le poursuivait comme débiteur envers lui du double de cette somme. Dans un moment de gêne du trésor public, il accommoda cette affaire au moyen d'un prêt de quelques millions qu'il fit au gouvernement, et pour la garantie desquels il voulut bien se contenter de quelques milliers d'arpents de bois qu'il revendit avec bénéfice. J'ignore le chemin qu'il a fait depuis; mais on peut en juger par ses premiers pas.

« Tant de routes mènent à la richesse, qu'on peut supposer qu'un aveugle même y arrive; aussi la fortune de Gerneval m'étonne-t-elle beaucoup moins que celle de ce Favigny, qui s'enorgueillit si plaisamment des honneurs auxquels il est parvenu, en exploitant une branche d'industrie qui s'est singulièrement perfectionnée de nos jours sous le nom d'intrigue littéraire: c'est elle qui fait les réputations, distribue les places, et assigne les rangs. On ne pense plus à produire, on pense à se faire prôner; on ne cherche plus à se faire des titres, mais à se procurer des suffrages; on mendie, on achète des éloges dans les journaux: d'une chute on y fait un succès, d'un succès un triomphe: un ouvrage croule-t-il sous les sifflets, le lendemain un journaliste ami, pour consoler l'auteur, lui cite l'exemple de *Phèdre* et du *Misanthrope*. On se présente à l'Académie avec un vaudeville, un feuilleton ou un discours; on élabore pendant vingt-quatre heures une brochure de circonstance où des feuilles vénales découvrent le germe d'un grand talent; les réputations se font par entreprise : c'est ainsi que Favigny a obtenu la sienne. Si, du moins, cet homme eût *imité de Conrad le silence prudent*, on pourrait lui supposer un mérite modeste qui ne s'est point encore trahi; mais on a lu sa prose, mais on a entendu ses vers, et l'on est en droit de se demander par quel miracle d'intrigue, en partant de si bas, on parvient à s'élever si haut *avec des ailes attachées à rebours?*

« L'intrigue, à la cour, est dans son élément naturel; mais comme on réussit difficilement sous un nom vulgaire, elle s'y fait appeler l'ambition. La foule des intrigants de cour est si nombreuse, qu'elle ressemble à une armée où les soldats sont si pressés qu'ils n'ont pas l'espace nécessaire pour manier leurs armes. On y distingue cependant, depuis une cinquantaine d'années, l'imperturbable d'Azeroles. En vain les révolutions se sont succédé; en vain le palais a changé de maître; il est constamment resté fidèle.... aux Tuileries : toujours à son poste, l'épée au côté, l'œil au guet, l'oreille aux écoutes, personne n'entre qu'il ne le suive, personne ne sort qu'il ne le pousse. Il a toujours sa poche pleine de chausse-trapes qu'il sème sur le chemin de ses rivaux, chez lesquels il a grand soin de se faire écrire quand il les a blessés. Il y a des paris ouverts que d'Azeroles mourra en montant ou en descendant le grand escalier.

Les intrigants politiques sont de création moderne; ils ont pris naissance avec le gouvernement représentatif, dont la lumière vivifiante, comme celle du soleil, fait malheureusement éclore une foule d'insectes qui l'obscurcissent. J'ai assisté, depuis 1789, à toutes les assemblées électorales de mon département, et je viens de participer aux dernières élections du collège dont je suis membre. Quel foyer d'intrigues! Que de sourdes menées! Que de promesses sans garanties! Que de mauvaise foi, de préjugés ou d'insouciance, dans l'exercice du plus important, du plus noble des droits de citoyen! Une autre fois je vous mettrai sous les yeux le tableau d'une assemblée électorale · je me borne aujourd'hui à vous faire en peu de mots l'histoire d'un de ces hommes qui figurent depuis vingt ans dans toutes les assemblées politiques à l'insu des électeurs qui les ont nommés, et qui les renommeront sans cesse, en se demandant toujours comment la chose a pu se faire.

« M. Dufresny, gentilhomme et roturier, suivant le temps, habitait la Provence en 1789, et faisait partie de l'assemblée de bailliage où Mirabeau, par ses soins, venait d'être élu député du tiers-état. Le crédit de ce dernier le fit appeler, comme suppléant, à l'assemblée constituante. Dufresny, sans aucune espèce de talent ou d'instruction, avait de la mémoire et de l'éclat dans la voix. Mirabeau s'en servit plus d'une fois comme d'un enfant perdu, pour hasarder la proposition qu'il voulait soutenir ou combattre. L'adresse qu'il avait eue de faire accoler son nom dans les journaux à celui d'un grand orateur, lui valut d'être appelé à la convention nationale. Il se cacha fort habilement, dans un des comités les plus obscurs, jusqu'au 9 thermidor, qu'il se présenta comme un des accusateurs de Robespierre. Il prévit d'assez loin la fortune d'un directeur fameux, au parti duquel il resta fidèlement attaché jusqu'au 18 brumaire. Sa prévoyance n'alla pas jusqu'à deviner quelle serait l'issue de cette journée; aussi passa-t-il la nuit du 17 au 18 à faire composer, sous ses yeux, deux adresses au peuple français, l'une en faveur du directoire, et l'autre en l'honneur du général. Il ne fit imprimer cette dernière qu'au retour de Saint-Cloud. Sa nomination au tribunat en fut la récompense. Son opinion pour le consulat à vie, qu'il avait payée généreusement à un entrepreneur littéraire, le conduisit au conseil-d'état, où il fut fâché de n'avoir qu'un vote à donner pour l'établissement de l'*Empire*.

« Le hasard (si le hasard entre pour quelque chose dans l'histoire d'un habile intrigant) voulut qu'en 1814 il se trouvât en mission dans un des départements méridionaux, où il arbora, le premier, le drapeau blanc; heureux de pouvoir donner à son prince la preuve d'un dévouement d'autant plus entier, qu'il avait été comprimé pendant vingt-cinq ans. Il sollicita et obtint, pour prix de ses services, une mission extraordinaire, qui le mit en mesure de féliciter, un des premiers, Bonaparte sur son *heureuse* apparition. »

J'ai laissé parler mon vieil encyclopédiste sans l'interrompre; c'est un philosophe dans la véritable acception du mot: il aime son prince, son pays et la liberté avec la même ardeur, et ne connaît de patriotisme que dans la réunion de ces nobles sentiments.

N° LIV. [27 mai 1815.]

# LES BARBARESQUES.

> *Quâ nec terribiles Cimbri, nec Britones unquàm*
> *Sauromatæque truces aut immanes Agathyrsi,*
> *Hâc sævit rabie imbelle et inutile vulgus,*
> *Parvula fictibus solitum dare vela phaselis*
> *Et brevibus pictæ remis incumbere testæ.*
>
> Juv., sat. xv.
>
> Ce que les Cimbres terribles, le cruel Sarmate, le Breton et l'Agathyrse impitoyables n'osèrent jamais entreprendre, un vil peuple, voguant dans ses frêles canots, ose l'exécuter.

Je viens d'achever la lecture d'un livre nouveau, intitulé *Voyage à Tunis*, par Thomas Maggil, traduit de l'anglais par M***, avec des notes de ce dernier, qui font regretter que celui qui s'est chargé de traduire cet ouvrage, d'en relever les erreurs, d'en supprimer les injures dictées par les plus sottes préventions nationales, n'ait pas pris la peine de le refaire en entier.

M. Thomas Maggil, à en juger par les ménagements avec lesquels il parle de cette confédération de forbans barbaresques, par l'estime et la considération qu'il est tout près de leur accorder, ne peut être qu'un de ces honnêtes *smugglers* qui trafiquent avec les pirates d'Alger et de Tunis, et qui donnent un démenti au proverbe, en faisant de très bonnes affaires avec eux. Quoi qu'il en soit, à la faveur des faits intéressants, des détails instructifs qu'elle renferme, et sur-tout à la faveur des excellentes notes dont elle est enrichie, cette relation est de nature à piquer la curiosité des nombreux lecteurs de voyages; je dois même ajouter que je n'en connais pas de plus propre à donner une idée exacte de ce pays barbare, dont l'histoire est à jamais la honte et la satire des peuples qui se disent civilisés.

Croira-t-on dans quelques siècles (époque à laquelle il faut ajourner le triomphe d'une honorable politique en Europe), croira-t-on à la fidélité de l'historien (continuateur de l'*Essai sur les Mœurs et sur l'Esprit des Nations*), dans l'ouvrage duquel on lira le chapitre suivant?

« Au commencement du 19ᵉ siècle, cette belle partie du globe que nous habitons renfermait quatre grands États principaux, lesquels entretenaient des armées de quatre ou cinq cent mille hommes, qu'ils lançaient les unes contre les autres, et qu'ils réunissaient quelquefois contre une seule.

« Au nombre de ces états du premier ordre il s'en trouvait un dont la marine, plus nombreuse, plus forte que celle de toutes les nations de l'Europe réunies, avait envahi la souveraineté des mers, usurpé le commerce du monde, et jeté sur les deux hémisphères les fondements d'une monarchie, ou plutôt d'une oligarchie universelle. Cette nation, alors si puissante, dont nos pères ont vu s'écrouler le colosse, en s'occupant uniquement d'elle-même, ne parlait jamais que des droits de l'humanité; le sort des nègres était sur-tout l'objet de ses tendres soins, et ses propres colonies ne furent pas plutôt en état de se passer du commerce des esclaves dont les autres avaient encore besoin, qu'elle déclama contre la traite des nègres avec beaucoup de véhémence : elle eut le profit et la gloire de la faire abolir.

« Cependant, à cette même époque où l'Europe entière était en armes, où les Anglais couvraient les mers de leurs invincibles vaisseaux, un ramas de barbares, établi sur les bords de la méditerranée, dans ce pays que les Romains appelaient *le jardin du monde,* et que nous avons replacé sous la protection des grands souvenirs de Didon et d'Annibal qui l'ont jadis illustré;[1] un ramas de barbares (disons-nous) Arabes, Turcs, Nègres, Mauritaniens, confédérés sous le nom de *Régences barbaresques,* infestait les mers de l'Europe; enlevait, avec quel-

---

[1] Il ne faut pas oublier que ce fragment historique est censé devoir être écrit dans quatre ou cinq cents ans.

ques barques mal armées, mal équipées, ses bâtiments de commerce au milieu de ses escadres de guerre; faisait des descentes sur ses côtes et trafiquait de ses habitants, que ces pirates enlevaient et réduisaient en esclavage.

« Ces mêmes États chrétiens (dont le moindre avait des forces de terre et de mer suffisantes pour réprimer les pirateries de ces forbans et pour les attaquer dans leur repaire) avaient la honteuse prudence de traiter avec eux et de racheter à prix d'argent leurs captifs : ils poussaient même la bassesse jusqu'à fournir à ces barbares les armes dont ils se servaient pour les dépouiller; jusqu'à leur envoyer des ambassadeurs, et à entretenir près d'eux des agents accrédités, sous le nom de *consuls*.

« Un grand monarque, ami de la véritable gloire, Louis XIV, vers le milieu du 17$^e$ siècle, conçut le projet de délivrer l'Europe chrétienne du joug honteux qu'elle subissait; il fit sur le port et la ville d'Alger un utile essai des galiotes à bombes qui venaient d'être inventées dans son royaume; mais les barbaresques avaient de trop puissants auxiliaires parmi leurs ennemis mêmes, et l'entreprise de Louis XIV, si noble dans son but, si utile dans ses résultats, échoua, comme celle de Charles-Quint, comme celle des chevaliers de Malte, contre les calculs bassement mercantiles d'une politique infernale dont nous développerons le système entier dans le chapitre suivant : il ne doit être question dans celui-ci que des pirates musulmans, et des humiliations sans nombre et sans mesure qu'ils imposaient aux nations chrétiennes.

« Ces pirates, dont la nation, ou plutôt l'agrégation se composait d'indigènes nommés *K'bails*, de Maures, anciens conquérants de l'Espagne, d'Arabes venus d'Asie, de Juifs, de Turcs et de renégats, avaient établi le siège principal de leur brigandage maritime à Maroc, à Alger et à Tunis, sur la côte méridionale de la Méditerranée qui s'étend du détroit de Gibraltar à la Lybie : montés sur de petites barques appelées chebecs, avec un équipage d'une cinquantaine d'hommes et quelques mauvais canons, ils infestaient la Méditerranée, et croisaient quelquefois dans l'Océan jusqu'aux Canaries ; quand le butin leur manquait en mer, ils effectuaient audacieusement des descentes sur quelque point des côtes de Sardaigne, d'Espagne ou d'Italie, enlevaient les habitants de tout sexe et de tout âge, les entassaient dans leurs barques, et les vendaient chez eux, comme de vils bestiaux, dans les marchés publics.

« La nécessité de détruire ces forbans, la facilité d'y parvenir, furent reconnues dans le conseil de tous les princes ; mais il fallait agir en guerriers, on négocia en marchands ; les puissances européennes s'humilièrent devant les régences barbaresques, et les encouragèrent à faire de nouveaux esclaves, en traitant de la rançon des captifs : encore sommes-nous forcés d'avouer, à la honte des gouvernements sous lesquels ont vécu nos pères, que ce soin généreux fut long-temps abandonné au zèle et au dévouement de la plus sainte des institutions monastiques, de ces *Pères de la Merci,* dont l'histoire reconnaissante doit conserver l'honorable souvenir.

« On ne peut se figurer aujourd'hui le degré d'abjection auquel les cabinets européens s'étaient soumis, dans la personne des consuls qu'ils entretenaient dans les résidences de Maroc, d'Alger, de Tunis et de Tripoli : au moindre mécontentement du bey, ces chargés d'affaires des princes chrétiens étaient outragés, chassés, jetés dans les fers, et quelquefois mis à mort. Des Mémoires du temps, que nous avons sous les yeux, attestent que, dans l'espace de douze années qu'ils renferment, le seul bey d'Alger a *chassé* honteusement deux consuls d'Angleterre et deux consuls français ; qu'il a *souffleté*[1] un consul espagnol, et *mis à la chaîne* un consul de Danemarck et un consul de Hollande, sans qu'aucune des nations auxquelles ces envoyés appartenaient ait songé à tirer vengeance de semblables outrages : cela n'a pas même dérangé l'état de paix. Le célèbre Nelson lui-même, avec une flotte de onze vaisseaux, a

---

[1] C'est son ministre de la marine qui a donné le soufflet

échoué dans l'entreprise de faire réintégrer le premier des deux consuls britanniques qui avaient été chassés. On pourra se faire une idée du mépris que ces chefs de pirates avaient pour les princes chrétiens, par la manière dont ils s'exprimaient en parlant à leurs ambassadeurs : « *Ta conduite me déplaît,* disait Achmet-Pacha, bey d'Alger, à l'envoyé d'Angleterre; *si tu continues, je te ferai brûler tout en vie dans le cimetière des juifs avec de la fiente de chien.* »

« Venons au sort des esclaves chrétiens : le plus grand nombre était condamné aux travaux des bagnes, roué de coups de bâton pour la moindre faute, et n'avait pour toute nourriture que du pain noir à peine mangeable, et de temps en temps un peu d'huile et des olives pourries; les autres, loués ou vendus à des particuliers, étaient plus dégradés, mais en apparence moins malheureux.

« La destinée des femmes qui tombaient aux mains de ces barbares était affreuse ; nous craignons d'ajouter que celle des jeunes garçons était plus déplorable encore. Aucun sentiment du respect que l'on doit en tout pays aux liens du mariage, à la faiblesse de l'âge, à la pudeur du sexe, à la différence des habitudes et des conditions, n'influait sur la conduite de ces brigands avec leurs esclaves chrétiennes. Un seul fait historique (entre tant d'autres que nous pourrions citer) achèvera de faire connaître la barbarie de ces pirates africains et la lâcheté des nations européennes, qui l'ont si long-temps soufferte.

« A différentes époques, les corsaires d'Alger et de Tunis firent des descentes sur les côtes de la Sardaigne et s'emparèrent des petites îles de Saint-Pierre et d'Antioche, d'où ils enlevaient tous les individus des deux sexes qu'ils pouvaient atteindre : sous le règne de Hamoûda, bey de Tunis, quelques corsaires de ce pays prirent d'assaut l'île Saint-Pierre, et conduisirent à Tunis la totalité des habitants, au nombre de mille individus, la plupart enfants et femmes.

« Parmi ces dernières se trouvaient une dame sicilienne de la plus haute qualité, et ses cinq filles. Cette belle et malheureuse famille échut en partage au kiahia de Porto-Farina (premier ministre de la marine du bey) : [1] de ces jeunes personnes, moins distinguées encore par leur naissance que par leur beauté, leur innocence et leur éducation, l'une était mariée depuis quelques mois à un grand seigneur de la cour de Palerme, et deux autres étaient dans cet âge tendre où le désir de plaire n'est encore qu'un instinct vague et ne peut avoir d'objet. Les supplications, les prières, le désespoir de la plus tendre mère, l'offre de sa fortune entière pour

---

[1] Le fonds de cette anecdote est pris dans le *Nouveau voyage à Tunis*; nous en avons trouvé ailleurs les détails authentiques

rançon, ne purent sauver ces intéressantes victimes de l'amour brutal et féroce de leur abominable maître. La dignité de l'histoire ne nous permet pas de retracer ici les scènes révoltantes dont le harem de ce brigand a été le théâtre ; bornons-nous à en faire connaître la catastrophe. Cette nouvelle Niobé, après avoir été témoin du déshonneur de ses cinq filles, après en avoir vu expirer deux [1] dans les embrassements de ce monstre, après avoir subi tous les outrages, après avoir épuisé tous les tourments que puisse endurer le cœur d'une mère, n'a trouvé de refuge contre le souvenir d'un pareil malheur que dans la mort volontaire qu'elle s'est donnée dans la maison du consul britannique, à qui le kiabia en avait fait présent.

« Telles étaient ces hordes de barbares, que les Vandales jadis subjuguèrent si aisément, qu'une petite nation d'Italie a suffi pour détruire, et dont l'Europe civilisée a supporté l'affront pendant tant de siècles. Quelques historiens assurent néanmoins (on ne sait sur quels fondements) qu'en 1815, au congrès de Vienne, il fut question d'une ligue des puissances européennes contre les régences barbaresques, de l'appui desquelles les Anglais, devenus maîtres de la Méditerranée, comme de l'Océan, n'avaient plus besoin. Quoi qu'il en soit, cette nou-

---

[1] L'une âgée de neuf ans et l'autre de dix

velle coalition, qui n'avait pour but que l'honneur de l'Europe, que le triomphe de la religion et l'intérêt de l'humanité; qui ne promettait aux vainqueurs ni dépouilles à partager, ni vengeances à satisfaire, ni monuments à détruire; cette nouvelle coalition fut aussitôt dissoute que formée, dans un siècle d'égoisme et de corruption où l'on se faisait un jeu de la foi des serments, où la gloire consistait à triompher par le nombre et par la ruse; dans un siècle dont les grands hommes sont la honte de celui où nous avons le bonheur de vivre. »

N° LV. [3 JUIN 1815]

# MACÉDOINE.

Vallée de Chamouni, le 22 mai 1815.

Mon cher M. Guillaume, j'achève une promenade intéressante dans la vallée de Chamouni. Vous connaissez cette vallée, sans doute; dans tous les cas, je me garderai bien de vous en faire la description : vous vous êtes trop fortement prononcé contre le genre descriptif. Ce que vous ignorez, c'est que sur le registre de l'*hôtel de Londres*, où les voyageurs ont coutume de consigner l'expression des sensations qu'ils ont éprouvées en parcourant les glaciers, un de vos lecteurs s'est permis de blâmer le vœu qu'avait formé l'Ermite votre prédécesseur dans un de ses premiers Discours, pour qu'un littérateur recueillît, dans les *Album* qu'il aurait occasion de lire, les pensées spirituelles ou philosophiques qu'on y enterre, et dont cet aristarque est fort mécontent; ce qui ne l'a pas empêché de faire comme les autres, et de nous transmettre son opinion en l'écrivant sur l'*Album* de Chamouni.

Pour savoir jusqu'à quel point sa critique était motivée, j'ai lu en entier ce registre curieux, où sans doute il y a beaucoup de choses puériles et insignifiantes; mais il renferme aussi des inscriptions qu'on ne lit pas sans plaisir. C'est d'abord une chose assez originale que cette réunion de pensées et de citations, les unes religieuses, les autres grivoises ; que ces sentences, mélancoliques ou bouffonnes, écrites dans toutes les langues. C'est une chose piquante que de voir la signature de beaucoup de gens célèbres de tous les pays, à côté des noms les plus obscurs. Je n'ai pu lire sans une sorte d'émotion deux lignes qui, à très peu de pages de distance, rappellent que, dans le modeste réduit où j'étais, deux femmes qui ont essayé le même trône sont venues séjourner une nuit dans ce même gît. Que de réflexions ce seul rapprochement peut faire naître! Mais mille traits s'offrent pour justifier le vœu formé par votre parent. Je vais en citer quelques uns.

Un officier français a dessiné un soleil éclairant un tournesol, dont la fleur suit son cours radieux; au bas on lit cette devise: *Inferius nil sequor.* Cet emblême ingénieux est digne d'un amant de la gloire.

Près de ce dessin poétique est une inscription très remarquable; la voici: *Si les passions n'anéantissaient la sensibilité du cœur, on verrait les hommes 'abstenir de choses impures et que le sentiment ré-*

*prouve. Mais l'ame, inclinée vers sa perfection, ne saurait composer avec ses principes et jeter dans la vie une autre vie qui conduirait à un avenir sans avenir.* Cette phrase mystérieuse avait-elle besoin d'être signée STAEL DE HOLSTEIN.

Vient ensuite cet avis, donné aux voyageurs par un homme qui n'a signé que ses initiales, mais qui me semble avoir fait ses études au Vaudeville :

> N'allez pas longuement vanter ce qui vous plait !
> C'est louer assez bien que garder le silence.
>     On parle quand le cœur se tait
>     On se tait lorsque le cœur pense.

L'auteur de ce quatrain a eu la prétention d'être profond, et croit sans doute avoir révélé autre chose qu'une vérité de M. de la Palisse.

Il y a plus de sens dans l'épigramme suivante :

> Sur ces rocs décharnés, où la nature expire,
> J'égare avec transport mes pensers et mes pas;
> J'y marche librement, librement j'y respire,
>     Et ma femme n'y viendra pas !

Voulez-vous de la gaieté ?

> Un jour trois bons vivants, à la fleur de leur âge,
> Au sommet du Mont-Blanc voulaient porter leurs pas;
> Les guides, la saison, leur bourse et leur courage,
>     Tout leur manque à-la-fois...; ils sont restés en bas.

Un voyageur, fatigué de la course des glaciers, et encore effrayé des dangers qu'il a courus, exprime ainsi ce qu'il éprouve :

Quand on a d'aussi haut contemplé la nature,
On sent au fond du cœur une volupté pure.
C'est celle d'obtenir, pour derniers résultats,
De ne s'être cassé cuisses, jambes, ni bras.

Tous ces vers n'ont pas été du goût d'un littérateur sévère, qui, après les avoir lus, prit la plume pour les censurer de cette manière :

Oh! que la nature est immense!
Oh! que les hommes sont petits!
Dans ces vastes tableaux que de magnificence!
Que de sottises dans ces écrits!
L'un pense être Delille, alors qu'en ses récits,
Tout gonflé de SENSIBLERIE,
Sur des cailloux il s'extasie,
Décrit chaque brin d'herbe, et transporte en ses vers
Tous les glaçons du mont Envers.
Méconnaissant l'auteur de ces travaux sublimes,
Et se croyant un SPINOSA,
L'autre dit gravement : « Que prouve tout cela? »
Tandis que celui-ci, dans ses petites rimes,
Fier créateur d'un quolibet,
Apporte sur ses bords ses lourdes épigrammes,
Ses triolets, rebut de l'*Almanach des Dames*,
L'esprit des boulevarts, et le sel de Brunet.
Quelle avalanche de bêtises!
Quel débordement de fadeurs!

Dans leurs quatrains que de longueurs!
Dans leurs décisions que de lourdes méprises!
Rives de l'Arve, adieu! Quand de tes frais vallons
    A regret nous nous éloignons,
Du Dieu de l'univers admirant la puissance,
    Du fond de mon cœur je redis:
    Oh! que la nature est immense!
    Oh! que les hommes sont petits!

Chaque voyageur, comme vous le voyez, écrit suivant l'esprit qui l'anime, ou peut-être suivant l'esprit qu'il croit le plus en opposition avec celui des autres; car, généralement, on vise à l'originalité. Vous n'en douterez plus lorsque vous aurez lu le morceau suivant : il est d'un Anglais qui veut empêcher ses compatriotes de se déplacer pour visiter l'étonnante vallée de Chamouni. «Nous avons,
« dit-il, un spectacle tout-à-fait semblable, non
« dans les montagnes du pays de Galles, dans celles
« de l'Ecosse et de l'Irlande, ni près des lacs de
« Cumberland, mais à Londres même : c'est la ca-
« pitale qui nous offre tous les aspects de Cha-
« mouni : en novembre et décembre, par un épais
« brouillard, quand un bon dégel a succédé à quel-
« ques jours de neige, et que le ciel commence à se
« dégager, d'abord les maisons, noircies par la
« fumée du charbon de terre, ressemblent aux
« rochers qui entourent la vallée: le dôme de Saint-
« Paul, couvert d'une neige éblouissante, peut, sans

« vanité, se comparer au Mont-Blanc; ensuite le
« brouillard, se roulant en masses ondoyantes dans
« les rues, a le même caractère de sublimité que
« les nuages qui ceignent le flanc des montagnes;
« et les ruisseaux de la pente rapide de *Ludgate-*
« *Hill,* grossis du tribut liquide de tous les quar-
« tiers de la cité, se transforment souvent en tor-
« rents impétueux et sales qui ne le cèdent pas à
l'Arve. « Quant aux chutes d'eau, qui ne connaît les
« énormes gouttières de Londres? Les toits, que
« l'on balaie au risque d'écraser les passants sous
« des monceaux de neige, donnent une idée des
« avalanches. Enfin, la mer de glace ne peut passer
« pour un objet incomparable qu'à ceux qui n'ont
« pas vu le grand bassin de *Hyde-Park.* Après trois
« jours d'un léger dégel, il s'y forme des crevasses,
« où l'on peut, tout aussi bien qu'au grand glacier,
« se casser une jambe ou un bras. Quant aux beautés
« de détail, Londres a peut-être l'avantage sur
« Chamouni; les chemins pierreux, raboteux des
« rochers qu'on gravit, ne sont pas plus incommodes
« que le pavé des petites rues de Londres. On y re-
« marque aussi souvent des troupeaux de bœufs et
« de moutons. Les petits carrés de culture de diverses
« couleurs, qui tapissent le fond de la vallée, rap-
« pellent l'étalage d'une boutique d'étoffes ou de
« draps. Dans ce moment, le soleil dore de ses rayons
« le village de Chamouni, et la nuit dernière un ciel

« étoilé y brillait de mille feux; avantage assez rare,
« il est vrai, dans notre cité; mais d'abord nos réver-
« bères n'éclairent pas plus que les étoiles, et ensuite
« il ne se passe pas de jour sans un incendie; ce qui
« fait un soleil artificiel bien moins commun que
« celui qui fait partie du système céleste, et qui ap-
« partient à tout le monde.

« Je vois ici ces enthousiastes assez *romantiques*
« pour recevoir une impression profonde des son-
« nettes attachées au cou des bestiaux; mais, dans
« ce genre, on a à Londres la clochette du tombe-
« reau qui parcourt les rues pour recevoir les cen-
« dres et les immondices des maisons; voiture dont
« le conducteur pousse, à tout moment, le cri de
« *dust ô!* ce qui peut se traduire par *tout est pous-
« sière*, moralité sublime qui rappelle le néant des
« choses de ce monde, autant que le spectacle im-
« posant des glaciers de Chamouni. »

Je vous avoue, mon cher Guillaume, que ce pa-
rallèle, quoique écrit en caractères véritablement
anglais, me semble bien français. En général, les
fils d'Albion ne sont pas sujets à déprécier leur pays,
et cette plaisanterie ne vient pas (ou je suis bien
trompé) des bords de la Tamise. Quoi qu'il en soit,
j'ai pensé que vous liriez cette pièce avec plaisir, et
je l'ai transcrite, ainsi que les précédentes, pour justifier ce qu'a dit l'Ermite sur les *Albums*.

Recevez l'assurance de mon estime et de mon amitié.

C. G.

Paris, le 23 mai 1815.

L'article des *Abus* ne vous a encore fourni qu'un petit nombre de pages, et vous y pourriez facilement consacrer un volume, que j'oserai vous conseiller de diviser en quatre grands chapitres : *Abus de pouvoir*, *Abus d'esprit*, *Abus dans les professions*, *Abus dans les usages*. Il me semble que vous trouveriez moyen de classer de cette manière tous les abus dont la société est inondée, selon leur degré d'importance. Le premier titre serait, sans contredit, le plus long et le plus difficile à remplir; mais vous pourriez vous contenter d'y indiquer les objets par têtes de chapitres, en laissant à vos lecteurs le soin de travailler sur ce canevas.

Sous le titre d'*Abus de l'esprit*, quelle excellente critique ne trouveriez-vous pas à faire de notre pauvre et chétive littérature actuelle, de nos romanciers historiques, de nos historiens romanesques, de nos poètes *descripteurs*, de nos avocats à la phrase, de nos chansonniers à la pointe, de nos journalistes à l'encan!

Quand vous en serez aux *Abus dans les professions,*

je vous engagerai à vous étendre sur le chapitre des *boutiques sur roulettes,* qui font tant de tort aux comptoirs à domicile. Je vous inviterai, au nom des véritables commerçants, à signaler ces magasins, entrepôts de banqueroutiers, où il n'est pas étonnant que l'on donne au-dessous du prix de fabrique des marchandises volées aux fabricants. Je vous prierai de dire aussi deux mots sur le faux jour ménagé avec tant d'art dans les boutiques de nos marchands parisiens, et à l'aide duquel il est si facile de tromper les acheteurs sur la qualité des objets qu'on leur vend. Je vous recommanderai cette fourmilière de brocanteurs qui assiégent les avenues du Palais-Royal, en vous offrant *des livres défendus,* qu'ils vendent sous le manteau; *des cannes,* que la plupart mériteraient qu'on leur cassât sur les épaules, et *des chaînes pour la sûreté des montres,* qu'ils vous escamotent.

Vous n'oublierez pas, j'en suis sûr, de réclamer l'exécution d'une vieille ordonnance de police, tombée en désuétude, qui interdisait aux épiciers la vente de ces drogues dangereuses entre les mains de l'ignorance, quand elles ne deviennent pas mortelles entre les mains du crime. Peut-être même exprimerez-vous le vœu de voir adopter en France les précautions prises dans quelques états de l'Allemagne, où la vente de toute substance vénéneuse, de quelque nature qu'elle soit, est accordée, par privilége exclusif, à quelques pharmaciens dignes, par leurs connaissances et leur probité, de toute la confiance du public et du gouvernement.

Combien d'abus n'aurez-vous pas à signaler dans l'ordre judiciaire ! Élevez-vous avec indignation, je vous en supplie, contre cette race odieuse des plaideurs de profession. Aucune époque ne pourrait vous fournir un plus grand nombre d'exemples du mal qu'ils peuvent faire. Je vous en citerai deux pour mon compte : le procès intenté à M. de C*** par un homme qui veut le rendre responsable des pertes considérables qu'il a essuyées par le fait d'un naufrage, où lui (M. de C***) a non seulement perdu tout ce qu'il possédait, mais dont les suites l'ont exposé pendant cinq ans aux plus cruelles persécutions; le procès que soutient en ce moment M. de P***, à qui l'on redemande, comme particulier, les sommes qu'il a ordonnancées sur les caisses publiques, à une autre époque, en qualité d'administrateur.

J'ai habité un pays où il existe une chambre gratuite de consultation, devant laquelle il faut paraître pour obtenir la permission de plaider. Un procès est une chose fort rare dans ce pays-là; il est vrai de dire que les procureurs et les avocats n'y sont payés qu'autant qu'ils gagnent les causes dont ils se chargent. Un des abus de ce genre que vous aurez à relever avec plus d'amertume, c'est celui des frais de justice. Si les preuves vous manquent, je me charge de vous en apporter mille, parmi lesquelles je n'oublierai pas celle que ma pauvre sœur vient de me fournir. Riche autrefois, elle a donné presque tout son bien en dot à sa fille. Celle-ci mourut un an après son mariage, en laissant un enfant. Ma sœur, réduite exactement à l'indigence, à la suite de malheurs auxquels, je ne sais par quelle fatalité, la vertu est plus communément en butte, s'est vue forcée de réclamer, de sa petite-fille encore mineure, une pension alimentaire, qu'elle a fini par obtenir après un long procès. Elle a donné 200,000 francs de dot à sa fille; la loi lui accorde six cents francs de pension, sur lesquels il faut d'abord qu'elle commence par payer 1470 fr. de frais. Connaissez-vous une dérision plus sanglante qu'un pareil acte de justice?

Courage, mon cher Guillaume; bonne guerre à la sottise, aux ridicules, et sur-tout aux abus.

Le M. de F*** Ard....

Paris, le 25 mai 1815.

Monsieur le Franc-Parleur, depuis cinq ou six ans il existe en Angleterre une loi qui défend de maltraiter les animaux; et j'ai même lu, dans une gazette anglaise, qu'un boucher avait été condamné à une forte amende pour avoir cassé la cuisse à un agneau. Cette loi fait honneur à nos voisins, qui, cependant, sont loin d'être plus humains que nous, mais qui ont quelquefois l'art de le paraître davantage. Je ne sais pourquoi nous avons tant tardé à l'adopter nous-mêmes; outre qu'elle cadrerait avec la douceur de nos mœurs, elle tendrait à conserver chez nous les espèces utiles, que les mauvais traitements altèrent peut-être plus qu'on ne croit.

Il y a long-temps que j'ai fait ces réflexions pour la première fois; mais c'est hier sur-tout qu'elles se sont présentées à mon esprit avec une nouvelle force. Je passais dans la rue Saint-Denis; un jeune charretier, monté sur le second des quatre chevaux qu'il conduisait, se laisse tomber sans se faire aucun mal. Furieux de sa maladresse, il commence par distribuer des milliers de coups de fouet à ces pauvres animaux, bien innocents d'un mal qu'il ne s'était pas même fait; mais dédaignant bientôt l'instrument habituel et banal de sa brutalité, il se jette, en vrai forcené, sur le premier de ses chevaux qu'il trouve à sa portée, et lui déchire les narines et les yeux avec ses ongles. Sans mon aversion pour les scènes publiques, j'aurais certainement cédé à la tentation d'asséner quelques coups de canne à l'inhumain conducteur. D'autres passants, moins scrupuleux, l'ont accablé d'injures, et forcé de continuer sa route. Je pense que les pauvres chevaux n'auront rien perdu pour attendre.

Maintenant, je demande comment il se fait que l'animal le plus doux, le plus patient, le plus utile, n'obtienne jamais du maître qu'il nourrit que les plus cruels traitements pour salaire? A voir nos cochers de fiacre et nos rouliers déchirer leurs chevaux à coups de fouet, ne croirait-on pas qu'ils ont entrepris l'éducation de quelque bête féroce?

Il est digne d'une plume comme la vôtre, qui s'est toujours signalée par l'amour de l'ordre et de l'humanité, de traiter ce sujet dans quelqu'un de vos Discours. Puissiez-vous réussir à provoquer une loi, ou du moins un règlement de police, qui épargne à nos yeux le spectacle de ces cruautés gratuites, que notre nation devrait être la dernière à tolérer dans le sein même de la capitale! réfléchissez-y, monsieur le Franc-Parleur, et vous verrez que cette matière intéresse fortement les bonnes mœurs.

Agréez les témoignages de ma haute estime.

A. L. R

N° LVI. [10 JUIN 1815.]

# LES DEUX CHAMPS-DE-MAI.

*Vis rapuit, rapietque gentes.*
Hor., od x, liv. II
Une force inconnue entraîne et entraînera toujours les nations.

Si les institutions des peuples suivaient invariablement la marche de leur civilisation, jamais les révolutions ne changeraient la face des empires : ces orages politiques naissent presque toujours du choc des lois et des mœurs poussées en sens contraire. Les coutumes du douzième siècle ne nous sont pas moins étrangères que la langue que l'on parlait à cette époque. Supposons un moment qu'un Français du temps de Philippe-le-Bel se réveillât au milieu de nous, et que, sa généalogie en main, il nous prouvât et nous fît reconnaître ses droits à la couronne de France : ce nouvel Epiménide se plierait à nos mœurs, ou déterminerait une révolution pour nous forcer de nous plier aux siennes. Si quelque chose me paraît démontré en politique, c'est qu'un souverain doit marcher avec son siècle, et qu'il court également à sa perte en cherchant à le faire reculer, ou en le devançant avec trop de précipitation : l'un et l'autre exemple sont encore sous nos yeux.

Napoléon a fait de grandes choses; mais, ne craignons pas de le dire, il n'a rien fait pour la liberté; il a vu jusqu'où pouvait aller le dévouement des Français; il ne tient qu'à lui de savoir jusqu'où peut aller leur reconnaissance. Qu'il soit grand, et que la France soit libre! Ces deux conditions sont désormais inséparables.

L'assemblée générale de la nation, convoquée en *Champ-de-Mai*, peut devenir pour lui, comme pour nous, une nouvelle époque de gloire. S'il s'agissait de chicaner sur les mots, je demanderais pourquoi cette dénomination de *Champ-de-Mai*. Elle me fournira du moins l'occasion d'un de ces rapprochements historiques au moyen desquels on peut mesurer d'un coup d'œil l'espace qu'une nation a parcouru.

Voici comment s'expliquent, sur une de ces assemblées du Champ-de-Mai, en usage sous les rois des deux premières races, les continuateurs de la *Chronique de Frédégaire*[1].

« En l'année 766, Pepin assembla l'armée des
« Francs, ou pour mieux dire l'armée des nations

---

[1] *Ch. Fréd contin. Ad. ann.*

« qui composaient le peuple de la monarchie; il
« s'avança jusqu'à Orléans; là, il tint son conseil
« de guerre en forme de Champ-de-Mai (car ce
« prince est le premier qui ait remis au mois de mai
« l'assemblée qui se tenait au mois de mars): tous
« les Francs et tous les grands lui firent des présents
« considérables. » Voilà tout ce qu'on nous apprend
de cette assemblée, la première qui soit connue
sous le nom de *Champ-de-Mai*. Antérieurement à
cette époque, les Francs se réunissaient par tribus
au *Champ-de-Mars,* pour y délibérer sur la paix à
faire, ou sur une nouvelle campagne à entreprendre.
Ainsi, comme dit l'abbé Dubos, « *ces assemblées
n'étaient que de grands conseils de guerre.* »

Vers la fin de la seconde race, le régime féodal
s'établit en France sur les débris de la puissance
royale; les titres, les charges personnelles, devinrent la propriété de quelques familles : tout officier
civil ou militaire eut un *fief*, et, comme dit Loyseau,
« *on entendit, pour la première fois, le nom de suzeraineté, mot aussi étrange que cette espèce de seigneurie était absurde.* »

La cour des rois ne fut plus que le rendez-vous
d'une foule de petits souverains, qui, n'osant pas
encore parler de leurs sujets, désignaient les habitants de leurs terres par le nom de *vassaux,* qui emportait à-peu-près la même idée. Ces grands et petits *feudataires* venaient trafiquer de leurs *serfs* avec

le monarque, dont ils méconnaissaient souvent l'autorité. La tyrannie de ces petits despotes, toujours croissante jusqu'au règne de Philippe-le-Bel, détermina ce prince à convoquer une assemblée générale de la nation, où, pour la première fois, le peuple obtint une ombre de représentation.

Les États s'assemblèrent le 10 avril 1302, quelques mois après la malheureuse bataille de Courtrai. J'ai trouvé, dans un supplément manuscrit à l'ouvrage du savant prieur de Neuville-les-Dames, des détails assez curieux sur cette mémorable cérémonie; j'en extrairai quelques passages où les mœurs du temps sont peintes avec beaucoup de vérité, et que je traduis en français moderne:

« Le roi (dit Joachim Legrand), dans les circonstances difficiles où il se trouvait, se décida, par le conseil d'Enguerrand de Marigny, à convoquer une assemblée générale des trois ordres du royaume. Le chancelier Pierre Flotte adressa des *lettres closes* à tous les prélats, à tous les seigneurs, à tous les députés des provinces, villes, universités et maisons religieuses. L'église Notre-Dame avait été assignée pour le lieu de la convocation; et le roi, malgré le mauvais état de ses finances, se crut obligé de déployer, en cette occasion, tout le luxe de la majesté royale. Deux trônes avaient été disposés dans le chœur, l'un à droite du maître-autel, pour le roi; l'autre à gauche, pour la reine : les grands vassaux de la couronne et les députés du clergé remplissaient le chœur, sur des fauteuils armoiriés; la nef était occupée par les syndics des communes. Le roi Philippe, vêtu d'une robe de drap d'or, recouverte, par le haut, d'une épitoge d'hermine, se rendit à cheval de son palais à Notre-Dame, précédé par cinq cents hommes d'armes, formant quatre compagnies, dont la première était armée d'arbalètes, la seconde de lances, la troisième d'épées, et la quatrième de *gasarmes**. Le roi marchait immédiatement devant la litière de la reine, portée par douze varlets, richement vêtus de soubrevestes de drap d'argent. Les deux jeunes princes, Philippe, comte de Poitou, et Charles, comte de la Marche, étaient à côté de leur mère, tandis que leur frère aîné, Louis de France, âgé de treize ans, était à cheval auprès du roi son père. Les pages au nombre de vingt-cinq, et le grand-écuyer, Gautier de Launay, entouraient la litière. Le maréchal Guy de Clermont fermait la marche, à la tête de deux compagnies d'archers, dont l'une était commandée par le fils du brave Raoul de Flamenc, et l'autre par Jean de Corbeil.

Le roi et la reine furent reçus par l'évêque de Paris, à la tête de son clergé, sous deux dais de moire blanche à frange d'or : on célébra la messe du Saint-Esprit; après quoi, Raoul de Perreau,

* Espèce d'épée armée d'un fer tranchant et large par le milieu.

maître-d'hôtel, fit placer chacun selon son rang. Les tribunes étaient occupées par tout ce que Paris renfermait de gens de distinction; dans celle qui faisait face au trône de la reine, on remarquait le satirique Jean Mehun, qui faisait son profit, pour le roman de *la Rose*, des agaceries de Jeanne de Navarre et du grand-écuyer.

Philippe, s'étant levé, prononça ces mots :

« Seigneurs français, et vous gens de *l'état popu-*
« *laire,* vous ai fait assembler pour ouir ce qu'est
« bon que faisiez pour le bien de ma personne et les
« libertés du royaume. » Le chancelier Pierre Flotte, ayant ensuite pris les ordres du roi, prononça un discours sur la situation de la France, dans lequel il s'éleva fortement contre les entreprises du pape Boniface VII, qu'il qualifia des noms les plus irrévérents: il fit sentir ensuite la nécessité de continuer la guerre en Flandre, et finit par réclamer, au nom du roi, des secours en hommes et en argent pour fournir aux dépenses de la guerre et aux besoins de l'état. Le roi demanda *que chaque corps déclarât lui-même résolution en forme de conseil.*

Les comtes Gui de Saint-Pol, Jean de Dreux, et Guillaume Duplessis, seigneur de Vezenobre, se portèrent accusateurs du pape, et protestèrent ainsi que le roi contre les bulles fulminées par Boniface. Le résultat de cette protestation publique fut de faire partir immédiatement Nogaret pour l'Italie, avec l'ordre de s'emparer du pape, qui s'était retiré dans la ville d'Anagnia; cette entreprise hardie fut exécutée quelque temps après, avec l'assistance de Sciarra-Colonne, ennemi particulier de Boniface.

Cette assemblée, dont on fait grand bruit dans l'histoire, fut dissoute sans avoir rien produit. *La noblesse* y protesta de son dévouement au roi, sans en donner aucune preuve; *le clergé* voulut en référer à un concile avant de statuer sur les sacrifices qu'on exigeait de lui, et *le tiers-état* s'en tint à une requête qu'il présenta à genoux, pour supplier le roi de conserver la franchise du royaume.

Le savant Joachim Legrand, auquel j'ai emprunté ce récit, voit dans cette assemblée, où le peuple fut admis, une continuation du *Champ-de-Mai*. Pasquier, en remarquant que le *tiers* y fut appelé séparément, et non conjointement avec la noblesse et le clergé, ne partage pas l'opinion de Joachim, et ne veut pas même compter cette assemblée au nombre des *états-généraux*, dont il recule l'institution jusqu'au règne du roi Jean.

Je laisse Philippe-le-Bel protestant contre l'interdit de son royaume. Je franchis en un instant l'intervalle de cinq siècles, et je me trouve, au 4 juin de l'année 1815, témoin d'un événement semblable, agrandi de tout l'espace qui le sépare de celui dont je viens de rappeler le souvenir.

Le canon retentit sur toutes les hauteurs nouvellement fortifiées de cette antique capitale, dont la population entière se porte vers ce Champ-de-Mars où se firent entendre, il y a vingt-cinq ans, les premiers cris de la liberté. Cette réflexion, que je fais en route, n'est pas exempte d'amertume, en songeant de combien de malheurs ces cris ont été le signal; mais une longue et douloureuse expérience a mûri notre raison, et nous a trop appris à ne pas confondre le délire révolutionnaire avec la mâle énergie du patriotisme.

J'arrive dans cette vaste enceinte, et je prends place sur un magnifique amphithéâtre où vingt mille électeurs, accourus de tous les points de la France, viennent au nom d'un grand peuple exprimer son vœu pour la liberté et ses craintes pour la patrie.

Je promène mes regards sur cette immense esplanade, que borne de toutes parts la foule des citoyens; où se déploie, au milieu des douze légions de la garde nationale, l'élite d'une armée qui a commandé quinze ans à l'Europe, et qui vient prendre, entre les mains de son chef, l'engagement de mourir s'il le faut pour cette même patrie qu'elle a si long-temps illustrée.

Midi sonne, des salves d'artillerie ont annoncé l'arrivée de Napoléon : il s'avance au milieu des acclamations des soldats. Jamais spectacle plus imposant n'a captivé l'admiration des Français; jamais d'aussi grandes destinées n'ont pesé sur la tête d'un seul homme, et jamais signes plus certains n'ont annoncé un de ces grands événements qui changent tout-à-coup la face des empires :... quelle en sera l'issue? peu de mois, peu de jours peut-être vont nous l'apprendre!

N° LVII. [16 juin 1815.]

# LES DUPES.

*Nostrâpte culpâ facimus, ut malis expediat esse,
Dùm nimium dici nos bonos studemus, et benignos*
            Ter., *Phor.*, acte V.

C'est notre faute, si les méchants trouvent en nous des dupes; cela vient du soin que nous prenons de paraître faciles et commodes

La civilisation se perfectionne, les dupes diminuent, et l'on ne doit pas désespérer de voir arriver un ordre de choses tel que la société n'étant plus composée que de fripons, et chacun se tenant en garde contre son voisin, il résultera de cette surveillance continuelle et respective un état de corruption parfaite dans lequel la sûreté particulière naîtra de la mauvaise foi générale: avantage qui ne se trouve pas dans nos mœurs actuelles, où l'intrigue et la ruse rencontrent encore çà et là quelques honnêtes gens propres à faire des dupes.

La perfection, même en ce genre, est difficile à atteindre, mais nous y arriverons; les progrès sont déja sensibles, et la friponnerie (qu'on me passe ce mot un peu dur) se civilise à vue d'œil. Depuis qu'elle est admise dans la bonne compagnie sous le nom d'intrigue, ceux qui s'en font un état portent dans l'exercice de leurs fonctions un vernis de politesse, une fleur de galanterie, une recherche de soins et de manières, qui rendent leur commerce fort agréable quand on a cessé d'être leur dupe; car c'est ordinairement par-là qu'il faut commencer : c'est un tribut qu'on leur doit, et l'on ne vous en estime pas moins pour l'avoir payé; cependant la continuation de ce rôle finirait par vous rendre ridicule, puisque, par une étrange contradiction dans nos mœurs, une dupe, en France, est tout près de passer pour un sot.

Je suis arrivé dans ce pays avec tout ce qu'il fallait pour me faire cette double réputation : de vieux souvenirs de ce qu'on appelait jadis le grand monde, entés sur des habitudes de province, font nécessairement de moi un excellent sujet de mystification : aussi, depuis que je suis à Paris, ai-je déjà vu rôder autour de moi plusieurs de ces honnêtes gens qui spéculent si avantageusement sur la simplicité de leurs nouvelles connaissances. Si jamais je suis curieux d'évaluer à combien peut se monter l'impôt que l'adresse met ici sur la bonne foi, je pourrai partir d'une donnée certaine, en me prenant moi-même pour terme de comparaison.

Je conçois facilement qu'un homme se ruine dans

des maisons de jeu; qu'il ait mauvaise opinion des femmes qu'il a rencontrées à l'orchestre de l'Opéra ou au boulevart de Coblentz; qu'il se plaigne d'avoir été trompé par des amis qu'il s'est faits au foyer de l'Ambigu-Comique ou au café de la Porte-Saint-Martin : il est des écueils signalés par tant de naufrages, qu'on ne peut se plaindre que de son imprudence lorsque l'on y échoue; mais lorsqu'on ne forme que des liaisons avouées par l'honneur; lorsque l'on n'aime et ne recherche que la meilleure compagnie, n'est-on pas en droit de s'y croire en sûreté, et ne peut-on, sans passer pour un niais [1], accorder quelque confiance à ceux qui la composent? Mon exemple répondra à cette question.

J'allais souvent chez madame de L\*\*\*: mon air emprunté, ma politesse un peu gothique, mes manières un peu trop ouvertes, me laissaient en butte à tous les importuns, à tous les impitoyables questionneurs du salon : le jeu m'offrait un moyen de leur échapper; je n'acceptai cependant qu'avec répugnance la proposition que me fit madame de L\*\*\* de me mettre en quatrième à une partie de wisk composée de trois femmes qui n'ont probablement jamais eu d'occupation plus sérieuse de leur vie, et qui auront à se reprocher, au jour du jugement,

[1] Expression à la mode à la cour de Napoléon, et qui s'applique à tous les genres de commerce et de probité.

les douze mortelles heures d'ennui qu'elles ont imposées à ma politesse, et dont je fus la dupe pendant une semaine entière.

Le chevalier de Sornay voulut bien me prendre en pitié, et s'offrit généreusement à faire avec moi, d'habitude, un piquet à écrire, que je joue fort bien; ce qui ne l'empêchait pas de me gagner, tous les soirs, mon argent, comme le petit Suisse du chevalier de Grammont, *en me demandant pardon de la liberté grande.* Je n'accuse personne, et je veux bien croire que la fortune, entre autres caprices, a celui de réserver au moins trois *as* à M. le chevalier toutes les fois qu'il *donne;* mais il y a des hasards si constamment heureux, qu'on est tenté d'en médire, et de se croire la dupe du sort dont on est victime. Quoi qu'il en soit, le jeune homme qui m'exposait à commettre cette injustice avait de si bonnes manières, il gagnait avec une si grande égalité de caractère, et je perdais de si mauvaise grace, que la galerie semblait prendre à son jeu un véritable intérêt, et s'amuser beaucoup de l'humeur avec laquelle je déliais chaque soir les cordons de ma bourse, pour lui payer le tribut de quelques pièces d'or qu'il m'avait imposé.

Je ne sais combien aurait duré ma persévérance à lutter contre l'adresse du chevalier, qu'il appelait sa fortune, si je n'eusse été charitablement averti par un M. de Ramès, que je voyais habituellement dans cette maison : il vint me trouver un matin, et, d'un ton plein de franchise et d'intérêt, après m'avoir parlé de procédés, de délicatesse, de cette réciprocité d'égards qu'on se devait entre honnêtes gens, il me prévint que le chevalier de Sornay était un homme du monde infiniment aimable, mais si bien connu pour jouer à coup sûr, que, depuis long-temps, il ne trouvait plus de dupes pour faire sa partie. Je promis bien de ne plus être la sienne, et je remerciai beaucoup M. de Ramès, qui termina l'entretien en m'empruntant une vingtaine de louis, avec des formes si polies, si délicates, que j'étais tenté de le remercier encore d'avoir bien voulu s'adresser à moi.

Au moment où j'achevais de lui compter cette somme, arriva M. de Mervieux. Depuis une quinzaine de jours qu'il avait été présenté chez madame de L*** il m'avait témoigné le desir de se lier plus particulièrement avec moi; il me consultait, me faisait part des nouvelles qu'il avait apprises, me demandait mon avis en homme tout-à-fait disposé à régler ses opinions sur les miennes : « Je suis sûr, me dit-il, lorsque Ramès fut sorti, que vous venez d'être dupe, et que la personne qui vous quitte en ce moment vous a emprunté quelques louis. C'est un homme qui n'a d'autres revenus que ses dettes, et à qui l'on se garde bien de redemander l'argent qu'on lui prête, de peur qu'en vous le rendant une première fois il ne vous attrape une seconde. » Je fis mon profit de l'avertissement, et nous parlâmes d'autre chose. La politique eut son tour. M. de Mervieux, à mon grand étonnement, se montra zélé partisan d'un ordre de choses auquel on peut, à certains égards, accorder des regrets, mais sur lequel on ne pourrait fonder que de folles espérances : je m'en expliquai avec toute la franchise de mon caractère; je me montrai, dans le cours de cette entretien, tel que je suis : également éloigné du despotisme et de l'anarchie, également ennemi des révolutionnaires et des réacteurs, et convaincu, comme de la nécessité de mourir, qu'il n'y a de salut et d'avenir pour la France que dans la réunion de tous les sentiments, de toutes les volontés, de toutes les forces, pour l'établissement du gouvernement représentatif et constitutionnel. M. de Mervieux finit par se ranger à mon opinion, et me quitta, pénétré, en apparence, de mes principes, qui devaient être, ajouta-t-il, ceux de tous les bons Français.

Je le rencontrai le même jour à dîner chez madame de L\*\*\*; il était assis, à table, auprès de moi; sa contenance me parut embarrassée : il écoutait beaucoup, parlait peu, et ne répondait qu'à voix basse aux questions que je lui adressais tout haut.

Le lendemain, je fus invité à me rendre chez un magistrat de sûreté, qui me rapporta une partie de la conversation que j'avais eue la veille avec M. de Mervieux, et dans laquelle on m'attribuait les opinions que j'avais combattues. Je n'eus pas de peine à ramener aux termes de la vérité une dénonciation dont je ne pouvais méconnaître l'auteur ; mon âge, ma position, tout parlait pour moi dans cette explication avec un homme d'esprit et de bon sens, qui me congédia poliment en m'adressant ces paroles : « Quand vous serez seul avec un ami que vous *connaîtrez*, parlez à cœur ouvert, raisonnez ou déraisonnez en politique tant qu'il vous plaira ; mais, si vous êtes trois, n'oubliez pas que je suis avec vous. »

Je sortis fort content du magistrat, mais furieux contre le misérable qui m'avait fait faire connaissance avec lui, et je n'eus rien de plus pressé que d'entrer chez madame de L*** pour lui raconter mon aventure. « Vous êtes un enfant, me dit-elle ; vous n'avez pas la moindre idée du monde où vous vivez ; et, au milieu de Paris, vous parlez, vous agissez, comme si vous étiez à Boston ou à Philadelphie. Depuis long-temps la meilleure compagnie est ici soumise à l'espèce d'inquisition dont vous venez de faire l'épreuve ; c'est un des bienfaits d'un gouvernement à qui l'on doit la création de cette armée d'espions dont la France est encore infestée. M. de Mervieux est probablement un membre de cette honorable milice. Je vais lui faire fermer ma porte, et il sera remplacé, huit jours après, par quelque autre honnête homme de la même espèce, qui trouvera le moyen de se faire présenter chez moi.

« C'est donc une caverne que votre Paris? lui répondis-je en colère. Je n'y vois qu'intrigue, que perfidie, que délation : celui-ci me vole mon argent au jeu; celui-là me l'emprunte avec l'intention de ne jamais me le rendre; l'un me trompe, l'autre me dénonce, et c'est là ce qu'on appelle la société?— Ce sont quelques uns de ses abus : rendez grace à votre expérience qui vous met à l'abri d'un certain genre de duperie, dont je veux, pour votre consolation, vous citer un exemple qui n'a pas plus d'un mois de date.

« Un ancien jurisconsulte de mes amis, Mérival, était arrivé à près de cinquante ans sans être marié; il avait de vieilles préventions contre les femmes; et, depuis cinq ou six ans qu'il commençait à sentir l'inconvénient d'être seul, il cherchait en vain dans la société brillante où il vit, une femme qui réunît les qualités qu'il voulait absolument trouver dans la sienne.

« Mérival, qui demeure près des Tuileries, a l'habitude de s'y promener tous les jours une heure, dans la matinée, en lisant les journaux. Il avait eu l'occasion de remarquer plusieurs fois, à la même place, une femme d'une trentaine d'années, d'une figure agréable, et de l'air du monde le plus décent, accompagnée d'un enfant qui jouait, tandis que la dame lisait avec une attention qui se partageait entre son livre et l'enfant, dont elle surveillait les jeux avec une tendre sollicitude. Un jour que Mérival était assis près d'elle, je ne sais quelle circonstance l'enhardit à lui adresser la parole; la dame répondit avec grace et précision, et reprit sa lecture de manière à faire croire qu'elle ne desirait pas continuer l'entretien. Mérival n'en fut que plus empressé, une autre fois, à en faire renaître l'occasion : on s'y prêta plus volontiers, et au bout de quelques jours on en vint, par des gradations ménagées de la part de la dame avec beaucoup d'art, à des confidences qui donnèrent à mon ami la plus haute idée de l'esprit, des mœurs, de la conduite de celle qui les lui faisait. Il obtint, avec beaucoup de peine, la permission de l'accompagner chez elle; et tout ce qu'il vit le confirma dans l'opinion que le hasard lui avait fait rencontrer la seule femme qui pût lui convenir. Je passe sur une foule de circonstances, sur un enchaînement de séductions, qui peuvent seules rendre croyable qu'un homme sage ait pu, sans consulter personne, sans prendre conseil de sa propre raison, se déterminer à épouser une aventurière qui se donnait pour la veuve d'un officier mort à la bataille de la Moskowa; mais qui n'était, en effet, qu'une de ces femmes que l'on rencontre plus particulièrement aux Tuileries et sur les chaises du boulevart des Variétés, et que l'on désigne depuis quelque temps sous le nom assez bien trouvé de *chat-en-poche*. Vous me dispenserez de m'expliquer plus clairement avec vous sur une classe de femmes où mon vieil ami a jugé à propos d'aller choisir la sienne. »

N° LVIII [22 juin 1815.]

## CONDITION ACTUELLE
## DES HOMMES DE LETTRES.

*Ingenium, sibi quod vacuas desumpsit Athenas,*
*Et studiis annos septem dedit, insenuitque*
*Libris et curis, statuâ taciturnius exit*
*Plerumque, et risu populum quatit. .*
          Hor , ep. II, lib. II.

Un sage qu'ont vieilli ses livres et ses peines,
Qui consuma sept ans en d'immenses travaux,
Se montre, quand il sort des ruines d'Athènes,
Aussi muet qu'un marbre, et donne à rire aux sots.
          *Traduction de* Daru

Je ne sais pas s'il est bien exact d'appeler le siècle de Louis XIV le siècle des lettres par excellence, et je ne désespère pas qu'il ne soit un jour permis d'examiner si le siècle où florissaient Voltaire, Montesquieu, Rousseau, Buffon, d'Alembert; où brillaient, dans un ordre inférieur, Diderot, Crébillon, Duclos, Thomas, Delille, Marmontel, La Harpe, Ducis; et, en troisième rang, Gilbert, Colardeau, Florian, et une foule d'autres écrivains recommandables au même degré ; je ne désespère pas, dis-je, qu'un siècle illustré par tant de grands hommes ne rivalise un jour de gloire et de splendeur avec celui qu'ont immortalisé à si juste titre les noms de Molière, Bossuet, Racine, Pascal, La Fontaine, Fénélon, et Boileau; mais ce n'est point ici la place d'une pareille discussion; et, tout en conservant, jusqu'à nouvel ordre, au dix-septième siècle la qualification de *siècle des lettres,* j'appellerai le dix-huitième *le siècle des gens de lettres.*

Tout ce qu'avait pu faire le génie des grands hommes contemporains de Louis XIV avait été d'appeler sur eux un degré de considération personnelle qui les mettait presque de niveau avec un trésorier de l'épargne ou un receveur de gabelles; mais l'estime qu'on leur accordait individuellement ne s'étendait pas encore à leur profession. Au siècle des La Rochefoucault, des Sévigné, il était encore du bon ton, pour un gentilhomme, de ne savoir pas l'orthographe; et Cavoie mettait une sorte de courage à se montrer avec Racine à la cour. Le savoir doit des ménagements à l'ignorance : elle est son aînée; aussi les gens de lettres ne réclamèrent-ils pas contre un dédain impertinent qui devait cesser avec la cause qui l'avait produit. Le premier effet d'une éducation plus libérale parmi les grands fut de leur inspirer l'amour des lettres, et de les rapprocher de ceux qui les cultivent par état.

Dans aucun temps cette alliance, dont Voltaire avait posé les bases, ne fut en France plus étroite, plus générale que dans le siècle dernier; la grandeur, l'esprit et le talent se prêtaient alors un appui mutuel et se confondaient quelquefois dans les mêmes personnes. On peut se figurer quel devait être le charme des assemblées de mesdames du Deffant, d'Épinay, Geoffrin, d'Houdetot, où se trouvaient réunis tous les genres d'illustration ; où Montesquieu consultait la duchesse d'Aiguillon sur les *Lettres persanes;* où d'Alembert disputait à l'auteur de la *Tactique* le cœur de mademoiselle Lespinasse; où Rousseau déclamait contre la noblesse en présence de la maréchale de Luxembourg. La protection que les d'Argenson, les Turgot, les Malesherbes accordaient aux lettres et aux arts n'était point, comme on l'avait vu avant, comme on l'a vu depuis, le salaire de ces éloges que prodiguent aux hommes en place des écrivains faméliques que l'on a fort bien comparés à ces mendiants qui demandent l'aumône aux voyageurs sur la grande route en jetant des fleurs dans leur voiture : une honorable indépendance était le partage exclusif des écrivains de cette époque, qui se piquaient également de bien dire et de bien faire, et dont la plupart n'étaient pas moins célèbres par leur caractère que par leur talent. Les noms de Thomas, d'Helvétius, de Duclos, de Saint-Lambert, sont également chers aux amis de la vertu et aux amis des lettres; et ces nobles marques distinguent encore parmi nous ceux de leurs contemporains qui leur survivent.

De tout temps les hommes qui ont travaillé avec le plus de zèle à l'instruction, et conséquemment à l'amélioration de la race humaine, sont ceux qui ont eu le plus à souffrir de l'injustice de leurs compatriotes; presque tous ont pu dire, comme le chancelier Bacon, dans son testament prophétique : « Je lègue mon nom et ma mémoire aux nations étrangères et aux siècles à venir.[1] »

Aucune classe de la société n'a eu plus à souffrir que les gens de lettres, de cette révolution que la plus insigne mauvaise foi les a si souvent accusés d'avoir faite : quels hommes ont plus à craindre, ont plus à perdre, dans un bouleversement général, que ceux qui cultivent le domaine des arts et des sciences, et dont les travaux ne peuvent être récompensés qu'au sein d'un État où régnent la paix, l'ordre et l'abondance? Les hommes de lettres, que l'on appelait dès-lors les *philosophes*, avaient sans doute contribué de leurs écrits à des réformes que tous les bons esprits appelaient d'un bout de la France à l'autre, et que les progrès de la raison et des lumières avaient rendues indispensables. Pres-

---

[1] *I leave my name and memory to foreign nations and to the next ages.*

que tous réunis, comme ils le sont encore, dans le vœu d'une monarchie constitutionnelle, ils firent tête à l'orage, et opposèrent, de distance en distance une faible digue au torrent révolutionnaire, où Bailly, Roucher, Lavoisier, Chamfort, Condorcet, et plusieurs autres, se virent successivement entraînés. Dans ces temps de crime et de malheur, un seul écrivain sauva sa vie aux dépens de son honneur, en faisant en mauvais vers l'apologie de ces odieuses saturnales ; et l'expiation publique qu'il en a faite n'est point de nature à en absoudre sa mémoire. La terreur qui pesait sur la France, et qui menaçait, sur-tout alors, les hommes éclairés, comprimait en vain l'opinion publique ; quelques écrivains courageux, au mépris de la hache suspendue sur leur tête, osèrent la faire entendre. *L'Ami des Lois*[1] ne craignit pas d'accuser, en plein théâtre, le chef de la plus odieuse et de la plus dégoûtante tyrannie : « *Des lois, et non du sang !* » criait Chénier sur la scène, en présence même d'un comité de tigres qui voulaient *du sang, et non des lois.*

C'est encore à une époque postérieure, parmi les gens de lettres, qu'il faut chercher les exemples d'un courage peut-être plus rare, de celui qui ré-

---

[1] Titre d'une comédie de M. Laya, représentée sous le règne de la terreur, et que l'auteur avait dû regarder comme son arrêt de mort.

siste aux séductions de la puissance, aux prestiges de la gloire, aux promesses de l'ambition, à la contagion de l'exemple. Je ne nommerai que Delille et Parny [1] : on peut impunément rendre justice aux morts.

La fortune est bien rarement la compagne des enfants d'Apollon. Les sots trouvent mille chemins pour arriver à son temple; les gens de lettres y marchent par des sentiers étroits, s'égarent ou s'amusent en route, et n'arrivent presque jamais; à défaut des richesses qu'ils n'ambitionnaient pas, jadis du moins, ils pouvaient aspirer à la gloire; et le Tasse, réduit à ce degré d'indigence qu'il invitait son chat à lui prêter dans la nuit la lumière de ses yeux,

*Non avendo candele per iscrivere i suoi versi!*

se consolait de la misère présente en songeant au triomphe qui l'attendait.

L'amour des lettres est, sinon entièrement éteint en France, du moins extrêmement affaibli. Les deux seules branches, ou plutôt les deux seules euilles de l'arbre de la littérature sur lesquelles puissent encore vivre les abeilles (d'autres diront les insectes du Parnasse) sont les journaux et les mélodrames : tout autre moyen d'existence leur

---

[1] A la date de discours Ducis vivait encore

manque, à une époque où l'on ne lit plus même des romans, où l'on parle avec le même dédain des beaux vers de M. Lebrun, et des bouts-rimés de M. D\*\*\*.

La sottise a pour maxime héréditaire que les gens de lettres ne sont propres à aucun emploi, et qu'un homme, connu par des ouvrages qui supposent des études, des connaissances, un esprit supérieur, est par cela même incapable d'occuper une place de commis. C'est en vain qu'on répond à cette vieille impertinence « que les hommes de lettres dignes de ce nom sont au contraire propres à tout; qu'il n'y a point eu d'homme en place un peu célèbre qui ne leur ait dû en grande partie sa réputation; qu'on ne citerait peut-être pas un rapport, un mémoire, un préambule d'ordonnance dont la publication ait produit quelque sensation, qui ne soit leur ouvrage; » ce raisonnement ne saurait convaincre personne : tout le monde est intéressé à en nier l'évidence, même ceux qui pourraient en donner la preuve, et dont la délicatesse répugne à la fournir. Peut-être trouverait-on aujourd'hui, en cherchant bien, deux hommes qui sont parvenus à triompher d'un préjugé si favorable à l'ignorance; mais je ne sais s'il faut en faire honneur à leur talent ou à leur caractère.

Pour continuer, comme je l'ai fait jusqu'ici, à me rendre compte des objets qui m'occupent en me les figurant sous des images matérielles que j'offre comme des types, et non comme des modèles, je terminerai ce Discours par l'esquisse de trois portraits de fantaisie dont chacun me semble caractériser une des trois classes dans lesquelles on peut, je crois, ranger (d'une manière très inégale quant au nombre) tous les gens de lettres actuels.

*Chrysante* s'est convaincu, de bonne heure, de l'extrême difficulté qu'éprouvait le mérite à percer l'obscurité où il se trouve, et (comme dit si bien La Bruyère) *à se mettre au niveau d'un fat en crédit.* Après s'être bien assuré qu'il avait tout juste assez de talent pour faire croire qu'il en avait davantage, il a mis tout son esprit à se faire jour dans la foule dorée des sots, dont il est devenu l'oracle. Placé sur un terrain glissant où le moindre faux pas est une lourde chute, il s'est servi de la littérature comme on se sert d'un balancier pour marcher sur la corde, et il a fini par prendre assez d'aplomb pour se passer d'un pareil secours.

Chrysante a des idées positives; il estime la gloire ce qu'elle rapporte, et l'or ce qu'il vaut : tout ce qu'il perd en renommée, il le gagne en considération : après tout, il ne vole que la postérité, et peut-être le tort qu'il lui fait est-il moins grand qu'on ne pense.

*Timon* a pris au sens positif l'expression figurée de *république des lettres* : fier d'une indépendance qu'on songe d'autant moins à lui contester qu'il en jouit avec plus de réserve, il ne reconnaît pas, même en fait de goût et de morale, l'autorité de cette opinion publique qu'on nomme *la reine du monde*, et qui n'est le plus souvent que la *folle du logis;* il se croit libre, parcequ'il est sans besoins, sans passions, sans préjugés, et par conséquent sans maîtres. Il a pour maxime :

Fais le bien, suis les lois, et ne crains que Dieu seul.

Timon a les défauts de ses qualités : il ne compose pas d'assez bonne grace avec les préjugés de son siècle et les devoirs de sa position ; il ne convient pas que l'*or pur de la vérité ait besoin d'un peu d'alliage pour être mis en œuvre*. Il aime les hommes et ne les estime pas. Ce sentiment est tout juste l'inverse de celui qu'on lui porte.

Rien ne ressemble moins à Timon que Ménophile : la seule prérogative de l'homme de lettres à laquelle il tienne, est celle qui lui donne accès dans le palais des grands ; tout le mérite d'un ouvrage est pour lui dans la dédicace ; sans avoir rien écrit, il s'est fait la réputation d'un écrivain ; une sorte de délicatesse dans l'esprit, de recherche dans l'expression, de sévérité dans le goût, lui tient lieu de talent et de savoir. Habile à couvrir son élégante nullité des apparences de la méditation, on va jusqu'à lui tenir compte du dédain silencieux où il se renferme le plus souvent par prudence. Ménophile s'est fait un grand nombre de partisans; car les hommes de lettres les plus intimement liés entre eux ne sont pas ceux qui ont les mêmes amis, mais ceux qui ont les mêmes rivaux. Pour cesser d'être sa dupe, il suffit d'en approcher : il en est de Ménophile comme de ces figures d'optique qui font illusion quand on les regarde à certaine distance, et qui n'ont plus de forme quand on les voit de trop près.

N° LIX. [28 JUIN 1815]

# LES THÉATRES.

> . . . . . . . . . . . . . . . . . Le théâtre
> Est en si haut degré, que chacun l'idolâtre,
> Il est. . . . . . . . . . . . . .  . . . . .
> . . . . . .  . . . . . . . . . . . . . . . . .
> L'entretien de Paris, le souhait des provinces,
> Le divertissement le plus doux de nos princes,
> Les délices du peuple et le plaisir des grands;
> Il tient le premier rang parmi les passetemps.
>                                               P. CORNEILLE.

Je ne suis pas de l'avis des Athéniens, *je ne veux pas qu'on emploie les fonds destinés à la guerre, aux dépenses du théâtre*, et je ne proposerais pas, comme eux, la peine de mort contre ceux qui, dans un cas urgent, hasarderaient la proposition contraire. A cela près, j'attache, je dois en convenir, un très haut degré d'importance à notre situation dramatique, et j'entre dans une sainte colère contre les Welches qui cherchent à dégrader chez nous les deux muses de la scène, en les couvrant de tout cet oripeau de fabrique étrangère que le bon goût doit prohiber.

Depuis deux siècles, le Théâtre-Français n'a plus de rival, et, quoi qu'en disent les *romantiques* d'outre-Rhin et d'outre-mer, il faut bien qu'ils finissent par convenir que la scène sur laquelle on représente les chefs-d'œuvre des Corneille, des Molière, des Racine, des Voltaire, est préférable à celle où se jouent les monstruosités de Shakespeare, d'Otway, de Lillo, les romans dialogués de Schiller, et les rapsodies de Kotzebue. Notre supériorité à cet égard est incontestable; cette partie de notre gloire nationale n'a reçu aucun échec : nous avons, par cela même, d'autant plus d'intérêt à la conserver. C'est dans cette vue, et dans ses différents rapports avec l'état actuel de la société, que j'examine aujourd'hui l'institution théâtrale, où je vois trois objets bien distincts : le *théâtre* (pris dans son acception la plus étendue), les *acteurs*, et les *spectateurs*.

Le théâtre n'est point une école de mœurs : il est temps d'en convenir, et tous les sophismes de d'Alembert, toute l'éloquence de Diderot, ne prévaudront pas, à cet égard, contre quelques unes des raisons du *citoyen de Genève*. Je conçois qu'avec la meilleure volonté du monde on ait peine à saisir la morale de *Georges Dandin*, du *Légataire universel*, du *Mariage de Figaro*, et je ne vois pas pourquoi M. le chevalier de Mouhy n'aurait pas fait un roman moins ennuyeux sur le *Danger des spectacles*. En effet, il y a du danger là comme il y en a par-tout où l'on se rassemble, par-tout où l'on s'instruit, par-tout où l'on s'amuse; c'est-à-dire que les dispositions perverses y peuvent trouver des prétextes ou des occasions, comme les penchants honnêtes y peuvent trouver des modèles.

Le théâtre ne doit pas être une école de morale; je dirai plus: cette prétention, lorsqu'elle se fait remarquer, est un premier indice de la décadence de l'art. C'est un délassement qu'on vient chercher au spectacle: amuser, intéresser, séduire, tel est l'objet de toute représentation théâtrale. Si quelques génies supérieurs ont atteint plus haut, c'est toujours sans y viser et sans y prétendre.

Je ne pense pas non plus, encore que j'aie entendu soutenir ce paradoxe avec beaucoup d'esprit et de talent, que le théâtre puisse être regardé comme une *galerie de tableaux où sont retracées fidèlement les mœurs des nations, aux différentes époques de leur histoire.* Je ne vois que l'exemple des Grecs que l'on puisse appeler à l'appui d'un pareil système. Les représentations dramatiques étaient bien véritablement chez eux la peinture de leurs mœurs civiles, politiques, et religieuses. Les Romains, qui se sont bornés à des traductions, ou tout au plus à de froides imitations de la scène grecque, n'ont laissé, dans ce qui nous reste de leur théâtre, aucun monument de leur histoire.

On en peut dire autant des théâtres modernes

sans même en excepter celui des Français, où le costume et le caractère particuliers de l'époque sont presque toujours ce qu'on y rencontre le moins. Si l'on en excepte la comédie des *Femmes Savantes*, où la satire est tout-à-fait locale et personnelle, dans ses autres ouvrages, Molière s'est attaché à saisir les grands traits de la nature humaine; il a peint les vices, les préjugés, les ridicules de tous les temps; aussi a-t-il écrit pour tous les siècles; je ne pense pas qu'il y eût, de son temps, plus de *misanthropes*, de *tartufes*, d'*avares* et de *Georges Dandin* qu'il n'y en a du nôtre. En examinant cette opinion, qu'un de nos plus spirituels écrivains a défendue avec tous les avantages du talent, je remarque, par antilogie, que les mœurs du théâtre sont quelquefois en opposition directe avec celles de la société. Je n'irai point en chercher la preuve en Angleterre, où chacun sait que la plus grande licence règne sur la scène, et la plus excessive pruderie dans les salons; mais en faisant observer que les mœurs et le langage de notre théâtre sont tellement épurés, tellement sévères, que plus d'une fois il a suffi d'une inconvenance, d'une expression équivoque, pour amener la chute d'un ouvrage d'ailleurs estimable, je me contenterai de demander si la société actuelle a le droit de se montrer si rigide.

Le théâtre n'est ni l'école ni la peinture des mœurs; mais il peut en être considéré comme le miroir, dans ce sens que c'est dans ce lieu qu'elles se concentrent, qu'elles se réfléchissent, et qu'on peut y observer plus commodément le jeu des passions, des préjugés, et de l'opinion publique. Le choix des ouvrages que l'on représente le plus habituellement, la manière dont on les écoute, le genre de plaisir ou d'infortune avec lequel la masse des spectateurs sympathise le plus volontiers; la maxime à laquelle tout le monde applaudit, le ridicule dont tout le monde se moque, les dispositions qu'on apporte au théâtre, le maintien qu'on y prend, la mode qu'on y introduit, les gens avec qui l'on y va, sont autant d'observations à recueillir, et d'après lesquelles, en ne tenant aucun compte des circonstances et des incidents, on peut se faire une idée complète des mœurs nationales.

A n'examiner nos théâtres que sous les rapports purement matériels, il s'en faut que nous ayons atteint le degré de perfection où l'art dramatique est parvenu. Aucune de nos *salles* ne peut être considérée comme un monument d'architecture: tous ces édifices, l'Odéon excepté, manquent extérieurement de style et de noblesse; les abords en sont difficiles, les distributions incommodes, les escaliers étroits, les corridors tellement resserrés, que deux personnes peuvent à peine y passer de front; la place des loges est mesurée avec une si rigoureuse parcimonie, que pour peu qu'une des personnes qui les remplissent sorte des dimensions communes, elle doit s'imposer à elle-même, et imposer aux autres un véritable supplice, pour trouver à s'y loger en entier. La plus sordide économie préside aux moindres détails: les chaises sont incommodes et les banquettes mal rembourrées; les portes mal closes; nos salles de spectacle sont mal chauffées, mal éclairées; le défaut de propreté, de soins, s'y fait remarquer, et plus souvent sentir : la salle de Faydeau est la seule où l'on descende de voiture à couvert; mais pour balancer ce léger avantage, elle est entièrement privée de vestibule. Tous ceux des autres théâtres sont petits, mesquins et glacés: les femmes, en attendant leur voiture, s'y disputent, avec les soldats de garde et les domestiques, une petite place auprès d'un poele dont il est aisé de voir que le chauffage est à l'entreprise; l'éclairage est soumis aux mêmes lois économiques, à en juger par la précipitation avec laquelle on éteint toutes les lumières avant même que la foule ait eu le temps de s'écouler.

Ceux qui ont affronté les barricades du Théâtre-Français, un jour de première représentation; qui sont restés pendant deux heures entre la colonnade du théâtre et le ruisseau de la rue de Richelieu pour y attendre l'ouverture des portes, dans la cruelle alternative de se voir refoulés dans la rue à coups de crosse par les sentinelles, ou écrasés par les voitures, dont les cochers croient avoir mis leur conscience en repos en criant *gare!* à des gens qui ne peuvent ni avancer, ni reculer; ceux-là, dis-je, qui ont eu le bonheur de s'engouffrer tout vivants dans l'abime du vestibule ouvert, au moment où le torrent s'y précipite, peuvent, sans être militaires, se vanter d'avoir fait une bien périlleuse campagne.

Je n'ai ni le temps ni l'espace nécessaires pour montrer les changements, les améliorations de toute espèce, que le bon ordre et le bon goût réclament dans la construction, dans la décoration, dans la distribution de nos théâtres, pour signaler les vices, les abus de leur administration intérieure, pour faire connaître les causes de cette décadence apparente de l'art dramatique, dont se plaignent quelques turlupins littéraires qui s'arrogent si burlesquement l'empire de la critique. Il faudrait un volume pour examiner le mal dans toute sa profondeur, dans tous ses développements; quelques lignes suffisent pour en indiquer le remède.

Les Romains (que je demande pardon de citer) avaient fait de l'*édilité* une magistrature de la plus haute importance. Notre passion pour les jeux scéniques n'est ni moins forte, ni moins populaire que ne le fut la leur : ce délassement, ennobli par son but et par son objet, est devenu pendant quelques heures du jour l'occupation favorite des Français de toutes les classes; pourquoi l'administration des théâtres de France ne formerait-elle pas, comme dans plusieurs autres États, un ministère séparé, sous la conduite d'un grand seigneur, protecteur éclairé des arts, et qui brillerait lui-même de tout l'éclat qu'il répandrait sur eux? S'il existe un corps qui ait besoin d'un chef, et d'un chef unique, c'est sans doute celui dont l'amour-propre est l'ame, et dont les auteurs et les comédiens sont les membres.

Un de mes amis, dont tous les raisonnements sont des calculs, m'a prouvé que cette capitale, dans l'état actuel de sa population (qui ne s'élève pas, selon lui, à plus de 500,000 ames), ne pouvait entretenir que trois grands spectacles et trois petits. Je n'entre point dans l'examen de cette proposition, susceptible d'une démonstration mathématique, et je me contente de jeter un coup d'œil rapide sur les grands théâtres, en commençant par celui qui porte le nom de *Français* par excellence.

Riche de ses immortels chefs-d'œuvre, de la supériorité incontestable de ses acteurs, parmi lesquels il en est deux de sexe différent qui n'ont point, et, j'oserais presque dire, qui n'ont point encore eu de rivaux, *la Comédie-Française* se soutient honorablement, malgré le mauvais choix de son répertoire, où figurent, au premier rang, les ouvrages de Marivaux, de Lanoue, de Lafosse et de Dubelloy; malgré le peu d'intelligence qui règne entre les sociétaires, malgré le dégoût dont on abreuve les auteurs vivants, malgré..... *et cætera*, et quatre pages d'*et cætera*.

*L'Opéra* (théâtre véritablement national, où les succès sont d'autant plus difficiles à obtenir qu'ils exigent le concours de tous les beaux-arts), l'Opéra penche vers sa ruine depuis que le mérite du compositeur se réduit à ajuster des airs de ballets, et le talent du poëte à rédiger des programmes; en un mot, depuis que la danse est devenue principal, où elle ne doit être qu'accessoire. Voltaire, qui juge tout ce dont il parle, a défini l'Opéra un théâtre

> Où les beaux vers, la danse et la musique,
> De cent plaisirs font un plaisir unique.

Cet éloge de ce qui doit être, fait la satire de ce qui est. Ce théâtre, depuis long-temps, n'aspire plus qu'aux succès du mélodrame et de l'opéra-comique; il n'obtiendra ni l'un ni l'autre : on ira de préférence au premier, parcequ'il est moins cher, et au second, parcequ'on y parle, du moins quand on n'y chante pas. L'Opéra possède, en tout genre, des talents de premier ordre; c'est de bons ouvrages qu'il a besoin; et, quoi qu'on en dise, un bon opéra n'est pas moins rare qu'une bonne tragédie.

*L'Opéra-Comique* est un spectacle bâtard, que des hommes d'esprit ont élevé à la dignité d'un genre : pour l'y maintenir, il serait à souhaiter qu'on ne s'écartât pas de la route ouverte par les Marmontel et par les Grétry: qu'on n'oubliât pas que sur le théâtre français, même lyrique, le cœur et l'esprit sont les chemins de l'oreille, et que les paroles de MM. tels et tels, fussent-elles réchauffées et brillantées des sons de la plus délicieuse musique, ne peuvent réussir que sur le théâtre de la rue Favart, en les alongeant de quelques syllables en *i* et en *o*, et en les faisant chanter par un instrument vocal.

N° LX. [4 JUILLET 1815.]

# PROSOPOPÉE FRANÇAISE.

*Ille silentum
Consiliumque vocat vitas et crimina discit.*
VIRG., *Eneid.*, lib. VI.

Il convoque l'assemblée des ombres, et pèse leurs actions.

Parmi les lettres anonymes ou pseudonymes que je reçois journellement, les unes ont pour objet de m'engager à délasser mes lecteurs des agitations de la politique, en détournant leurs yeux du tableau menaçant que présente l'Europe, pour les arrêter un moment sur de simples peintures de mœurs, étrangères aux grands événements qui se préparent; dans les autres, on m'invite avec plus ou moins de politesse à donner à mes observations un caractère plus grave, un but plus utile, en les dirigeant sur les causes, sur les effets et sur les résultats probables de la lutte terrible où nous sommes engagés, et dont rien ne doit distraire notre attention. On voit combien il est difficile de déférer à des avis aussi contradictoires, en les supposant même étrangers à l'esprit de parti qui les a trop évidemment dictés : je dois donc me résigner, quelque effort que je fasse, à ne satisfaire pleinement ni l'une ni l'autre classe de ces mystérieux correspondants, et m'abandonner, suivant mon usage, aux inspirations des objets qui m'ont le plus fortement ému, et au sentiment qui s'empare de moi avec le plus d'autorité, au moment où j'écris.

Sous quelque forme qu'ils se présentent ou qu'ils se déguisent, il n'existe, il ne peut exister aujourd'hui en France que deux partis : celui des Français et celui de l'étranger. La question n'est plus de savoir quel sera le chef de notre gouvernement, mais si nous conserverons une patrie. Ce n'est pas la cause d'un empereur, c'est celle de la nation que nous sommes en ce moment appelés à défendre. Certes, jamais intérêt plus général n'a mis les armes à la main d'un grand peuple. Tout ce qui constitue la liberté, l'indépendance, l'honneur national, repose sur l'événement de la guerre que nous avons à soutenir ; je ne crains pas de le dire, tout Français, quelles que soient d'ailleurs ses opinions politiques, qui ne porte pas ses vœux vers le succès de la campagne de 1815, est désormais indigne de ce glorieux nom.

Ces derniers exceptés, j'en appelle aux plus zélés royalistes : quel est celui d'entre eux qui peut soutenir l'idée du triomphe de la coalition des armées anglaises, prussiennes, autrichiennes et russes, se frayant un passage à travers les débris de nos villes et les dévastations de nos campagnes? Les chefs des Vendéens eux-mêmes, verraient-ils sans frémir d'indignation, les braves d'Austerlitz, d'Iéna, de la Corogne et de Friedland, suivre en esclaves leurs aigles destinées à servir de trophées à ces hordes du Nord que l'Angleterre, à l'abri du danger, ameute et déchaîne contre nous?

C'est au milieu des monuments réunis par les soins de l'estimable M. Lenoir, dans l'enceinte des Petits-Augustins, que je m'abandonnais à ces sombres réflexions. Ces marbres froids, ce silence religieux, cette odeur des tombeaux, et, si j'ose m'exprimer ainsi, cet air de patrie qu'on respire en ce lieu, tout exaltait mon imagination, et le présent s'y confondait avec les souvenirs.

L'histoire de France se déroulait à mes yeux siècle par siècle, chacun me rappelait de grands exploits ou de grandes vertus; j'étais encore entouré des défenseurs de mon pays, des ennemis de l'étranger.

Assis sur une pierre, à côté du tombeau du duc d'Orléans, second fils de Charles V, je songeais au brave Dunois, l'honneur du siècle suivant; en contemplant les débris d'une statue de Jeanne-d'Arc, je voyais fuir les Anglais. Au milieu des illusions que faisaient naître, en mon esprit, les objets dont j'étais entouré, le sommeil ne ferma mes yeux que pour ajouter au charme du prestige, en éloignant la réflexion qui pouvait m'en distraire.

A la lueur de mille flambeaux dont cette enceinte me parut tout-à-coup éclairée, je crus voir s'animer la statue du bon connétable; il se lève, s'avance et frappe de sa redoutable épée les marbres qui l'environnent : à ce signal, les tombeaux s'ouvrent, les héros s'éveillent; j'entends raisonner l'acier de leurs cuirasses; ils approchent et se rassemblent autour du vaillant Breton : l'égalité de la tombe a confondu les rangs et les siècles; mais elle semble respecter encore la distinction de la gloire.

Auprès du connétable assis sur un monceau d'armures antiques, je reconnais Bayard, Dunois, Crillon, Louis XII, Charles V, Catinat, Suger : Henri IV est à côté du guerrier de Roncevaux; Sully, Condé, Luxembourg, Catinat, Montmorency, L'Hopital, Villars, Colbert, se pressent autour de lui; et le Béarnais semble leur dire, avec sa gaieté gasconne : « Ventresaingris, Messieurs, nous sommes ici tous bons « Français. » Une foule de grands hommes non moins illustres, mais célèbres avec plus de restriction (parmi lesquels je remarquais Richelieu, Louis XIV, Louvois, François I<sup>er</sup>), formait une seconde ligne, derrière laquelle se pressait la multitude obscure des rois sans considération, des grands personnages sans caractère, que l'on peut appeler les comparses de l'histoire.

« Français, leur dit Duguesclin, le bruit terrible de la guerre a retenti sur nos cercueils, et la voix de la patrie s'est fait entendre dans la tombe; l'Anglais insulte nos frontières, un nouveau duc de Bourgogne lui en livre l'entrée; un torrent d'ennemis menace d'inonder nos champs et nos villes; des flots de sang français vont couler. »

Le vainqueur de Mayenne pâlit à ces mots; des larmes coulèrent de ses yeux, au souvenir de ses victoires: « Hélas s'écria-t-il, la guerre civile fut aussi le malheur de mon règne, mais ce fut contre les Espagnols venus au secours de la ligue que j'exerçai ma furie. »

« Et moi aussi, continua Louis XIV, j'ai lutté un moment contre l'Europe entière: Marlborough, Eugène, m'ont vaincu et ne m'ont point humilié; j'étais prêt à m'ensevelir avec mon peuple sous les débris de la monarchie plutôt que de courber la tête sous le joug de l'étranger.... »

Le chevalier sans peur et sans reproche interrompit Louis XIV, et s'adressant à François I$^{er}$: Sire, dit-il, sous les murs de Pavie, vous avez tout perdu, fors l'honneur! Eh quoi! poursuivit le modèle des preux, avec l'accent de l'indignation, notre noble patrie serait réduite à subir le joug de ces odieux insulaires qui trafiquent depuis tant de siècles du sang et des larmes des peuples du continent?..... »

« Ne craignez rien, illustre chevalier, répondit

Dunois, reposez-vous sur l'honneur des Français. »

« Vive Dieu! s'écria Biron; *main basse sur les Espagnols!* était, de mon temps, notre cri de bataille; ils supportaient à eux seuls toute la haîne que nous portions aux ligueurs. Malheur au partisan de l'étranger (ajouta-t-il en regardant son fils qui baissa les yeux)! »

Ces paroles de Biron arrachèrent un soupir au grand Condé qui se souvint des journées de Cambrai, de Valenciennes et d'Arras. Les lauriers de Nordlingue et de Rocroi, qui couvraient son front, n'en cachaient pas la rougeur.

Duguesclin reprit la parole: « Dans les temps de barbarie, où la plupart de nous ont vécu, les dangers de la patrie ralliaient tous les partis, ranimaient tous les cœurs: restons Français! était le cri, le vœu, la volonté de tous. En 1360, le roi Jean livra plusieurs provinces aux Anglais; le peuple s'indigna; les habitants de la Rochelle, contraints de céder à la force, écrivirent au roi: « Sire, nous « sommes, nous demeurerons Français; vous n'avez « pas le droit de nous empêcher de l'être; nous obéi- « rons aux Anglais, des lèvres, mais nos cœurs ne « s'en mouveront. »

« Ce mot de patrie qu'on ne doit entendre qu'avec respect, qu'on ne peut prononcer qu'avec amour, a-t-il aujourd'hui deux significations dans la bouche de nos descendants? au moment où le tocsin de la guerre sonne de toutes parts, où tous les rois de l'Europe se déchainent avec autant d'injustice que de bassesse, contre une seule nation dont ils se sont déja vendu, ou partagé les lambeaux, des Français parlent d'opinions, agitent au-dedans les torches de la guerre civile; et (peut-on l'avouer sans horreur) il en est dont les vœux criminels appellent sur notre France ces hordes étrangères, altérées du sang et des dépouilles de leurs compatriotes! Ah! s'il était possible que cette patrie dont les nobles enfants remplissent le monde de l'éclat d'une gloire héréditaire, dût être la proie des barbares; si la France, pour qui nous avons vécu, pour qui nous sommes morts, devait recevoir des lois de ceux qui sont faits pour en prendre d'elle, nous ne dormirions plus, même du sommeil des tombeaux; nous briserions les liens du cercueil, et nos ossements, un moment ranimés, iraient blanchir sur une autre terre. Mais non; la postérité des Bayard, des Dunois, des Catinat, veille au salut de la France; nous revivons dans des fils, aussi braves, aussi généreux, et plus grands que leurs ancêtres. En abjurant la fureur des conquêtes, tous ont juré de vaincre pour leur pays; tous ont juré de maintenir l'indépendance nationale: ils chasseront l'étranger. continua le sage L'Hopital, ils replaceront sur le trône un prince libérateur de la patrie: ce monarque achèvera de fonder son pouvoir sur l'intérêt des peuples, sur la

liberté publique, sur le respect des lois; la puissance souveraine ne sera à ses yeux que la première et la plus auguste magistrature. « Alors, mais alors seu-
« lement les femmes se féliciteront d'avoir donné
« des enfants à la patrie, alors les jeunes gens vi-
« vront pour l'illustrer; les vieillards reprendront
« des forces pour la servir, et tous s'écrieront avec
« nous : heureuse patrie! glorieux prince! »

« Oui, celui-là seul, s'écria Bayard, en agitant sa redoutable épée, celui-là seul est le monarque de la France, celui-là seul est digne de gouverner des Français! » et toutes ces ombres illustres répétèrent à l'envi : « Celui-là seul est le monarque de la France, celui-là seul est digne de gouverner des Français! »

Les efforts que je fis pour mêler ma voix à la leur me réveillèrent en sursaut; j'ouvris les yeux et ne vis plus dans cette vaste enceinte que les froides images des héros des temps passés.

N° LXI. [8 JUILLET 1815.]

# PROFESSION DE FOI POLITIQUE.

*Eheu! quantus equis, quantus adest viris*
*Sudor! quanta moves funera!*
              Hor, ode xiii, liv I.

Dieux! de quelle sueur sont trempés les chevaux et les cavaliers! Dieux! que de funérailles s'apprêtent!

Tout homme qui a reçu, ou qui même s'est arrogé le droit d'écrire sur les hommes et sur les choses de son temps, doit, en toute circonstance, être prêt à rendre compte de sa conduite et de ses opinions politiques. La fortune dispense aux nations, comme aux individus, les succès et les revers; elle couronne à son gré nos efforts ou trompe nos espérances; mais elle ne peut rien sur la vérité, sur la justice, dont le temps et la réflexion assurent, tôt ou tard, le triomphe : il est fâcheux seulement que ce ne soit presque jamais au profit des contemporains.

Un an s'est écoulé depuis que j'ai continué, sous le nom de *Franc-Parleur*, mes observations sur nos mœurs : dans cette année, marquée par une triple époque, et par un de ces grands désastres dont l'histoire enrichit ses sanglantes annales, les mœurs n'ont été que des passions, les opinions n'ont été que des sentiments : celui qui observait les unes et les autres a dû souvent les confondre; et, plus d'une fois, des questions de morale se sont présentées dans mes discours sous la forme de discussions politiques. Les mêmes principes, l'amour de la patrie, le sentiment de la dignité nationale, m'ont constamment dirigé : c'est maintenant la seule vérité dont il m'importe de convaincre mes lecteurs.

Il est pour les nations des désastres si grands, qu'ils font un moment taire tous les partis. Le sentiment qu'ils inspirent ne peut être étranger à aucun Français; et quels que soient la couleur qu'il adopte, le prince qu'il sert, le gouvernement qu'il désire, la journée de *Waterloo* ne sera jamais pour lui qu'un jour de larmes et de deuil.

Je laisse ceux qui se dévouent exclusivement au service et à la fortune d'un homme à la destinée duquel ils attachent la leur, s'applaudir des succès de l'étranger, ou s'affliger de la chute de Napoléon : c'est dans l'intérêt de la France que j'ai envisagé jusqu'ici les souverains qui l'ont gouvernée; et le meilleur sera toujours à mes yeux celui qui nous présentera le plus de chances de bonheur et de liberté.

Après vingt-cinq ans d'une lutte épouvantable, la patrie, toujours déchirée, toujours trompée dans ses vœux, toujours déçue dans ses espérances, n'offre aujourd'hui que des lambeaux sanglants au vainqueur qui vient l'asservir ou au prince qui vient y régner.

Je n'envie point aux *royalistes purs* la satisfaction qu'ils partagent avec nos ennemis; je ne m'associe pas au désespoir de quelques napoléonistes qui ne regrettent peut-être dans la victoire qu'un instrument de despotisme; je pleure amèrement sur mon pays; j'invoque un ordre de choses qui puisse y ramener la paix, seul bien auquel nous puissions désormais prétendre, puisque l'indépendance d'un grand état a toujours été et sera toujours inséparable de sa gloire.

En politique, des principes fermes ne supposent pas toujours des opinions invariables : celui qui veut, avant tout, le bonheur de son pays le cherche dans toutes les situations qui se présentent, et n'hésite pas à tourner l'obstacle qu'il ne peut franchir. Il n'appartient qu'aux seuls partisans d'une faction d'affecter une vertu inébranlable, et de marcher invariablement dans la ligne de leurs intérêts privés, sans rien sacrifier au bien public et à l'empire irrésistible des circonstances. Que ces factieux égoistes de différentes couleurs s'honorent seuls, aujourd'hui, du nom de Français, quand les enfants de la France sont presque humiliés de le porter; qu'ils triomphent également, les uns d'avoir manqué leur but, les autres de l'avoir atteint, je persiste à ne voir en eux que des hommes étrangers aux intérêts de la patrie. Les vrais Français, au nombre desquels j'ai l'orgueil de me compter, sont ceux qui, tout en admirant ce qu'il y avait de grand dans le caractère de Napoléon, formaient depuis dix ans une coalition tacite pour mettre un terme, ou du moins un frein à son ambition et à son despotisme.

Les vrais Français sont ceux qui, lorsque la force des choses précipita du trône celui que la victoire y avait élevé, accueillirent avec joie Louis XVIII, et lui demandèrent noblement ce que la nation française avait droit d'attendre de lui, des institutions libérales, pour lesquelles nous combattions depuis vingt-cinq ans, et dont la conquête peut seule mettre un terme à la révolution. Si, dès lors, tous les partis se fussent confondus dans la même volonté, le prince, appelé par le vœu national au trône de ses ancêtres, eût accepté, et non pas octroyé, une charte constitutionnelle qui l'eût mis dans l'heureuse impuissance de céder aux suggestions de ses ministres et aux absurdes prétentions de ses courtisans. La nation, heureuse et libre, eût oublié dans le repos cette gloire dont elle était déchue, et qu'un souvenir récent lui rendait si pénible.

Qu'est-il arrivé à ces deux époques? Napoléon s'est enivré à la coupe du pouvoir; ses nombreux flatteurs, en excitant en lui cette fièvre d'ambition dont il était dévoré, ont trouvé le moyen de le rendre odieux au sein même de la victoire, qui n'était plus entre leurs mains qu'un instrument de despotisme. Cette puissance monstrueuse et colossale, élevée contre toutes les règles de l'équilibre politique, s'écroula sur sa base et couvrit la France de ruines.

La chute de Napoléon, à laquelle l'Europe entière applaudit, en rendant aux Français l'espoir de la liberté, les trouva moins sensibles à des revers auxquels la fortune avait la plus grande part. On crut voir dans l'arrivée des Bourbons le terme d'un glorieux esclavage. On se flatta qu'un prince, généreux et spirituel, élevé à l'école du malheur, saurait compatir à ceux que nous avions soufferts pendant sa longue absence, et qu'il ne réclamait l'héritage de Henri IV que comme légataire de ses vertus. Les courtisans de Louis XVIII se sont empressés de détruire le charme; les qualités précieuses, les intentions bienfaisantes du monarque ont été neutralisées par les vues étroites de son ministère, et par les prétentions gothiques de sa cour.

Dès lors on put craindre une révolution nouvelle. Elle s'opéra sans éprouver le moindre obstacle, et sans coûter une goutte de sang français.

Bonaparte, à la tête de six cents hommes, s'élança, pour ainsi dire, du rocher de l'île d'Elbe au château des Tuileries; les mots magiques de *gloire* et d'*indépendance nationale* lui ouvrirent toutes les routes : l'armée le reçut avec enthousiasme; et la nation, encore une fois séduite par ses promesses, avide de la liberté qu'il lui présentait, oublia l'empereur, et ne se souvint que du premier consul. Il fut permis de croire que l'infortune, l'exil et la méditation, avaient opéré en lui un heureux changement, et que Napoléon en paix mettrait désormais sa gloire à faire fleurir la liberté publique, dont il avait été le plus dangereux ennemi.

Dans cet état de choses, j'ai vu avec désespoir l'Europe entière s'armer de nouveau contre nous; j'ai même eu le tort, que j'aurai probablement toujours, de desirer que la victoire restât à nos armes, et de m'obstiner à ne voir que des ennemis dans des étrangers armés, sous quelque bannière qu'ils se présentassent. Tout inégale que fût la lutte qui nous était offerte, je ne croyais pourtant pas impossible que nous en sortissions vainqueurs; je ne comptais pas nos ennemis, je ne voyais que le courage invincible de nos troupes, et le génie militaire de leurs chefs : deux cent mille Français bien commandés me semblaient pouvoir braver toutes les forces de l'Europe.

La journée de Waterloo a détruit de si nobles

illusions : je laisse le soin de les caractériser d'une autre manière à ces estimables Français qui se réjouissent de voir les armées de l'Europe débordées sur la France, et la gloire nationale ensevelie dans les plaines de la Belgique. L'élite de la première armée du monde a péri dans cette funeste journée ! J'aurais voulu que l'homme extraordinaire qui nous a gouvernés quinze ans eût trouvé une mort digne de lui sous le feu des batteries anglaises, et qu'il ne nous eût pas réduits à rougir de le voir finir ses jours dans la prison du roi Jean, où il est attendu. Quoi qu'il en puisse être de son sort, sa carrière politique est finie, il a cessé pour jamais de régner sur la France ; et son sceptre, qu'il ne tenait que des mains de la victoire, s'est brisé avec son épée.

Les suites de la terrible journée du 18 juin, en amenant des légions d'ennemis sous les murs de la capitale, en plaçant de nouveau l'opinion publique sous l'empire irrésistible de la force, préparent à la France de nouvelles destinées, sur lesquelles il est à craindre que toute sagesse humaine ne puisse avoir qu'une bien faible influence. Dans la situation terrible où nous sommes, à l'aspect des maux où la patrie est en proie, nous ne sommes plus comptables envers elle que de nos souvenirs et de nos vœux.

Je ne crains pas de rappeler les uns et d'exposer les autres.

Ennemi de l'anarchie et du despotisme, j'ai su me conserver libre sous tous les gouvernements qui se sont succédé en France depuis vingt-cinq ans : je n'ai sollicité, je n'ai voulu ni place, ni graces, ni faveurs, et je pourrais me prévaloir des nombreuses persécutions dont j'ai été l'objet. Longtemps compagnon de nos guerriers, j'ai partagé leurs travaux, et j'ai joui avec enthousiasme de leur gloire : on ne m'a trouvé dans les rangs d'aucun parti, dans les antichambres d'aucun palais, dans les bureaux d'aucun ministre : j'aurais voulu, et tel a toujours été le sentiment qui a dirigé ma plume, que, sous quelque gouvernement que la France eût été placée, elle ne perdît pas le seul fruit de la révolution terrible qu'elle a subie, cette liberté, ces droits politiques, qui n'ont et ne peuvent avoir de garantie solide que dans une constitution librement consentie et solennellement jurée. Au nombre des moyens qui pouvaient conduire à ce résultat, quelque desirable qu'il soit, je n'ai point à me reprocher d'avoir arrêté un moment ma pensée sur la guerre civile, encore moins sur les succès des armes étrangères : l'honneur d'une nation passe avant sa liberté même.

Aujourd'hui qu'il est à craindre que la France ne puisse de long-temps aspirer à la gloire militaire, je me borne à former des vœux pour son bonheur, s'il est possible, dans une grande nation, que l'un puisse aller sans l'autre.

Pour atteindre ce but, nous avons besoin d'oublier dans la paix, sous le règne d'un monarque populaire, que la France, pendant quinze ans, a dicté des lois à l'Europe, et qu'en quinze mois l'étranger a deux fois envahi notre capitale; nous avons besoin d'oublier que des factions cruelles ont déchiré la patrie; nous avons besoin de nous convaincre tous que le monarque, appelé à régner sur nous à la suite de tant d'orages, doit être investi de toute la confiance de la nation, et que cette confiance réciproque ne peut être le résultat que de mutuels sacrifices. Ce n'est pas une restauration, c'est une régénération qu'il nous faut; c'est un pacte social inviolable, qui unisse à jamais le peuple et le souverain, qui garantisse leurs intérêts et leurs droits, à l'abri duquel puissent fleurir à-la-fois l'autorité royale et la liberté publique.

Tels sont mes vœux; que ne puis-je dire mes espérances!

# CORRESPONDANCE

DU

# FRANC-PARLEUR.

20 juin 1814.

Monsieur le Franc-Parleur, il y a des gens d'esprit à Guignes..... comme nous aimons à nous communiquer nos idées, nous avons formé une société qui, après s'être appelée successivement club, athénée, lycée, en est modestement revenue au titre d'*académie*. Il se lit parfois d'excellents mémoires dans nos assemblées dites publiques, mais qui ne le sont pas autant que nous le desirerions; la dissertation que je vous envoie est de ce nombre. Si vous la croyez, comme moi, de nature à intéresser la partie la plus raisonnable, c'est-à-dire la plus nombreuse de vos lecteurs, je ne m'oppose pas à ce qu'elle soit publiée.

Les jeux de mots sont des équivoques fondées sur un mot employé de manière à présenter plusieurs idées.

L'esprit sourit aux jeux de mots, la raison même

ne les désapprouve pas, quand ils renferment un sens également juste sous leur double acception.

A la faveur de ces équivoques, on peut tout dire et tout entendre; la même phrase est à-la-fois maligne et innocente, licencieuse et chaste : or, comme il s'ensuit qu'il n'est pas pardonnable d'être brutal et cynique, la société a quelque obligation à ces formes ambiguës.

Grace aux jeux de mots, l'inférieur s'est quelquefois vengé de son supérieur, sans lui laisser le droit de se plaindre, sans qu'on pût l'accuser d'être sorti des bornes du respect. Molière, pressé de donner une représentation de *Tartufe*, défendue par le parlement, répond au public : « Nous vous avions « promis *Tartufe*; mais M. le premier président ne « veut pas qu'on *le joue*. » Le sel de cette réponse résulte d'un jeu de mots; mais de pareils jeux de mots sont de bons mots.

Les jeux de mots font facilement fortune : à la faveur de leur concision, ils passent de bouche en bouche, courent de cercle en cercle; chacun les retient, chacun les cite; beaucoup les empruntent ou les volent, ce qui est la même chose, même en matière d'esprit.

Semblables à l'écu, qui, sous l'effigie du prince, circule dans le commerce pour l'avantage de tous, les bons mots dont l'auteur est connu valent encore quelques succès à l'homme qui les répand : tel fait son état de les répéter, comme tel de les dire. Mais s'ils sont fils de père inconnu, ils ne manquent pas long-temps de père adoptif : ce sont alors des diamants qui appartiennent à tout homme qui les porte à son doigt.

Les jeux de mots sont admissibles par-tout où l'importance de la matière et la gravité du ton n'opposent pas aux saillies de l'esprit des bornes qu'il ne peut franchir sans blesser le goût et la raison.

Le sévère Boileau a dit :

Ce n'est pas quelquefois qu'une muse un peu fine,
Sur un mot, en passant, ne joue et ne badine,
Et d'un sens détourné n'abuse avec succès ;
Mais fuyez, sur ce point, un ridicule excès.

L'épigramme et le madrigal emploient les jeux de mots; la comédie et l'épître familière ne la repoussent pas toujours; la farce et le vaudeville les recherchent, et souvent en abusent.

Mais l'abus des jeux de mots blesse moins encore là que l'usage qui en a été fait dans des sujets sérieux. Comment se trouvent-ils mêlés au sublime de Corneille ? Comment se sont-ils coulés jusque sous la plume du judicieux Racine? Les plus belles pièces du premier n'en sont pas exemptes; le dernier en offre un dans l'un de ses plus beaux ouvrages.

Pyrrhus, comparant sa flamme amoureuse à l'incendie de Troie, dit

> Brûlé de plus de feux que je n'en allumai;

vers qui semble extrait des *Plaideurs*, et non d'*Andromaque;* vers qui fait plutôt penser à la famille de Citron qu'à celle d'Hector. Au reste, il n'y en a pas deux comme cela dans Racine, ce qui doit surprendre moins encore que d'en trouver un.

Molière, qui a si plaisamment raillé les jeux de mots de l'abbé Cotin, s'était exposé au même reproche. Il fait dire à Mascarille :

> Ce visage est encor fort mettable,
> S'il n'est pas des plus beaux, il est *des agréables.*
> *Étourdi.*

Cela ne vaut guère mieux que,

> Ne dis pas qu'il est amaranthe,
> Dis plutôt qu'il est de *ma rente.*

Mais il faut remarquer que c'est dans *l'Étourdi* que se trouve ce vers : or, *l'Étourdi*, qui est la première bonne pièce qu'ait faite Molière, n'est pas la meilleure de ses pièces. De pareils défauts ne se trouvent pas dans ses chefs-d'œuvre.

Au reste la réflexion que nous avons faite au sujet de Racine est applicable à Molière. On doit moins s'étonner de ce que cette faute lui est échappée, quand il flattait le goût général, que de ce qu'il ne l'a pas effacée, lorsqu'enfin le mauvais goût a été corrigé par lui.

Les jeux de mots ont changé de noms à différentes époques : on les appelle tantôt *pointes*, tantôt *quolibets*; on les appelle aujourd'hui *calembourgs*.

Le mot *pointe* n'a pas besoin d'être expliqué; quant au *quolibet*, mot formé de deux mots latins, il indique, je crois, le sens ambigu du jeu de mot: *quo libet*, choisissez le sens qu'il vous plaira. On ne se sert depuis long-temps de ce mot *quolibet* que pour désigner une pointe, un jeu de mots de mauvais goût, une plaisanterie sans sel :

Après maints quolibets coup sur coup renvoyés.

LA FONTAINE.

Le règne des jeux de mots est rarement celui du bon goût; il le précède ou il le suit. Il précéda le siècle de Louis XIV ; il suivit celui de Louis XV. Le P. André, Scarron, florissaient avant Despréaux et Bossuet; M. de Bièvre a succédé à Voltaire.

Les jeux de mots ont été d'une très grande ressource pour la mauvaise foi. C'était sur eux qu'était fondée l'infaillibilité des oracles. « *Si Crésus*, dit la « pythonisse, *passe le fleuve Halis, un grand empire* « *sera détruit.* » Le roi de Lydie, sur la foi de cet oracle, fait la guerre à Cyrus : un grand empire s'écroule, en effet; mais ce n'est pas celui des Perses.

De quelque côté que tournât la victoire, l'oracle devait avoir raison.

Tous les jeux de mots n'ont pas eu une si funeste conséquence. Le duc d'Ossone, vice-roi à Naples, répara une grande injustice par un jeu de mots; voici le fait :

« Un homme très opulent et trop dévot avait institué les capucins ses héritiers, au détriment de son fils unique. Le testament portait cependant que ces pauvres pères donneraient à l'exhérédé, sur la succession, *la part qui leur plairait*. Mis en possession par l'autorité du juge, ils offrent une somme modique au jeune homme, qui recourt à l'autorité suprême. « Je ne suis pas étonné, dit le vice-roi au
« magistrat, qu'il avait mandé ainsi que les parties,
« de voir ces bons pères requérir les avantages que
« le testament semble assurer à leur ordre; mais je
« ne puis concevoir qu'un vieux juge comme vous
« ait pu se tromper sur le sens de ce testament. »
Puis il ordonne que lecture en soit faite, et quand on en vient à la disposition qui institue les capucins héritiers, à la charge de donner au fils *la part qui leur plairait*: « Mes révérends, combien voulez-vous
« donner à ce jeune homme? — Huit mille écus,
« M. le duc, répond le supérieur. — A combien
« monte la succession? — A cinquante mille écus,
« monseigneur. — Ainsi, mes pères, sur cinquante
« mille écus vous en voulez quarante-deux mille?

« — En vertu de notre droit, Excellence. — Et moi,
« je dis qu'en vertu du droit établi par le testament,
« vous devez donner ces quarante-deux mille écus
« au fils du testateur. Ne devez-vous pas à ce fils
« *la part qui vous plaira?* Or *la part qui vous plaît*
« est de quarante-deux mille écus, et non de huit
« mille; donc c'est au jeune homme, qu'aux termes
« du testament, dont j'ordonne l'exécution, les qua-
« rante-deux mille écus seront délivrés. »

Ce jugement-là est un peu dans le genre de ceux de Sancho-Pança; mais avouons qu'on en a rendu quelquefois de moins plaisants et de plus mauvais.

La fureur des jeux de mots annonce l'ignorance, l'oubli ou la décadence du goût. Quelle est celle de ces trois causes qui influe sur l'époque actuelle? Jamais la manie de jouer sur les mots n'a été plus générale; et quels jeux de mots sont en vogue? les *calembourgs*.

Quelle est l'étymologie de ce mot *calembourg?* que signifie-t-il?

L'art du faiseur de *calembourgs* ne consiste pas à jouer sur le double sens d'un mot, mais à forcer l'équivoque, soit par la décomposition d'un mot en plusieurs, soit par la réunion de plusieurs mots en un seul, sans plus respecter le bon sens que l'orthographe. Le calembourg joue plutôt sur le son que sur le sens. Peu lui importe de ne pas présenter une idée ingénieuse, pourvu qu'il détourne de l'idée raisonnable. Il faut être bien idiot pour ne pas pouvoir faire de *calembourgs;* mais pour ne pas les entendre c'est une autre affaire. On peut pourtant faire des *calembourgs* avec de l'esprit, ou quoiqu'on ait de l'esprit : M. de Bièvre l'a prouvé; mais qu'en conclure, lorsque tant de sots y réussissent? Que le *calembourg* prouve quelque esprit dans une bête? Ne prouverait-il pas qu'il y a toujours un petit coin de bêtise dans un homme d'esprit?

Il ne nous reste plus à parler que du *coq-à-l'âne.* Nous voyons avec peine qu'on a généralement des idées peu justes sur cette manière de discourir. Les artistes les plus habiles ne sont pas ceux qui raisonnent le mieux sur leur art. La plupart des gens font des *coq-à-l'âne,* comme M. Jourdain faisait de la prose. Le *coq-à-l'âne* ne se compose pas d'une sottise isolée, comme le *quolibet,* comme le *calembourg,* mais d'une série de sottises rassemblées sans liaison: il est à ces traits d'esprit ce que la phrase est au mot. On disait originairement *sauter du coq-à-l'âne,* par allusion à certain avocat qui, ayant à parler d'un coq et d'un âne, parlait de l'*âne* à propos du *coq,* et du *coq* à propos de l'*âne;* tendance d'esprit que Rabelais met au nombre des qualités précoces de Gargantua [1]. Les gens qui pérorent aujourd'hui, à l'imitation de Gargantua et de son

---

[1] Voyez *Gargantua,* liv. II, chap. ix.

modèle, font des *coq-à-l'âne*. Ces gens-là sont plus nombreux qu'on ne pense ; ils meublent les salons, ils abondent dans les assemblées délibérantes, ils fournissent les académies de Mémoires, et l'on peut mettre à leur tête l'auteur de cette dissertation.

Pour copie conforme :

Antoine ***,
Secrétaire perpétuel de l'académie de Guignes.

*Nota*. Le sujet du concours de l'année prochaine est une dissertation sur le mot *calembredaine*. Indépendamment de la couronne, l'auteur du meilleur ouvrage recevra une médaille de cuivre du poids de six décagrammes, dont un amateur a fait les frais.

Paris, le 15 juillet 1814.

Il y a près de vingt-cinq ans, M. le Franc-Parleur, que j'ai quitté Moulins, pour venir m'établir à Paris. Maître d'une fortune indépendante, je me suis dégoûté de la vie de province du moment où j'en ai connu les inconvénients. Quelque régulière que soit ma manière de vivre, je n'ai point l'orgueil de défier la malignité publique, et je ne connaîtrais rien de plus incommode qu'une maison de verre, comme celle que voulait habiter je ne sais plus quel Romain.

Vous saurez donc que ce qui m'a fait prendre

ma ville natale dans une espèce d'aversion, c'est le registre qu'on y tenait des moindres actions de ma vie; on savait presque aussitôt que moi de quel côté j'allais à la chasse, combien de pièces de gibier j'avais tuées, les distributions que j'en avais faites, la dame à qui j'avais envoyé les perdrix rouges; l'on tirait de là, sur mes liaisons, des conséquences à perte de vue, et les conjectures d'une maison passaient pour des certitudes dans une autre. Je ne pouvais pas donner à dîner à quelques amis qu'on ne sût aussitôt quels étaient les convives; combien d'entrées, d'entremets, de plats de dessert on avait servi sur ma table. Je ne puis vous dire combien ce commérage m'était odieux. Mais ce qui mit enfin ma patience à bout, et qui détermina ma fuite, ce fut la manie des mariages. Deux ou trois commères se mirent en tête de me marier, et firent si bien qu'elles me brouillèrent avec plusieurs familles de la ville, en me prêtant des intentions conjugales que je n'avais jamais eues, et que je me garderai bien de remplir.

Je pris un beau jour mon parti; je réalisai mes capitaux, et je vins me fixer dans la capitale, où je goûtai pendant vingt ans tous les plaisirs de l'*incognito;* mais, hélas! M. Guillaume, bien que ma conduite devienne de jour en jour plus irréprochable; que le mystère ait moins d'attrait et moins d'utilité pour moi, je ne vois pas sans chagrin s'introduire à Paris tous les ridicules, tous les travers de la province. Les salons, où l'on ne vous demandait compte, autrefois, que du temps que vous y passiez, ont tous, aujourd'hui, leurs *commères* en titre d'office, aux yeux et à la langue desquelles il est impossible d'échapper. Ces vieilles femmes, des deux sexes, à l'affût des moindres circonstances, promènent chaque soir, de maison en maison, un bulletin d'aventures, d'anecdotes, de *dits* et *redits*, qu'elles ont rédigé le matin en commun. J'arrive chez M. de R..... Quelqu'un court à moi, et me dit à l'oreille, de manière à être entendu de vingt personnes, « — Eh bien! on vous a vu hier; vous avez dîné avec Clarisse chez le suisse des Tuileries. — A propos, me dit un autre, depuis quand allez-vous au *Quinze* de madame de Limeuil ? — Prenez garde à madame de Rochemont, ajoute un troisième : vous étiez avec elle hier à la galerie *Giustiniani;* c'est une femme dangereuse, je vous en préviens. — Comment donc, poursuit un grand ricaneur à besicles, vous allez en loge grillée à Feydeau, et avec madame de Sennecourt, encore ! Je le dirai à madame d'Anceny, vous pouvez y compter. » — Et j'y compte effectivement. Ajoutez à cela les tracasseries de toute espèce, les petites bouderies bourgeoises, les lettres anonymes, les assauts de vanité, les disputes de jeu, les petites guerres d'amour-propre, les nouvelles de café et les caquets d'une éternelle médisance: tel est, ou du moins tel me paraît être aujourd'hui l'esprit qui règne, à quelques exceptions près, dans tous les salons de Paris. Je compte sur vous, M. Guillaume, pour attaquer un ridicule qui donne à la capitale du monde la physionomie d'une petite ville de province, et qui finirait par lui faire perdre ce renom d'urbanité, cette élégance de mœurs, cette variété de forme, ce charme d'indépendance, qui la distinguent depuis si long-temps entre toutes les villes du monde.

A S. des Ch...

Pontarlier, le 25 juillet 1814.

Je viens d'apprendre, M. le Franc-Parleur, dans un petit voyage que j'ai fait pour recruter ma troupe, les démêlés qui ont eu lieu dans une de vos grandes villes, entre le directeur des spectacles et l'agent des auteurs; j'ai recueilli quelques observations sur ce sujet dans la petite ville où je suis depuis plusieurs années directeur d'une troupe de comédiens, aux talents desquels aucun genre n'est étranger, depuis l'opéra jusqu'au mélodrame inclusivement.

Au nombre des charges que nous supportons, nous autres malheureux directeurs, on ne compte pas pour tout ce qu'il pèse, pour tout ce qu'il a d'injuste et d'odieux, l'impôt dont nous grèvent les auteurs. En effet, conçoit-on que Molière, Racine,

Corneille et Voltaire nous laissent jouir gratuitement de leurs immortelles productions, et que nous soyons obligés de payer *Jocrisse* aux héritiers de Dorvigny ? Il est vrai que le public, qui sait par cœur les chefs-d'œuvre, s'obstine à ne pas venir les entendre; qu'il lui faut du nouveau, *n'en fût-il plus au monde*, et fût-ce même des bêtises; mais il ignore ce que ces bêtises-là nous coûtent; il ne voit pas chaque soir le receveur du droit des auteurs dramatiques, le sac en main, prélevant le plus pur de la recette, au nom de ses avides commettants. N'êtes-vous pas frappé, comme moi, M. Guillaume, de tout ce qu'il y a d'absurde et d'inconvenant dans cette double prétention d'argent et de gloire qu'affichent les indignes successeurs de Molière et de Racine ? Mon *père noble*, qui a fait ses études à Chartres, me disait l'autre jour qu'un nommé Sophocle, auteur de quelques belles tragédies qu'on ne joue plus, se contentait, pour son droit d'auteur, d'une couronne de chêne. Tel devrait être encore le salaire de l'homme de lettres : cette récompense est la seule qui convienne à la noblesse de sa profession; mais, en admettant qu'il puisse ravaler la dignité de son caractère jusqu'à s'occuper du plus vil intérêt, doit-on *tirer d'un sac deux moutures ?* Les pièces, avant de paraître sur les théâtres de province, n'ont-elles pas été payées généreusement par les directeurs de Paris? Par exemple, ne sait-on pas que la *Chatte*

*Merveilleuse* a rapporté près de douze cents francs à chacun des auteurs ? Il est bien vrai que cette même pièce a valu cent mille francs à l'administration du théâtre où on la joue; mais aussi quel talent, quelle variété de connaissances, quelles études profondes, quel génie, en un mot, ne faut-il pas pour conduire une entreprise théâtrale! C'est bien le moins que la fortune soit le prix de nos honorables travaux.

J'ajouterai une dernière observation, qu'on peut, je crois, regarder comme un principe : une pièce livrée à l'impression devient, comme tout autre livre, comme toute autre chose, la propriété particulière de celui qui l'achète, et l'acquéreur doit pouvoir, à son gré, lire, chanter, réciter ou débiter, comme bon lui semble, les vers ou la prose qu'il a payés, sans avoir de compte à rendre à l'auteur. On aura beau raisonner sur cette question, il faudra toujours en revenir à cette réflexion lumineuse d'un acteur bergamasque, fameux dans l'administration de la Comédie-Italienne: *Tant qu'il y aura des autours, la comédie elle ne pourra pas sussiter ; et d'aillours, qu'est-ce que ces messiours ils demandent de piu ? ils sont zoués tous les zours !*

Si, comme je le crois, vous êtes frappé de la justesse de mes observations, je vous autorise, M. Guillaume, à publier ma lettre; c'est un service que vous rendrez à l'art théâtral.

CERFORT, directeur du théâtre de Pontarlier.

# DU FRANC-PARLEUR.

Paris, le 6 août 1814

Vous avez pris une tâche bien difficile, M. Guillaume, lorsque vous vous êtes chargé de combattre les travers, d'attaquer les ridicules, de corriger les mœurs des Parisiens; vous êtes sûr, au moins, que la matière ne vous manquera pas de si tôt, et que vous avez ouvert à vos propres observations et à celles de vos collaborateurs un champ dont on ne saurait assigner les limites : j'en pourrais défricher un petit coin, si vous me permettiez de vous adresser, de temps à autre, quelques remarques sur les ridicules des femmes à la mode; je suis admirablement placé pour les recueillir; je n'ai besoin pour cela que de tenir note de ce qui se passe dans ma propre maison. Le ciel, qui se plaît aux contrastes, après m'avoir donné les goûts les plus simples, a voulu que je fusse le mari d'une femme pour qui toutes les frivolités du luxe sont des besoins de première nécessité; je me suis plaint, j'ai pris de l'humeur, et j'aurais pu, en y mettant une volonté plus ferme, faire cesser un mal sur lequel j'ai fini par prendre mon parti, en voyant que ma femme souffrait plus des privations que je lui impose, que je ne souffrais moi-même en l'abandonnant à ses goûts. J'ai vu successivement ma maison se remplir d'albâtres de Florence, de bronzes antiques, d'estampes anglaises, de figures en biscuit, de vases étrusques, de meubles en laque du Japon, et de tapis persans. Tous ces objets de fantaisie, relégués tour-à-tour dans le garde-meuble, en perdant de leur prix à ses yeux, n'en conservaient pas moins une valeur réelle, tandis que le goût nouveau, dont elle est infatuée, est tout entier en pure perte. Les pots de fleurs, les *jardinières* ont envahi les salons, la salle à manger, les antichambres, les corridors, et jusqu'à l'escalier de mon hôtel; les belles pelouses de mon jardin ont été transformées en carrés de tulipes et de jacinthes : ma femme va deux fois par jour chez M. Tripet, et n'en revient qu'après avoir rempli sa voiture de boutures, d'oignons de toute espèce, que ce courtier de Flore lui fait chèrement payer. Croiriez-vous, M. l'Aristarque, qu'il y a tel oignon de tulipe, sous le nom du *Grand-Monarque*, du *Maréchal de Turenne*, ou de *la Belle Gabrielle*, qui nous coûte jusqu'à cent écus la pièce? Le printemps, que tout le monde desire, est un véritable fléau pour moi; ma maison est en proie aux jardiniers; ils me poursuivent par-tout l'arrosoir à la main, et mon cabinet est la seule pièce de la maison que je leur dispute encore. Ma femme, le catalogue descriptif de M. Tripet en main, conduit leur brigade, dirige les plantations et place les étiquettes. Elle se lève avant le jour pour voir les progrès de la végétation; et le développement de la corolle d'une tulipe dont elle aura prédit la couleur et le panache, la jette dans des ravissements dont je ne la croyais pas susceptible. Ces jouissances éphémères vont passer avec la saison, et j'aurai vu dissiper en quelques semaines des sommes considérables dont il était impossible de faire un plus misérable emploi. Grace au ciel, et à vous, M. Guillaume, *la frivolité* [1] commence à faire diversion à la manie ruineuse des tulipes et des anémones; ma femme y prend goût, et de tous ses caprices, c'est, à coup sûr, celui qui m'aura coûté le moins cher.

Agréez, je vous prie, mes salutations.

L. VERTPRE.

Paris, le 15 août 1814

Il y a vingt-sept ans, M. Guillaume, que j'habite la rue Charlot, où je suis propriétaire d'une jolie maison qui me rapporte, non compris mon logement, cinq bonnes mille livres de rente, toutes impositions payées. Je ne sors guère de mon quartier, et je n'ai pas honte de vous dire que je n'ai été à la Comédie-Française que trois fois dans ma vie : à la première représentation d'*Irène*, à la retraite de Préville, et à la dix-septième représentation de *Misanthropie et Repentir*. Mais aussi vous conviendrez qu'il y a trente ans le boulevart du Temple offrait des ressources qu'on n'y trouve plus, et que toutes les joies de la terre étaient concentrées dans ce petit coin du monde. Là, j'ai vu s'élever et fleurir les

[1] Espèce de feston qui a été quelques mois à la mode.

théâtres d'Audinot, de Nicolet, des élèves de l'Opéra et des Associés; j'ai vu les beaux jours de mademoiselle Julie, de mademoiselle Laforest, de Placide, du Petit-Diable et du singe de Nicolet (fort au-dessus du général Jacquot, soit dit sans offenser personne); j'ai vu la grande vogue du café Yon, à laquelle madame Yon n'était pas étrangère : quelle femme que cette dame Yon, mon cher Guillaume! Je ne pense pas sans attendrissement aux moments heureux que j'ai passés près de son comptoir! J'ai vu les parades de l'Écluse, les figures de Curtius, les petits soupers de Bancelin et les brillantes parties de paume de Charrier : avouez qu'il est permis de se montrer difficile en plaisirs quand on en a goûté d'aussi vifs. C'est sur-tout en fait de *parades* que la décadence de mon boulevart me paraît plus sensible. Je m'arrête en vain, comme autrefois, devant tous les tréteaux; je n'y trouve plus cette gaieté burlesque des *Léandre*, cette bonhomie des *Cassandre*, cette naïveté divertissante des *Paillasse* de mon temps, que Préville et Dugazon venaient quelquefois observer. Il n'est pas jusqu'à la race de *Polichinelle* qui ne soit visiblement dégénérée. La *pratique*, dont il ne sait plus faire usage, ses plats quolibets, ne font plus rire, même de pitié, les bonnes et les enfants. Le monstre du mélodrame étend sa triste influence jusque sur ces baraques que Le Mierre appelle

Opéra sur roulette, et qu'on porte à dos d'homme.

Mais à propos de monstres, ne trouverez-vous pas un moyen, mon cher Guillaume, de faire rentrer dans l'ombre des hôpitaux *ces enfants à quatre bras, ces femmes velues,* ces dégoûtants crétins qu'on nous donne pour des *gentilshommes lapons,* et tant d'autres monstruosités dont l'exposition est un reproche à la nature, un outrage aux mœurs et à la morale publique?

Si vous avez quelque crédit sur l'opinion, faites en sorte, je vous prie, qu'elle se prononce contre tous les genres de monstres, et qu'elle nous ramène sur le boulevart du Temple, à la place du *mélodrame, de l'enfant qui pèse deux cents livres, de la femme aux écailles,* les pantomimes de Lazari, les parades de Pompée et de Prévost, les oiseaux hollandais, le concert des chats et le ballet des dindons; c'est alors que je croirai renaître aux beaux jours de ma jeunesse, et qu'on ne me fera plus le reproche de passer toutes mes soirées sur la terrasse du Jardin des Princes, à bâiller au nez des gens qui s'y promènent.

Tout à vous, M. le Franc-Parleur.

P. Dumont,
rentier, rue Charlot, n° 76.

Paris, 20 août 1814.

M. le Franc-Parleur, ma santé s'est terriblement altérée depuis que je vous ai écrit pour la première fois. Des travaux qui ne sont pas tous de tête, des veilles multipliées qui n'ont pas été passées toutes dans le plaisir, tout cela use; je commence à m'en apercevoir. Me voilà forcé de m'occuper de ma santé. Trois médecins que j'ai consultés, quoique d'avis différents sur le siège de mon mal, sont d'accord sur le remède. L'un, remarquant que j'étais sujet à une toux sèche et fréquente, en a conclu que l'organe pulmonaire était affecté, et sachant que je n'étais pas assez riche pour aller guérir ou mourir aux eaux, m'a conseillé l'air natal et le lait d'ânesse. Le second, prétendant que la maladie était dans les hypocondres, et que la toux n'était pas un diagnostique de phthisie pulmonaire, mais seulement l'effet d'une affection sympathique, adopta néanmoins, quant aux moyens de curation, l'opinion de son ancien, et me conseilla, comme lui, l'air natal et le lait d'ânesse. Le lait d'ânesse et l'air natal m'ont été ordonnés aussi par le troisième, qui, partisan comme le préopinant, des affections sympathiques, plaçait la cause de mon mal de poitrine dans ma tête, que je crois pourtant plus saine encore que la sienne.

Me voilà donc retiré à Fontenay avec trois maladies et un seul remède; ce qui, tout bien considéré, vaut mieux que trois remèdes pour une seule maladie.

Indépendamment du régime susdit, mes trois docteurs m'ont recommandé l'exercice. Promenez-vous, m'ont-ils dit, pour rétablir vos forces. — Rétablissez mes forces, docteurs, pour que j'aille me promener.

Grace à ma bourique, cependant, j'ai trouvé le moyen de ne contrarier ni les médecins qui m'ordonnent le mouvement, ni la nature qui me l'interdit. Porté par ma nourrice, je me promène sans trop me fatiguer, et j'ai l'avantage d'avoir par-tout avec moi ma cuisine, ou ma pharmacie, si mieux vous l'aimez.

D'après cela, je puis, sans trop d'imprudence, entreprendre d'assez longues courses; et comme je pense qu'un homme raisonnable ne doit pas faire un pas qui n'ait un but utile, je me suis mis à visiter les jardins des environs. Des excursions faites dans cet intérêt me donnent un plaisir que je retrouve encore chez moi, soit en rédigeant un précis de ce que j'ai remarqué, soit en relisant ce précis, ce qui est encore une manière de se promener lorsque le mauvais temps ou une plus mauvaise disposition de santé me forcent à garder la maison.

Qu'est-ce qu'un jardin, M. Guillaume? Il serait possible que vous ne vous fussiez jamais fait cette question. Elle n'eût pas embarrassé un ermite des premiers temps; mais devez-vous en savoir autant qu'un frère *coupe-choux*, vous, ermite *in partibus*, vous qui ne connaissez pas plus votre ermitage que ce fameux coadjuteur-évêque de Corinthe ne connaissait son évêché? Un maraîcher qui se trouve par hasard chez moi m'a répondu pour vous. « Un jardin, dit-il, est un enclos de quatre arpents, divisé en planches aussi larges qu'il se peut, séparées par les allées les plus étroites qu'il se puisse, où je cultive, près des Invalides, des choux, de la laitue, des cardes-poirées, et toutes sortes de légumes. — Vous vous trompez, mon ami, dit M. Tripet, qui ne manque jamais de passer chez moi quand il vient renouveler les fleurs du château, et il y vient souvent; vous vous trompez: un jardin est un enclos de deux arpents près des Champs-Élysées, où je cultive des jacinthes, des anémones, des renoncules, et des tulipes. — Quelques planches de tulipes ne sont pas plus un jardin que quelques carrés de choux, dit, en interrompant M. Tripet, un ancien officier du duc de Penthièvre, qui pleure tous les jours, pour plus d'une raison, sur les ruines de Sceaux. Un vaste terrain distribué d'après les principes de *Le Nôtre* et les règles de la plus exacte symétrie, des parterres bordés et brodés en buis, des murs de charmille, des allées droites et à perte de vue, des bosquets peuplés de statues, des bassins de marbre d'où s'élancent des jets d'eau qui dépassent les arbres les plus élevés: Marly, Choisy, Sceaux enfin, voilà ce que c'est, ou plutôt ce que c'était qu'un jardin... — Pour un roi, mais non pas pour moi, dit vivement un de mes voisins, grand ami de la nature, et créateur d'un jardin où les accidents les plus pittoresques répandus sur le globe se trouvent réunis dans un arpent. La nature, poursuivait-il, est tellement contrariée dans les jardins *français*, qu'il me semble qu'on ne peut s'y promener qu'en habit de cérémonie. Cette symétrie que vous vantez n'est pour moi qu'une source d'ennui. Dès que les deux moitiés d'un jardin se ressemblent, il me suffit d'en avoir vu une pour avoir une idée du tout. Quant à vos allées droites, est-il rien de plus mal imaginé? Ou elles sont à perte de vue, et vous êtes épouvanté d'une promenade dont l'œil ne peut atteindre le terme, ou ce but est proche, et vous êtes impatienté d'avoir le nez si près des murs de votre prison. Parlez-moi d'un *jardin anglais;* là rien ne se ressemble; là tout est surprise : des vallons, des montagnes, des lacs, des rivières, voilà ce que vous trouvez dans les grands comme dans les petits. Un jardin anglais est un abrégé de la nature, une miniature de l'univers. »

On m'annonça, sur ces entrefaites, que mon ânesse était sellée. Je demandai à ces messieurs la permission de lever la séance, et je me mis en route tout en récapitulant ce qui avait été dit. Chaque interlocuteur, en vantant le jardin de son goût, avait bien démontré les défauts des jardins d'un autre genre, mais aucun ne m'avait fait connaître un jardin sans défauts; ou plutôt chacun avait décrit un jardin conforme à son goût, mais aucun un jardin qui satisfît le mien.

Ma course fut longue ce jour-là. Connaissant tous les environs et voulant voir du neuf, je la poussai jusqu'au village de...., à plus de deux lieues de chez moi. J'y voulais voir un jardin dont j'avais entendu vanter la magnificence. Rien de plus magnifique en effet. La noble simplicité qui se faisait admirer du règne du marquis *de Roquefeuille*, qui le créa, disparaît journellement sous les ornements qui s'y multiplient, grace au goût de M. *de La Broquette*, son nouveau propriétaire. La retraite d'un grand seigneur n'était pas digne d'un marchand de clous dorés. Aussi le nombre des temples, des rochers, des chapelles, des kiosques, des ermitages, des ponts, des jeux de bagues, des balançoires, et des *joujoux* de toute espèce s'est-il accru dans une telle proportion, que ce beau lieu l'emporte aujourd'hui sur toutes les guinguettes de la capitale, et le dispute même au *Tivoli*, non pas d'Horace, mais de la rue de *Clichy*. L'ancien propriétaire avait dépensé à-peu-près cinq cent mille francs pour embellir ce terrain : il en a coûté un peu plus du double au nouveau pour le gâter.

Je sortis peu satisfait de ce jardin, qui passe pour le plus beau du pays, et je reprenais déjà la route de Fontenay, sans songer à en voir d'autres, quand j'aperçus, à la faveur d'une porte entr'ouverte, un enclos qui me parut cultivé avec soin. Le jardinier, à qui j'allais demander la permission d'entrer, m'avait déja prévenu par une invitation. « Monsieur me paraît faible, dit-il; mais s'il « veut prendre mon bras, il fera sans peine le tour « du jardin. D'ailleurs il trouvera de distance en « distance des siéges pour se reposer. » Je suivis à travers des bosquets d'arbres et d'arbustes fleuris une allée large et doucement sinueuse, qui me conduisit à un pavillon simple, mais élégant, assis sur le sommet d'une colline. Là cette allée se partage en deux branches, dont l'une passe à droite et l'autre à gauche du bâtiment, en face duquel une prairie verdoyante, bordée de bocages de formes irrégulières, se déploie et descend insensiblement jusqu'au fond du vallon. La prairie est coupée par une rivière dont l'eau limpide semble s'épurer encore par des cascades qu'elle forme à travers les rochers. Des bois délicieux servent de bornes à cette propriété, mais non pas à la vue qui, après avoir suivi librement le cours de cette riante vallée renfermée entre deux coteaux couverts de bois et d'habitations, parsemée de villages et de hameaux, et riche de tous les genres de culture, va s'arrêter sur la capitale, qui remplit de son immensité le fond de la perspective. Après avoir admiré le choix d'un tel site, je visitai le jardin dans le plus grand détail. « Il n'en est pas de ce jardin comme de celui du château, me dit mon guide; Monsieur veut que tout le monde en vive, bêtes et gens. Cette prairie est le potager des chevaux; venez voir celui des hommes. » Nous étions alors sur un pont sous lequel il y avait de l'eau, ce qui ne se voit pas par-tout; l'allée que j'avais suivie me conduisit à travers plusieurs cultures distribuées suivant la nature du terrain et celle de l'exposition. Ce potager ne formait pas un jardin à part, mais il ornait le jardin auquel il était lié avec un art admirable. Je sus bon gré au propriétaire de n'avoir pas rougi de se montrer père de famille. Je reconnus son jugement et sa bienfaisance jusque dans les groupes d'arbres fruitiers de toute espèce qu'il avait habilement distribués dans la prairie et dans tous les endroits où ils pouvaient prospérer. C'est un bien sot préjugé, à mon gré, que celui qui exclut tout arbre utile d'un jardin d'agrément. Ces fleurs dont se couvre le poirier, l'abricotier et le pommier, sont-elles moins agréables à l'œil que celles qui pendent de l'ébénier ou du mérisier à grappes? A ces fleurs succéderont des fruits, autre ornement que ne vous offriront pas vos arbres de luxe. Un cerisier blanc comme la neige, au printemps, rouge comme le corail, en été, et paré pendant toute la belle saison de la verdure la plus gaie, ne vaut-il pas, à lui seul, tous ces arbres étrangers que vous cultivez avec tant de peine et si peu de profit? On vous ménage des sièges par-tout où la fatigue peut vous atteindre, des abris partout où la chaleur peut vous incommoder! Est-ce une attention moins digne d'un homme sensé que de vous offrir des rafraîchissements, des aliments partout où le besoin peut vous surprendre? Cette prévoyance me semble appartenir également à un bon cœur et à un bon esprit. Il y a tel moment, en été, où je ne fais pas moins de cas d'une poignée de groseilles que d'un bouquet de roses, tout galant que je me pique d'être.

Le même esprit d'utilité avait présidé à la distribution et à l'ornement des lieux de repos dispersés dans les différents points de cette propriété, dont on peut faire le tour sous un ombrage impénétrable. Ici c'étaient des bancs rustiques près d'une fontaine; là, près de la rivière, une cabane pourvue de tous les ustensiles de la pêche; ailleurs une chaumière ouverte à la méditation ou au sommeil, ce qui se ressemble quelquefois; plus loin, un cabinet où l'on trouve tout ce qu'il faut pour écrire; enfin, partout où le site le comportait, des statues choisies et placées d'une manière ingénieuse. A ces bustes antiques, ou modelés sur l'antique, qui peuplent ailleurs les bosquets, on a substitué ici ceux des grands hommes de notre nation; et par une recherche de cette obligeance que nous avons déjà remarquée, l'on a placé dans chaque socle l'histoire ou les ouvrages du grand homme que représente le buste, suivant que c'est un héros ou un écrivain. Je crois qu'en effet *Turenne, Racine, Molière, Condé, L'hopital, Fénélon, La Fontaine, Voltaire*, et tant d'autres ne sont pas moins agréables à rencontrer dans un bois que *Néron, Agrippine,* et *Caracalla.* Corneille n'est pas non plus indigne de l'apothéose. Et quelle hymne réciter devant le *grand Corneille,* si ce n'est une scène de *Polyeucte* ou de *Cinna?*

Point de *jardins pittoresques* sans tombeaux, et ce n'est pas ce que j'approuve toujours. Ces tombeaux sont ou réels ou fictifs, pour pleurer ou pour rire. Je n'aime pas qu'on exagère la douleur; j'aime moins encore qu'on la parodie. Sont-ils réels? Il y a plus d'un inconvénient à cohabiter ainsi avec les objets de ses regrets. Le moindre n'est pas de s'exposer à trouver les bornes de sa propre sensibilité; de plus, les éclats de joie qui échappent à l'étranger, auprès de ces reliques chéries, ne sont-ils pas de vraies profanations auxquelles vous les exposez? Qui vous assure enfin que cette terre où elles dorment ne sera plus remuée? que le respect dont vous la couvrez sera transmis aux propriétaires qui vous succéderont? que le sommeil des morts ne sera pas troublé? Songez-y : cela peut arriver par-tout ailleurs que dans l'asile inaliénable qui leur est ouvert sous la protection de la société et de la religion.

Les tombeaux habités m'attristent, parcequ'ils disent trop; les tombeaux vides me déplaisent, parcequ'ils ne disent rien; mais je ne regarde pas comme un tombeau vide un *cénotaphe* élevé à la mémoire des êtres que nous avons aimés. Le cénotaphe est au tombeau ce que la douleur est à la mélancolie : c'est un tombeau sans horreur; comme elle, une douleur sans désespoir.

Un cénotaphe bien simple, ombragé par un saule pleureur, et placé sur le bord d'un ruisseau, attira mon attention ; je n'y lus pas sans attendrissement ce passage de l'idylle la plus touchante qui ait été faite :

*Illic sedimus et flevimus dùm recordaremur...,* [1].

Ces mots avaient été écrits par des mains paternelles. Je m'éloignai de là tout pensif.

Le temps s'était écoulé rapidement. Cinq heures sonnaient; il fallait regagner mon gîte ; je me remis en route plus content de ce jardin dont personne ne parle, que de ceux que tout le monde m'a vantés. Il me semble que cette alliance de l'utile et de l'agréable est ce que l'on doit rechercher dans la retraite, et caractérise sur-tout la retraite du sage, qui ne repousse pas moins la superbe monotonie du *jardin français* que la stérile variété du *jardin anglais;* il me semble enfin que si Horace, que j'irai

---

[1] Là nous nous sommes assis, et nous avons pleuré en nous ressouvenant...

peut-être bientôt revoir, revenait au monde, il dirait comme moi, en voyant le jardin que je viens de décrire: *Voilà ce qu'il me fallait. Hoc erat in votis.*

GALLANT,
de Fontenay-aux-Roses.

Paris, le 2 septembre 1814.

MARTIN, *de Picpus, professeur,* à DUPONT, *de Pantin, professeur, salut.* Cette formule, mon cher confrère, ne doit vous surprendre ni vous déplaire; c'est celle qui était en usage entre gens qui parlaient latin avant nous, et mieux que nous; celle dont *Cicéron* se servait en écrivant à *César*. De la république romaine j'aimerais à la voir passer dans la république des lettres. Il n'en est pas, à mon gré, de plus convenable entre doctes. Cela posé, salut encore, et parlons d'autre chose.

Vous faites donc, à *Pantin,* le même métier que moi à *Picpus!* Je vous en félicite. Vous êtes là en bon air, au pied des bois fleuris de Romainville, sur les bords du canal de l'Ourq, près des riantes cultures des prés Saint-Gervais; vous vivez dans une contrée céleste, vous respirez dans une atmosphère embaumée. Comment la jouissance de tant d'objets délicieux n'influe-t-elle pas davantage sur vos dispositions morales? Le bien-être, ce me semble, prépare l'homme à l'indulgence. Pourquoi m'offrez-vous un exemple du contraire? Pourquoi cette inflexible sévérité de principes que vous soutenez, il est vrai, avec une urbanité peu commune?

C'est un mérite rare en tout temps, et sur-tout aujourd'hui, que la politesse dans une discussion même littéraire. Mais un mérite non moins recommandable, et que vous ne possédez pas aussi éminemment, c'est celui d'y apporter la bonne foi la plus scrupuleuse; de ne pas dénaturer la question discutée pour combattre l'adversaire avec plus d'avantage. Les ruses qu'on admire dans un capitaine, on les blâme dans un *controversiste*. C'est par elles qu'*Annibal* et le père *Escobar* sont devenus célèbres. Mais si vous aviez à choisir entre ces deux célébrités, tant soit peu différentes, préféreriez-vous, en conscience, celle du jésuite à celle du Carthaginois? Rétablissons donc la guerre sur mon terrain, et ne cherchez plus à m'attirer sur le vôtre. Ne changez point ma proposition en m'accusant de desirer la propagation du *monstre* auquel vous donnez si vertement la chasse de concert avec cet autre correspondant de *M. Guillaume*, qui ne parla jamais de *Paillasse* sans pleurer de n'en plus rire.

Le *monstre* existe, mon cher confrère; j'ai tâché d'expliquer les mystères de sa génération; les causes qui l'ont produit me paraissant devoir le conserver, j'ai cherché si l'on ne pouvait pas tirer quelque profit de l'existence qu'on ne pouvait lui ôter. Ce n'est là, ce me semble, que vouloir rendre supportable ce qu'on ne peut pas empêcher; ce n'est pas favoriser la propagation du *monstre*, que je crois indépendante de notre volonté, mais indiquer la manière de le rendre utile, soin qui ne me semble pas indigne d'un bon esprit tel que le vôtre ou le mien.

Au reste, pour ne plus laisser d'incertitude sur mon *orthodoxie littéraire*, et ne pas encourir l'anathème de la part du *Franc-Parleur* auquel vous me dénoncez, je vais commencer par poser quelques questions, résumé de votre article, que je ferai suivre de réponses, résumé du mien; et ma profession de foi ainsi faite, nous reprendrons la discussion.

## DIALOGUE.

### VOUS.

J'aime mieux la *parade* que le *mélodrame*.

### MOI.

Et moi aussi.

### VOUS.

Ce n'est pas un genre que le *mélodrame!*

### MOI.

C'est le résultat de la confusion de tous les genres.

VOUS.

Si le *mélodrame* n'existait pas, serait-il à désirer qu'on l'inventât?

MOI.

Non. Mais au milieu d'un peuple toujours avide de sensations nouvelles, et à une époque si féconde en esprits bizarres, il était difficile qu'il ne fût pas inventé.

VOUS.

Vous pensez donc que ce serait rendre service au goût que de le détruire?

MOI.

Il faudrait d'abord que cela fût possible.

VOUS.

L'ami *Guillaume* va prêcher une croisade contre le *monstre*. Unissez-vous à lui, à moi, à tous les gens de goût, et nous en viendrons à bout.

MOI.

Vous n'en viendrez pas à bout, parcequ'e, fût-il attaqué par tous les partisans du bon goût, il sera défendu par tous les partisans du mauvais, et que, dans la bataille, nous serons un contre mille.

VOUS.

Que faut-il donc faire?

MOI.

Ce qu'on fait avec les barbares : confiner le *mélodrame* dans le pays qu'il a envahi, et le civiliser si l'on peut.

22.

vous (*en levant les épaules*).

Si l'on peut, c'est bien dit!

Moi (*avec un petit mouvement de tête.*)

Quelque soin qu'on y apporte, je sais bien qu'il y aura toujours entre un ouvrage de ce goût et un ouvrage de bon goût, la différence qu'il y a entre la politesse de *Moustapha* et celle d'un chevalier français; mais, enfin, puisqu'il faut vivre avec *Moustapha*, c'est beaucoup qu'il cesse d'être barbare.

Il est fâcheux, mon cher confrère, que le soldat se porte avec tant d'empressement et d'opiniâtreté dans ces cabarets où il s'enivre de mauvaise liqueur; mais puisqu'on ne peut le corriger de ce penchant, faisons en sorte, du moins, que ce qu'il boit ne lui soit pas nuisible; bien plus, faisons en sorte que cela lui soit utile. Un verre d'eau-de-vie de qualité médiocre a souvent produit de bons effets au moment de l'assaut ou de la bataille.

C'est dans un intérêt semblable que je propose de prendre dans notre histoire les sujets des pièces à donner au peuple. Vous vous fondez, vous, sur ce qu'un sujet national a été ridiculement traité aux boulevarts, pour avancer que tous les sujets nationaux y seront traités ridiculement. Mais cela n'est pas plus juste que de conclure de ce qu'un auteur a donné aux Français une bonne comédie, que l'on ne donnera que de bonnes comédies aux

Français. Les lois de la saine logique ne permettent pas de conclure ainsi du particulier au général.

Des fautes grossières nous choquent dans le *mélodrame*; mais sont-elles particulières à ce genre? Hélas! non. L'emphase ridicule du style, l'exagération des sentiments, l'invraisemblance des situations, la violation des mœurs, sont des défauts communs à tous les ouvrages dramatiques: il peut y avoir des *mélodrames* bien écrits, comme il y a des *tragédies* mal écrites; il peut y avoir des situations touchantes et naturelles dans un *mélodrame*, comme il y en a de ridicules et d'invraisemblables dans les *tragédies*.

Quant à l'inexactitude dans les costumes et les décorations, n'est-ce donc qu'aux boulevarts que vous l'avez remarquée? Moi, qui vais quelquefois au *Théâtre-Français*, quand j'ai des billets d'auteurs, je puis vous certifier qu'on n'y est pas plus scrupuleux qu'ailleurs sur cet article. J'y étais la dernière fois qu'on a joué *les Plaideurs*. Au milieu de la décoration s'élève un marronnier vert et fleuri comme ceux des Tuileries au mois de mai. L'action se passe pourtant en plein hiver. Si vous ne m'en croyez pas, croyez-en maître l'*Intimé*, qui en précise ainsi la date dans son exploit:

.............................. *Sixième janvier.*
Pour avoir faussement dit qu'il fallait lier, etc.

Cette invraisemblance, qui subsiste depuis que

la décoration est faite, n'a pourtant jamais choqué le parterre, qui n'a pas toujours raison, même quand il ne siffle pas. Autre fait: Quelque temps auparavant, le jour de la *Mort d'Annibal*, de quelle manière croyez-vous qu'étaient équipées les troupes du roi de Bithynie? devinez. A la grecque? Non. A la turque? Non. A la romaine? Non. A la prussienne? Non; mais à la chinoise; vous en seriez-vous douté? Oui, les soldats de *Prusias* étaient vêtus en *tigres de guerre*[1]; les caporaux, sous-lieutenants, lieutenants et capitaines en mandarins bleu-vert, rouges ou jaunes, suivant l'importance de leurs grades; pas un héros romain, bithynien ou carthaginois qui ne soit entré escorté d'un groupe de *magots*, ce qui fit croire à de bonnes gens qui connaissent plus *Panurge* que *Nicomède,* que la scène se passait dans l'*Isle des Lanternes.* N'allez pas penser pourtant que ce soit pour cela que la pièce est tombée. J'ai entendu, en sortant, des connaisseurs louer la beauté et la vérité des costumes, qui, à la fraîcheur près, peuvent bien mériter cet éloge quand on les emploie pour *l'Orphelin de la Chine.*

C'est contre de telles inconvenances, en tel lieu, qu'il faudrait se fâcher, mon cher confrère. Elles sont sans conséquence aux petits théâtres, mais aux grands elles sont sans excuse.

[1] C'est ainsi que l'on nomme, d'après leur costume, certains soldats chinois. (Voyez le *Voyage de Macartney*.)

Mais revenons *à nos* ou plutôt *à notre mouton*. Quand votre opinion prévaudrait contre la mienne, le *mélodrame* n'en survivrait pas moins; mais il s'alimenterait exclusivement de sujets tirés de la Bibliothèque bleue, du Cabinet des Fées, ou, qui pis est, des romans nouveaux. Que gagneriez-vous, dites-le-moi, à le réduire à cette nourriture? Des traits de notre histoire, modifiés dans les proportions commandées par les convenances dramatiques, seraient-ils donc plus propres à détériorer l'esprit du peuple que *la Barbe-Bleue*, *le Chat-Botté*, *la Belle au bois dormant*, *Riquet à la Houpe*, ou *le Petit-Poucet*? J'ai, vous le savez, quelque prédilection pour ce héros-nain. J'admire, avec le peuple, les ruses par lesquelles il se tire d'entre les dents de l'ogre; mais doutez-vous que le peuple n'admirât avec moi les hauts faits de nos preux, de notre *Duguesclin*, par exemple, quand, une jambe cassée, il s'adosse contre un mur, et seul fait face à cinq Anglais? C'est mon héros que ce brave homme; il deviendra bien vite celui du peuple, qu'il a si constamment respecté et si vaillamment défendu. Le verrait-il sans admiration, aliénant son patrimoine pour racheter les prisonniers français, lui seul excepté; et l'ennemi apportant sur son cercueil les clefs d'une place qui se rend à l'ombre d'un grand homme, serait-il accueilli sans enthousiasme? La loyauté de *Dunois*, l'intrépidité de *Clisson*, la générosité de *Bayard*, les remords du *connétable de Bourbon*, n'exciteraient pas moins l'intérêt et l'admiration du peuple, qui ne connaît les noms célèbres de notre histoire que parceque les héritiers des hommes qui les ont illustrés se font appeler quelquefois par les *aboyeurs* à la porte de nos spectacles.

Vous convenez avec peine du mérite de *Shakespeare*, comme historien : est-ce parcequ'il est peu fidèle ? Je ne l'ai pas nié ; mais, encore une fois, ses infidélités tournent à l'avantage de sa nation ; et dans l'intérêt que je discute, ce n'est pas un tort. Plût à Dieu que nos *mélodramatiques* le prissent pour modèle et fussent en état de l'imiter ! Auprès de *Racine*, de *Corneille*, de *Voltaire*, pour lesquels j'ai quelque goût, ainsi que vous le soupçonnez, *Shakespeare* est un barbare ; mais c'est un barbare de génie. Son fatras abonde en traits sublimes : toute passion s'exalte sous sa plume ; mais aucune n'en reçoit plus d'énergie que celle que je voudrais réveiller, que cet amour du pays dont les tragiques grecs étaient inspirés, et qui, parmi les modernes, n'a guère été bien senti en France que de *Voltaire*, de *Dubelloy* et de *Corneille*, quoiqu'il ne l'ait développé que dans des sujets romains, car cette ame-là était de Rome.

Je serais fâché, j'en conviens, que *Corneille*, *Voltaire*, ou même *Dubelloy*, eussent négligé la scène tragique pour la scène héroïque des boulevarts. Moins facile que vous, je serais désolé qu'un homme doué du génie de *Shakespeare* s'emparât de cette scène pour la perfectionner; j'aimerais bien mieux qu'il allât se perfectionner lui-même au *Théâtre-Français*. Mais je verrais avec plaisir, je l'avoue, les *Corneille* et les *Racine* de *l'Ambigu* et de *la Gaîté* se rapprocher, quant aux fins, des hommes supérieurs dont ils diffèrent si fort quant aux moyens. Je leur souhaite enfin le discernement qui fait éviter les fautes. Quant à la faculté qui crée les beautés, Dieu veuille l'accorder aux successeurs de *Racine*.

En récapitulant, mon cher confrère, je vois que nous nous entendons sur un point, le seul après tout que j'aie intention de défendre: c'est que notre histoire peut fournir d'heureux sujets de drames, et que si ces sujets étaient traités avec talent, même en *mélodrame*, ils ne seraient pas vus sans intérêt et représentés sans utilité. Pour être certain du fait, faisons-en l'expérience: joignons l'exemple aux préceptes, et montrons à la France ce que le *mélodrame* peut devenir entre des mains habiles. Que notre judicieux *Le Franc-Parleur* choisisse dans l'histoire de nos quatre dynasties le sujet qui lui paraîtra le plus dramatique; l'auteur d'*Artaxerce*, que nous nous associerons, fera le plan du mélodrame, et l'on sait qu'il s'y entend; vous vous chargerez des héros, et moi des niais; il nous faudra quelques morceaux lyriques, une romance, une ronde, un vaudeville; mais qu'est-ce qui n'en fait pas? N'est-ce pas de cette manière que tout homme qui n'est pas bête jette sa gourme en sortant du collége? Nous trouverons facilement un collaborateur pour cette partie, si ce pauvre **M.** *Galand* ne peut pas s'en charger. A propos, je vous remercie de me donner de ses nouvelles; faites-lui mes compliments, ils sont bien sincères; car je n'aime personne plus que lui.

Si le projet vous plaît, intercédez, je vous prie, pour moi auprès du *Franc-Parleur*, et engagez-le à lever l'excommunication qu'il a fulminée contre les faiseurs de *mélodrames*, leurs fauteurs et adhérents. Ces gens-là sont plus innocents qu'il ne le croit. De la tolérance, même aux boulevarts, de la tolérance, confrères; vivons en paix, malgré le *mélodrame*, qui a dégoté *Paillasse*, comme on dormait en paix lorsque le drame a détrôné *Molière*, qui n'en règne pas moins. *Vale et iterùm vale.*

Martin,<br>Professeur à Picpus.

Paris, le 10 septembre 1814.

Monsieur Guillaume, si je n'avais pas encore plus d'amour pour la vérité que d'amour-propre, je craindrais de me mettre au nombre de vos correspondants, et je ne réclamerais pas dans votre ouvrage une place qui pourrait être remplie par cet aimable M. *Galand*, de Fontenay-aux-Roses, à la santé duquel je prends un intérêt bien vif; par un certain *académicien de Caen*, qui joint à la malignité normande cette urbanité parisienne qu'on trouve si rarement en province; ou même par ce *maître de pension de Picpus*, dont je préfère les joyeux sophismes et les étranges paradoxes aux propositions les plus orthodoxes des docteurs.

Je me souviens d'avoir lu dans le livre *de l'Esprit*, qui n'est pas toujours le livre du bon sens, qu'on pouvait raisonner fort juste en partant d'un principe très faux. Helvétius, pour démontrer cette proposition, va chercher ses exemples dans l'Inde; que ne citait-il son propre ouvrage? Pour moi, si j'étais chargé de cette vérité en lumière, je me ferais une autorité de la lettre du professeur de Picpus sur le *mélodrame*. Je ne crois pas qu'il soit possible d'employer plus d'esprit, plus d'adresse, plus d'instruction à défendre une mauvaise cause; cependant, pour qu'on ne soupçonne pas sa raison d'avoir la moindre part au triomphe qu'il veut remporter sur la nôtre, ce n'est qu'après avoir peint *le monstre* dans toute sa difformité, après nous l'avoir signalé comme le produit honteux de la misère et du mauvais goût, qu'il nous propose (ironiquement sans doute) d'en propager l'espèce. M. le professeur a beau dire, il est aisé de voir qu'il vit plus habituellement avec Racine, Corneille, et Voltaire, qu'avec MM. C., P., A., et qu'il aime encore mieux *Athalie* et *Mérope* que *les Filles sauvages* et *les Ruines de Babylone*. Vous trouverez comme moi, j'en suis certain, que l'idée de mettre l'*Histoire de France* en mélodrame est beaucoup plus gaie que raisonnable; il est vrai que le P. Gueffier l'a mise en vers, et le président Hénault en dialogue, ce qui faciliterait beaucoup le projet de la mettre en scène. « N'est-ce pas dans les « *Annales Britanniques*, ajoute M. le professeur, que « Shakespeare a puisé une grande partie de ses « drames? » Sans m'arrêter à discuter le mérite des ouvrages de cet auteur, considérés comme fragments d'histoire, je veux bien (tout en prévoyant à quoi je m'engage) admettre que le mélodrame historique pourrait avoir quelques avantages s'il était traité par des hommes tels que Shakespeare; mais, dussé-je me mettre à dos tous les beaux esprits du boulevart, je suis forcé de convenir qu'il y a entre l'auteur anglais et nos mélodramaturges tout l'espace qui séparc le génie de la nullité. Si l'aimable sophiste de Picpus allait, comme moi, s'attrister de temps en temps à *la Gaieté* et à *l'Ambigu-Comique*, je doute qu'il pensât à établir un cours d'histoire sur des théâtres où l'on voit Charles XII et Pierre-le-Grand faire assaut de politesse et de générosité le jour de la bataille de Pultawa, et se sauver mutuellement la vie comme deux frères d'armes de l'armée du roi Artus; où l'on voit (sans autre motif que celui d'avoir des costumes plus pittoresques, et sans autre changement que celui des noms des personnages) Charles VII remplaçant Henri IV au siège de Paris; où l'on apprend que Poniatowski, ami de Stanislas, était issu du sang des rois de Pologne, et cent autres inepties pareilles, dont les faiseurs de mélodrames meublent l'esprit de nos badauds. Je ne parle pas des innombrables anachronismes que nécessite le goût des acteurs ou l'économie de la direction, qui fait servir des habits du temps des croisades à des seigneurs de la cour de Henri III, et qui place le salon de compagnie d'un palatin polonais dans le palais d'un roi de Grenade; j'insisterai encore moins sur la barbarie d'un style empoulé, que personne ne s'est encore avisé de défendre, mais dont l'emploi continué n'en menace pas moins de corrompre la langue; les hommes instruits peuvent rire *de l'oreiller du remords rembourré d'épines; de l'insecte qu'on* écrase et qui lève une tête audacieuse contre son oppresseur; de l'homme qui se présente devant son roi sous la livrée du dernier de ses sujets; mais le peuple, qui pleure à ces misérables farces, en admire le style de la meilleure foi du monde, et croit pouvoir se dispenser de chercher ailleurs des leçons et des modèles. Je conclus donc, M. Guillaume, contre l'avis, ou plutôt de l'avis de M. le professeur de Picpus (car je le soupçonne d'être en secret du nôtre), que le mélodrame est à l'art dramatique ce que les chenilles sont aux arbres, dont elles mangent les feuilles et gâtent les fruits, et qu'elles finissent par faire périr quand on néglige les lois sur l'écheuillage. S'il arrivait que des hommes d'un vrai mérite voulussent consacrer leur plume à ce genre d'ouvrage; qu'ils eussent assez de goût et d'instruction pour choisir dans notre histoire les faits et les circonstances qui peuvent être représentés avec intérêt, assez de connaissance de l'art dramatique pour les adapter à la scène, assez de talent littéraire pour écrire avec l'élégance et la pureté dont aucun genre d'ouvrage ne devrait être exempt, je veux bien convenir que le mélodrame pourrait alors être de quelque utilité pour l'instruction du peuple; mais en même temps je suis convaincu que les hommes de lettres capables d'élever le mélodrame à ce degré de perfection se garderont bien de contribuer, par leur exemple, à dénaturer l'art admirable dont les trois grands maîtres de la scène française ont posé la limite.

Dupont,
Professeur de belles-lettres à Pantin.

Paris, le 18 septembre 1814.

Convenez, M. Guillaume, que vous faites partie de la plus singulière nation qui soit au monde! J'ai beaucoup voyagé, et je puis me flatter de connaître mon espèce humaine : eh bien! je vous déclare que je n'ai trouvé chez aucun peuple de la terre des contrastes aussi frappants que ceux dont se compose le caractère des *Français*. Les éléments en sont si hétérogènes, si discordants, que si l'on s'avisait de les réunir sous un même point de vue, de les rapprocher de manière à ce qu'on pût en saisir l'ensemble au premier coup-d'œil, l'homme étranger à la France, à qui l'on présenterait cette peinture, n'y verrait qu'un burlesque amphigouri, composé de disparates plus ou moins ingénieuses : ce portrait, qui ne ressemblerait à rien, n'en serait pas moins très ressemblant. Ce n'est pas à moi qu'il appartient d'esquisser cette gigantesque et bizarre figure; je me borne à indiquer un de ses traits principaux. Le plus remarquable est, selon moi, l'*inconséquence* des Français, ou, si vous l'aimez mieux, des Parisiens, que je regarde comme les Français par excellence. L'annonce d'une découverte nouvelle est pour eux, sans la connaître, un sujet d'enthousiasme ou de dénigrement, suivant que l'homme, la chose, ou le nom seulement est offert à leur admiration ou à leurs plaisanteries par la première personne qui les aura signalés. Depuis dix ans, j'en citerais cent exemples; je m'arrête au plus récent, à celui de M. *Degen.* Cet habile mécanicien arrive à Paris pour exécuter dans cette capitale des arts une expérience qui lui a coûté vingt ans de travail, et qui met sa vie dans le plus imminent danger chaque fois qu'il la renouvelle; il s'annonce avec toute la modestie du talent: toutes ces considérations n'empêchent pas les oisifs de cafés, les badauds de promenades, les beaux diseurs de foyers, d'analyser la découverte sous le point de vue le plus ridicule, d'en extraire trois calembourgs, cinq jeux de mots, deux quolibets, et dix-sept épigrammes, qu'ils colportent dans tous les quartiers de Paris; et c'est au milieu des obstacles sans nombre que lui suscitent de tous côtés la sottise et l'envie, que M. Degen exécute son expérience aérostatique, la plus audacieuse qui ait été faite depuis celle du parachute. Son succès n'a point été complet: pouvait-on espérer qu'il le fût? Son entreprise n'est-elle pas du nombre de celles dont la seule tentative mérite d'être récompensée par quelques moments de cette faveur publique que les Français prodiguent quelquefois avec si peu de justice et de discernement?

Agréez mes salutations.

M. R. C

Paris, le 25 septembre 1814.

Je viens réclamer auprès de vous, M. le Franc-Parleur, contre la lettre de votre correspondant, M. Vertpré, qui se plaint du goût *ridicule* de sa femme pour mes tulipes et mes jacinthes. Cela ne vous a-t-il pas fait souvenir de la colère du marquis de X..., qui, s'étant éveillé pendant la nuit, et entendant chanter le rossignol, fit venir son garde-chasse, et lui ordonna d'aller tuer cette *vilaine bête?* Convenez qu'il faut être au moins de bien mauvaise humeur pour déclamer avec tant d'amertume contre un goût si pur, contre une occupation si douce et si aimable. Que d'époux, à Paris, se trouveraient heureux de pouvoir inspirer à leur femme cet amour des fleurs dont se plaint M. Vertpré! N'est-il pas, je vous le demande, plus tranquillisant, pour un mari, de voir sa femme occupée à arroser des plates-bandes de tulipes, à planter des griffes de renoncules, à étiqueter des oignons de jacinthes, que d'apprendre qu'elle vient de monter en calèche pour aller déjeûner au Rincy, qu'elle se propose d'aller le soir en loge grillée à Feydeau, ou en domino au bal de l'Opéra? Mais c'est principalement comme objet de dépense que M. Vertpré s'élève contre ce qu'il appelle la manie des fleurs, et cependant quel est le mari, dans cette capitale, qui ne s'engageât plus volontiers (même sans connaître le tarif de mes oignons) à payer mon mémoire, que celui de M. Le Roi, de M. Dubief ou de madame Gerbaut? Je dis plus, M. Guillaume, et j'offre de prouver que cette passion de fleurs, quelque vive qu'elle soit, est une source d'économie dans un ménage. Pour qui passe sa vie dans une serre ou dans un jardin, une simple robe de perkale bien blanche est la parure du meilleur goût: dès-lors, économie de cachemires, de tricot de Berlin, de robes habillées, de garnitures en tulle, de mousselines brodées, lamées, et de tant d'autres chiffons dont le moindre paîrait le plus beau de mes carrés de tulipes. Un ample chapeau de paille d'Italie, garni d'un ruban écossais, suffit pour dérober avec beaucoup de grace une jolie jardinière aux ardeurs du soleil, et, par conséquent, lui épargne la dépense de ces calèches en tulle de madame Colliau, de ces voiles en point de Bruxelles, de ces toques en étoffes précieuses, garnies de plumes et de fleurs vingt fois plus chères que les miennes. Que M. Vertpré veuille bien établir le compte des dépenses de sa femme, et je suis bien trompé s'il ne parvient à se convaincre que, de tous les goûts féminins, celui des fleurs est à-la-fois le plus innocent et le moins dispendieux. Pour le mettre à portée de prononcer en connaissance de cause, je suis obligé de le prévenir que si madame Vertpré a porté, comme il le dit, sur son mémoire, des oignons de tulipes provenant de mon jardin, à trois cents francs la pièce, elle aura sans doute eu ses raisons pour ajouter deux zéros au prix effectif de trois francs qu'elle a payé chez moi ces mêmes objets. Je ne mets point en doute que cette dame n'ait employé à quelques bonnes œuvres secrètes le surplus de la somme qu'elle a portée en compte à son mari; mais, je vous le demande, M. le Franc-Parleur, est-il juste que je souffre de sa générosité?

Les *amants de Flore* sont volages de leur nature; la lettre de M. Vertpré peut les éloigner de chez moi : veuillez prévenir le mal en publiant ma réclamation. J'ai quelque droit à la bienveillance du public et à la vôtre : je suis laborieux, père de dix enfants, et je n'ai qu'un parterre pour les nourrir. Songez, M. Guillaume, que nous exerçons l'un et l'autre une profession où l'on ne s'enrichit guère, et qu'il est (quoi qu'en dise M. Vertpré) plus difficile encore de faire fortune en cultivant les fleurs qu'en cultivant les lettres.

J'ai l'honneur d'être, M. le Franc-Parleur, etc.

TRIPET,

Jardinier-fleuriste, avenue de Neuilly, n° 20

Fontenay-aux-Roses, le 3 octobre 1814.

Ma santé, loin de se rétablir, se détériore de plus en plus, mon cher M. Guillaume; le lait d'ânesse, qui réussit à tant de monde, est sans vertu pour moi; je baisse sensiblement; je puis dire avec Chaulieu aux nymphes de Fontenay :

> Muses, qui dans ce lieu champêtre
> Avec soin me firent nourrir;
> Beaux arbres qui m'avez vu naître,
> Bientôt vous me verrez mourir.

Mais, non, je ne le puis pas; mon docteur ne m'a-t-il pas défendu tout travail, toute occupation, même d'agrément? Si je pense, je fatiguerai ma tête; si je chante, je fatiguerai ma poitrine. Pour m'empêcher de mourir de fatigue, il me fait périr d'ennui. N'a-t-il pas impitoyablement déchiré, l'autre jour, des stances élégiaques que j'avais commencées sur l'air: *Adieu, paniers, vendanges sont faites!* Ma guitare est accrochée, par ordonnance, à la muraille de ma chambre, *in medio ejus suspendimus organa nostra;* et tout à côté repose aussi cette pauvre flûte qui charma si long-temps mes loisirs, *solumenque mali... fistula pendet.*

Je ne suis plus bon à rien, et bientôt je ne serai plus rien: tout me l'annonce. Triste vérité, qui afflige mes amis et mes parents même; car je n'ai pas de fortune; mais, qui n'afflige personne autant que moi; car, à parler franc, je me crois encore le meilleur de mes amis, quelque tendresse qu'on puisse me porter.

De l'intérêt que je prends à moi-même résulte pour moi plus d'un inquiétude en cette circonstance. Je suis un homme de lettres, soit dit sans me vanter, et, en conséquence, friand de gloire. Dieu prenne pitié de moi dans l'autre monde! mais dans celui-ci, qui prendra soin de ma réputation quand je n'y serai plus?

De mon vivant, mes affaires n'allaient pas très mal: à l'exemple de Le Mierre, je les faisais moi-même. Mais les autres auront-ils pour moi la même justice ou la même complaisance? Les journaux continueront-ils à dire de moi ce que j'en pense? Enfin, l'honnête célébrité que je me suis faite ne finira-t-elle pas par tourner contre moi-même?

Que ces bonnes gens qui ne sont qu'honnêtes gens viennent à mourir, les cloches sonnent, les prêtres chantent, et tout est dit, s'ils ne laissent pas de dettes, ou n'ont pas été membres de quelque société d'agriculture; mais il n'en est pas ainsi d'un homme de lettres, d'un homme d'esprit tel que vous et moi, M. Guillaume. Que de gens, qui ne daignent pas s'occuper de nous, tant que nous vivons, se croient obligés de faire le contraire. dès que nous cessons d'exister!

L'effet que les hommes produisent sur la société en mourant, ressemble assez à celui des pierres qui tombent dans un puits: les unes, qui se sont détachées tout doucement, glissent silencieusement dans l'abîme, sans rider même la face de l'eau; les autres font des ronds plus ou moins grands, en raison de leur pesanteur et de l'élévation d'où elles ont été précipitées; leur chute est enfin accompagnée d'un bruit plus ou moins fort, qui, pourvu qu'il soit propagé par les échos, peut bien durer presque une minute.

Le puits où nous sommes, M. Guillaume, n'est pas celui de la Vérité. Les échos y sont nombreux; seront-ils fidèles? C'est ce qui me tourmente.

Ceux qui retentissent ordinairement au sujet de la mort des gens de notre classe (car vous êtes sans doute de quelque académie, *française* ou non) sont: 1° le secrétaire, qui fait l'oraison funèbre; 2° le successeur du défunt dans ses honneurs académiques; 3° les journalistes; 4° les auteurs dramatiques; 5° les éditeurs de correspondances.

Celui de ces échos que je redoute le moins, c'est le confrère qui fera mon oraison funèbre. Quoiqu'il me déteste, son intérêt me répond de lui. Il fera mon éloge, moins pour continuer une bonne institution, que pour n'en pas commencer une mauvaise; il lui importe qu'en pareil cas on ne parle qu'en bien du héros de la fête; il se consolera enfin d'avoir dit une fois du bien d'un collègue, certain qu'il est que cette fois, qui est la première, sera aussi la dernière.

Je ne suis pas aussi sûr, à beaucoup près, de mon successeur. Nos réglements, qui sont une autorité, et les convenances, qui en sont une plus puissante encore, l'obligent, je le sais, à exagérer le peu que je vaux; mais n'a-t-on pas vu des esprits forts s'élever au-dessus de ces petites considérations, et tenter d'étendre leur réputation aux dépens de celle de l'immortel dont ils avaient brigué la place? Pour les amateurs de bruit, le pauvre défunt n'est souvent que ce qu'un âne mort était pour les prêtres de Cybèle, un tambour sur lequel ils accompagnent l'hymne qu'ils ont composée en l'honneur de la divinité à laquelle ils immolent tout en leur propre honneur, pour trancher le mot. Si le hasard ou telle autre cause me donnait, à l'académie de *Villeneuve-Saint-Georges*, un héritier de ce caractère, entrez vite en négociation avec lui, M. le Franc-Parleur: dites bien à cet homme de génie qu'il n'y aurait aucun profit à me dénigrer; que je n'ai été ni gluckiste, ni économiste, ni picciniste, ni moliniste, ni encyclopédiste, ni janséniste, et qu'en conséquence il n'entre dans les intérêts d'aucun parti que je sois diffamé; que le vœu éternellement répété sur la cendre des morts, par la charité, est *Requiescant in pace!* « Qu'ils reposent en paix! » Mais si vous pouviez lui faire sentir adroitement qu'il y aurait quelque avantage pour lui à faire mon éloge; que mon panégyrique ferait honneur à son imagination; que, pour les esprits féconds, il n'est pas de sujets stériles, vous m'obligeriez bien plus encore, et je serais bientôt un grand homme : car d'un trait de plume ces gens-là font des miracles, comme on sait.

Quant aux journalistes, c'est dans un autre intérêt qu'il faut traiter avec eux: il ne s'agit pas de savoir s'ils parleront de moi en bien ou en mal, mais s'ils en parleront. La pire de toutes leurs malices est leur silence; c'est la seule que je redoute : l'eau du Léthé a bien mauvais goût après celle de l'Hippocrène! Et puis quelle honte pour un bel esprit, s'il n'obtenait pas dans les nécrologes une place qui s'accorde journellement à des danseuses, à des mathématiciens, à des marguilliers, au premier animal qui meurt, enfin, même hors du Jardin des Plantes! Sauvez-moi d'un pareil déshonneur, M. Guillaume. Si, trois jours après mon décès, il n'a été question de moi dans aucune des feuilles accréditées, sollicitez, fût-ce même du moins indulgent de nos marchands de renommée, un petit article, dût-il ne m'être pas favorable. S'il ne me trouvait pas un sujet assez important même pour être dénigré, rassurez cet homme scrupuleux en lui représentant que le diable, qu'il ne vaut pas, a daigné quelquefois grêler sur le persil.

Passons aux auteurs dramatiques. Je ne m'occuperais pas d'eux *in articulo*, M. Guillaume, s'ils ne s'occupaient pas de tout le monde. Savez-vous que le plus grand des inconvénients que la mort peut avoir, pour tout homme célèbre, est un fruit de leur génie? Vous m'entendez, je crois : vous devinez que je veux parler de cette habitude, si commune de nos jours, d'exhumer un pauvre homme pour le mettre tout chaud sur la scène le lendemain de son enterrement. Semblables à l'entrepreneur des sépultures, qui, sur le rang et la fortune, estime, à la première vue, le bénéfice que telle personne lui rapportera le jour où elle aura rendu l'ame; sur une pièce de vers, une page de prose, une tragédie ou un vaudeville, un trait d'esprit ou de caractère, les maîtres de la scène actuelle estiment à livres, sous et deniers, ce que tel de leurs contemporains pourra leur valoir le jour où il aura rendu l'esprit. Grace à leur empressement, qui peuple le théâtre de revenants, on est tout étonné de retrouver au boulevart Montmartre, ou au coin de la rue de Chartres, l'ami que l'on avait laissé au jardin du *Père Lachaise;* mais, comme cela doit être, on le trouve souvent très changé. La plume est bien, entre les mains de ces messieurs, la baguette magique avec laquelle on évoquait les ombres, mais, malheureusement, tous ceux qui manient aujourd'hui la plume ne sont pas sorciers. Si quelques auteurs sont en fonds pour faire penser, parler, agir et chanter un homme d'esprit, il n'en est pas ainsi du grand nombre; ils n'ont souvent ni vu ni lu l'auteur qu'ils prétendent faire revivre: ne pouvant le peindre d'après lui, ils le peignent d'après eux, comme Dieu fit jadis l'homme à son image. Le portrait alors devient d'autant moins flatteur qu'il ressemble plus.

Ah! M. le Franc-Parleur, ne me laissez pas tomber entre les mains de ces gens-là. De mon vivant, rien ne me désolait autant qu'on me prît pour eux, si ce n'est qu'on les prît pour moi. Vous me direz que le sort que je redoute me serait commun avec *César*, *Achille*, *Alexandre*, et tant de héros qu'un écolier peut à son gré traîner sur la scène, sans que la gloire de ces grands hommes souffre de la sotte figure qu'on leur fait faire, et des sots propos qu'on leur fait tenir. Je réponds à cela qu'entre *César* et moi il n'y a pas de parité; que *César* est connu de l'univers entier, et qu'à Paris, à *Fontenay* même, tout le monde ne me connaît pas; qu'on se moquera de l'écolier qui aura défiguré une physionomie que nous connaissons tous, tandis qu'on se moquera de moi, qu'on croira reconnaître dans une physionomie qui ne sera que celle de mon barbouilleur. Si je dois être un jour exposé au public, que ce soit du moins tel que je suis. Je m'aime mieux tel que Dieu m'a fait, que tel que me feraient les hommes; je ne veux ni perdre ni gagner. Qu'on parodie les ouvrages, soit; mais les personnes, c'est trop fort. Je n'entends pas plus raison ou plaisanterie sur cet article-là que *Montaigne;* et si j'étais jamais travesti en héros de drame, fût-ce même par le sensible auteur de *l'Abbé de l'Épée*, je reviendrais volontiers de l'autre monde pour me siffler.

Une autre espèce de spéculateurs contre laquelle je vous prie de me protéger, M. Guillaume, c'est celle des éditeurs de Correspondances. Ces écumeurs de littérature sont nombreux. Tout chiffon griffonné qui tombe sous leur main figure bientôt dans un recueil de lettres inédites. Il me semble pourtant que plus d'une considération devrait apporter des restrictions à la liberté de ce genre d'industrie, lequel, soit dit entre nous, rappelle un peu celui de quelques honnêtes gens qui, la hotte sur le dos, le crochet en main, vont cherchant fortune de borne en borne. En publiant ce qui n'a pas été écrit pour le public, on a plus d'une fois compromis deux réputations, celle de l'homme qui écrivait, et celle de l'homme dont on écrivait. Cela me semble blâmable pour mille raisons. Si j'ai été injuste, pourquoi donner à mon injustice une publicité qui l'aggrave? Cette lettre, d'ailleurs, contient ce que j'ai pensé une fois; mais est-ce là ce que j'ai pensé toujours? Depuis quinze ans, depuis quinze jours qu'elle a été écrite, mes opinions ont été rectifiées; en divulguant celle-ci, vous me calomniez. C'est une lettre confidentielle que vous avez interceptée : surprendre des confidences, c'est se rendre coupable d'espionnage; les publier, c'est se rendre coupable de délation.

Souvenez-vous, M. Guillaume, que je désavoue d'avance toute lettre de moi qui pourrait être imprimée après ma mort; toutes, excepté celle-ci. Je n'ai jamais fait de caquets de mon vivant; je ne veux pas qu'on puisse me reprocher des *caquets posthumes*. Je ne veux pas non plus être traité, comme ce pauvre *Mirabeau,* par de graves censeurs qui, concluant de tout ce que le monde lit mes lettres qu'elles ont été écrites pour être lues par tout le monde, les compareraient à celles de la *Nouvelle Héloïse,* et déclareraient ma prose épistolaire inférieure à celle de Rousseau.

Par charité, M. Guillaume, prenez soin de ma mémoire; je vous nomme, dès aujourd'hui, tuteur *ad hoc.* Voyez aussi, pour prix des services que vous me rendez ici-bas, voyez ce que je puis faire pour vous là-haut. Je n'espère plus qu'en Dieu et en vous. J'ai recommandé à Dieu les intérêts de mon ame; je remets ceux de mon esprit entre vos mains. *In manus tuas, Domine, commendo spiritum meum.*

GALAND,
de Fontenay-aux-Roses.

Fontenay-aux-Roses, le 12 octobre 1814.

Je suis bien sensible, M. le Franc-Parleur, à l'intérêt que l'on prend à moi. Votre ami *Dupont, de Pantin*, et votre ami *Martin, de Picpus*, s'accordent au moins sur ce point-là. Que je sais gré à ces deux professeurs de ne pas m'oublier au milieu de leurs doctes querelles, et de quitter un moment le *mélodrame* pour vous demander de mes nouvelles! La seule consolation d'un malade est de savoir qu'on s'occupe un peu de lui. Vous ignorez cela, vous autres gens de bonne santé. Vous ne savez pas non plus qu'il y a des maladies de bon genre dont on se vante, lors même qu'elles sont réelles; et que des douleurs d'une certaine nature sont encore des occasions de jouissance pour l'amour-propre.

A parler franchement pourtant, ce sont de tristes jouissances que celles-là. Je ne m'en aperçois que trop lorsque le départ de mes amis ou le sommeil de ma garde me rend à moi-même, et me permet de m'abandonner à toutes les réflexions que mon état m'inspire. Notre fin est une conséquence de notre commencement, sans doute; mais la fin ne devrait-elle pas être séparée du commencement par un honnête intervalle? Il me semble que la providence pourrait attendre que nous fussions bien las de l'existence pour nous en débarrasser. Deux hommes d'un caractère bien différent, *Sedaine* et *Montaigne*, nous conseillent bien la résignation; mais ni la simplicité de *Sedaine*, ni la subtilité de *Montaigne*, ne me disent rien qui puisse me consoler de toucher au terme quarante ans avant l'âge que le *psalmiste* me permettait d'espérer. *Dies annorum nostrum in ipsis, septuagenta anni. Si autem in potentibus, octoginta anni*, dit le prophète en question [1]. *Sedaine* a beau chanter : *Mourir n'est rien, c'est notre dernière heure*, s'ensuit-il que la dernière heure doive être si près de la première? *Montaigne* a beau dire : *Tous les pas mènent à la mort, le dernier y arrive*, cela ne me prouve pas que j'ai dû parcourir ma carrière en une enjambée; qu'il ne devait y avoir que deux pas entre mon berceau et mon tombeau; qu'il faille enfin me consoler d'entrer à l'auberge avant que d'être fatigué. J'aurais, j'en conviens, besoin d'un peu plus de lassitude pour trouver bon le lit qui m'y attend.

N'importe, résignons-nous, et faisons ce pas de bonne grace autant qu'il se peut. Un homme qui meurt sous les yeux du public doit avoir au moins la coquetterie d'un gladiateur,

<blockquote>Qui garde en expirant une noble attitude.

Spartacus. </blockquote>

---

[1] Notre carrière s'étend à soixante-dix années, et dans les plus forts à quatre-vingts.

Et puis, la philosophie que nous professons apprendrait-elle à bien vivre si elle n'apprenait à bien mourir? Mourir enfin n'est-il pas un acte de la vie, quoique ce soit le dernier?

Pour bien mourir, il faut se mettre bien avec soi-même; c'est de quoi je m'occupe. La tête appuyée sur mes poings, lorsque je ne me frappe pas la poitrine, je fais la récapitulation de ma vie entière, ou, pour parler plus clairement, mon examen de conscience. C'est vous annoncer ma *confession*, M. le Franc-Parleur. Je vous l'adresse. A l'exemple des premiers chrétiens, je veux qu'elle soit publique.

A ce mot de *confession*, je vois des sourcils se froncer, et plus d'un visage prendre l'expression de l'inquiétude. Dire du mal de soi, ce n'est pourtant pas chagriner les autres, ordinairement. Croit-on que je m'épargnerai? Non; mais on craint que je n'épargne pas autrui. Que l'on se rassure; la *confession* que je publie n'est que la mienne. Quelques gens, à la tête desquels je suis fâché de voir *Rousseau*, en confessant leurs péchés, ont, il est vrai, confessé les péchés d'autrui. C'est porter la sincérité trop loin. La publicité donnée à une sottise faite en commun, si elle est *confession* quant à vous, est *accusation* quant à votre complice. On n'est pas maître de divulguer un secret dont un autre partage avec nous la propriété; cela est de rigueur, sur-tout relativement à certaines folies dont la société parle avec beaucoup de sévérité, en les supportant avec beaucoup d'indulgence. Il n'est enfin permis qu'aux femmes, quand elles sont assez franches ou assez folles pour faire un pareil aveu, de nommer le pécheur qu'elles se sont associé. Cet aveu, qui est plus souvent un acte d'amour qu'un acte de contrition, est encore une faveur. Tout homme à la mode que j'aie été, je n'ai jamais perdu de vue ces principes, qui sont ceux de tout galant homme dans le *Marais*. Eh! mes amis, grace à l'inconséquence des femmes, il n'y aurait aucun inconvénient pour vous à les adopter, même à la *Chaussée-d'Antin*. Rapportez-vous-en à ces dames pour se donner vis-à-vis de vous le mérite de divulguer ce que vous auriez eu d'elles le mérite de taire. Dans ce cas, du moins, votre probité n'aura aucun reproche à faire à votre amour-propre, et vous pourrez être fats en sûreté de conscience.

Je ne dirai donc rien de ce qui concerne les autres. Je ne dirai pas non plus tout ce qui me concerne; c'est une vanité ou une humilité bien mal entendue que celle qui porte un homme à s'offrir nu de la tête aux pieds aux yeux du public. Ce cynisme n'a jamais pleinement réussi à personne, pas même à *Marmontel*, dont les mémoires contiennent certaines révélations qu'il devait par fierté, si ce n'est par pudeur, taire, sur-tout à ses enfants, pour lesquels il écrivait; et, soit dit en passant, sa famille est nombreuse, s'il est père de tous ses lecteurs. Pourquoi sommes-nous trop souvent dans le cas de jeter sur ce patriarche académique le manteau que *Sem* et *Japhet* étendirent sur l'inventeur de la vigne?

Ma *confession* n'est ni celle d'un homme du monde, ni celle d'un homme d'affaires, ni celle d'un homme d'état; mais seulement d'un homme *de lettres*.

Je commencerai, mon père, par m'accuser de n'avoir pas porté ce titre d'homme de lettres avec assez de fierté, de m'être laissé imposer trop souvent par le ton tranchant dont quelques gens à la mode parlent dans leur société des hommes qui honorent le plus cette profession, par l'assurance avec laquelle ils dépriment les plus louables productions du génie. Je croyais leurs airs fondés sur des droits; je croyais que le sentiment de leur supériorité les portait seul à en user ainsi avec des hommes supérieurs. Certain, aujourd'hui, que chez eux l'impertinence tire sa source de l'ignorance, je me repens sincèrement de ma modestie. Je confesse qu'après l'homme de génie qui gouverne l'état, le guerrier qui le défend, l'agriculteur qui le nourrit, il n'y a pas de condition plus honorable que celle d'homme de lettres; que sans l'étude des lettres on ne peut réussir dans aucune profession, la danse et l'arithmétique exceptées; que les lettres sont nécessaires à l'avocat, au médecin, et quelquefois même au prédicateur, et que tout homme de lettres traité sans égards par un homme du monde doit se souvenir du mot de *Piron* à je ne sais quel marquis: *Les qualités reconnues, je passe le premier.*

Je m'accuse d'avoir eu long-temps une estime exagérée pour les *savants*, ou plutôt d'avoir étendu à tous les étudiants qui prennent ce nom l'estime que je professerai jusqu'au dernier moment pour les hommes de génie auxquels seuls il devrait appartenir. J'avais pour tout savant presque autant de déférence que pour les freluquets dont je parlais tout-à-l'heure, et presque tous se laissaient faire. Sottise à moi ! La science et le génie sont deux choses bien différentes ! Honorons le génie, mes frères, dans les successeurs d'Euclide, d'Archimède, de Dioscoride, de Copernic, de Newton; mais ne reconnaissons pour leurs successeurs que ceux qui étendent le domaine créé par les maîtres, que ceux qui ajoutent des découvertes aux découvertes déjà faites. Quant à ce savant qui n'invente rien, en quoi serait-il supérieur à l'homme de lettres qui n'invente pas ? Pendant que l'un fait preuve d'intelligence, l'autre fait preuve d'esprit. Qu'on permette au moins à ces deux facultés, dont la première exclut quelquefois la seconde, de se compenser. *Gélendre* sait chiffrer, *Teinsange* sait écrire ; l'un combine des nombres, l'autre des mots : chacun de son côté sachant ce que l'autre ne sait pas, il y a parité entre eux ; et *Teinsange* serait aussi sot d'être humble vis-à-vis de *Gélendre*, que *Gélendre* d'être fier vis-à-vis de *Teinsange*.

Je m'accuse d'avoir été toute ma vie d'une partialité révoltante, d'avoir eu des affections et des aversions immodérées, à l'influence desquelles mes jugements ont été continuellement soumis en dépit de ma raison même, et cela par une suite des efforts que je faisais pour me soustraire à cette influence, et me montrer supérieur à mes passions. Il est résulté de là que j'étais toujours extrême, soit quand je blâmais mes amis, soit quand je louais mes ennemis. C'est une injustice : je me repens d'autant plus qu'elle n'a point diminué le nombre de mes ennemis, et que mes amis pourraient bien ne me la pas pardonner.

Je m'accuse d'avoir poussé trop loin, non pas le respect dû aux vieillards (on ne peut pécher par excès en donnant cet exemple, dont l'imitation peut nous profiter), mais la confiance que je prêtais à leurs discours. J'ai lu Homère, et, qu'il me le pardonne, j'ai souvent ri de Nestor, quand, au détriment de la génération présente, il établit avec la génération passée des comparaisons qui ne sont pas toujours justes. Eh bien! je n'en écoutais pas moins sérieusement certain septuagénaire, un peu malingre, qui dit et voudrait bien faire croire que les *polémiques* de son temps l'emportaient en génie sur les *épiques* du nôtre ; que s'il n'a rien écrit dans sa jeunesse, parcequ'il désespérait d'être distingué entre les écrivains de l'autre siècle, il n'écrira rien dans sa vieillesse, parcequ'il serait désespéré d'être confondu avec les écrivailleurs de notre temps. « Le génie est rare en tout temps, lui dis-je un jour, mais le talent l'est moins : convenez que celui d'écrire élégamment et correctement, même en prose, n'a jamais été plus commun qu'à cette époque. — Je suis si persuadé du contraire, me dit mon dégoûté, *qu'il y a plus de vingt ans que je ne lis plus rien de ce qu'on imprime.* »

Je m'accuse d'avoir eu trop peur des critiques, et d'avoir porté quelquefois la faiblesse jusqu'à sacrifier mon goût au leur. Dieu sait comme ils m'ont châtié de cette faute ! mais cette fois leur sévérité était juste. Je n'ai jamais cependant été lâche au point de faire l'aumône au diable, et d'acheter des certificats de génie comme on achetait jadis des certificats de noblesse. Il fut un temps où ce genre de commerce aurait ruiné le plus riche des agents de change. Il y avait à Paris presque autant de journaux que de corps-de-garde ; heureusement les bourgeois qui remplissaient les uns et les autres n'étaient pas plus redoutables les uns que les autres : on pouvait passer sans risque sous leur feu, et se moquer du *qui vive!* d'un *remplaçant* armé d'un fusil sans baïonnette et sans batterie.

Je m'accuse, enfin, non seulement d'avoir couru après la gloire, mais d'avoir cru l'attraper. Et à quels titres ? Pour avoir fait un vaudeville que je croyais rempli de bons mots, parceque'il est plein de calembourgs; pour avoir fait des contes qui ne sont uniques que parceque j'y disais ce que personne ne doit dire. Grace au goût, grace aux mœurs, mon vaudeville et mes contes ont eu du succès; mais du scandale, en littérature ou en morale, est de la célébrité et non pas de la gloire. Je le reconnais à cette heure où les illusions s'évanouissent, où l'on est franc, même avec soi :

> Des vains ménagements déchirant le bandeau,
> La vérité s'assied sur le bord du tombeau.
>
> FONTANELLE, *Vestale*.

La gloire n'est due qu'aux ouvrages ou aux actions utiles. *Alexandre*, vengeur de la Grèce; *Auguste*, pacificateur de Rome; *Charlemagne*, fondateur et législateur de l'Empire, tous les grands hommes ont droit à la gloire; elle est aussi le partage des hommes de génie qui ont célébré les héros. *Homère*, *Virgile*, *Voltaire*, l'ont acquise en la leur conservant; mais on ne la rencontre ni sur le théâtre des *Variétés*, ni sur celui de l'*Ambigu*, ni sur celui de *la rue de Chartres*, eût-on fait *Riquet à la Houpe*, ou *Mon-*

*sieur La Gobe*, ou le plus beau des *mélodrames*. On peut, il est vrai, conquérir la gloire sur le *Théâtre-Français;* mais il faut être, pour cela, *Corneille, Racine, Voltaire, Molière,* ou mieux, s'il est possible.

Voilà, M. le Franc-Parleur, ceux de mes péchés que je crois devoir confesser à haute voix pour l'utilité publique; les autres, je les garde pour l'oreille de mon curé. Quel profit la société trouverait-elle à me les entendre récapituler? Une *confession* minutieuse ne sied qu'à *saint Augustin.* Ce n'est qu'à l'homme exempt de grandes fautes qu'il appartient d'attacher de l'importance aux petites. L'évêque d'Hyponne se confesse d'avoir volé des poires : j'ai bien quelques peccadilles de ce genre sur la conscience; je me rappelle bien certain prunier..... Mais n'y aurait-il pas de la prétention à se dire voleur à si bon compte? Est-on voleur aujourd'hui pour des prunes?

GALAND,
de Fontenay-aux-Roses.


Troyes, le 7 novembre 1814.

Monsieur le Franc-Parleur, vous exercez sur les mœurs une censure dont j'ai déjà eu plusieurs fois l'occasion de constater les heureux effets. Je pourrais citer plus d'un ridicule que vous avez corrigé, plus d'un abus que vous avez fait disparaître; mais je vous rends grace sur-tout de la persévérance que vous avez mise à poursuivre l'anglomanie. Il faut convenir qu'il s'est fait à cet égard, depuis quelques années, de notables changements dans les esprits, et que vous et votre digne prédécesseur, *l'Ermite de la Chaussée-d'Antin*, vous avez puissamment contribué à redresser l'opinion publique, que la mode, en ce pays, est si sujette à égarer. Nous n'avons cependant pas encore ville gagnée sur tous les points: nous sommes encore dupes de l'industrie mercantile de nos voisins insulaires; on trouve encore, principalement dans la classe élevée, des gens aux yeux de qui la marque anglaise est un titre de recommandation dans le choix des marchandises dont ils font usage; des femmes qui affectent une ridicule préférence pour les produits d'une industrie étrangère, dans les objets même où depuis quelque temps nous avons acquis une incontestable supériorité.

Ne vous serait-il pas possible, M. le Franc-Parleur, de leur faire entendre qu'un pareil travers est une sorte de délit national? Et comme il est encore plus facile de parler à la raison de ces gens-là qu'à leur patriotisme, ne pourriez-vous leur apprendre que, dans presque toutes les grandes foires de l'Europe, les produits de nos fabriques de soie, de laine, et de coton, obtiennent, sous le rapport du goût et de la perfection de la main d'œuvre, la préférence sur les marchandises anglaises, dont nos voisins d'outre-mer ont maintenant beaucoup de peine à se procurer le débit, même en les livrant au-dessous du prix de fabrique? Vous l'avez dit quelque part: en fait de commerce, ce n'est point aux douanes, c'est à l'opinion publique de garder nos frontières. Depuis quelques mois, elle a pris, à quelques égards, une excellente direction. Vous pouvez contribuer à l'y maintenir, en achevant de livrer au ridicule ce goût dont l'industrie française a eu si longtemps à souffrir, et dont je puis vous citer, comme témoin oculaire, un des plus honteux résultats.

La ville d'où je vous écris possède, entre plusieurs manufactures considérables, une fabrique d'autant plus importante qu'elle réunit différentes branches d'industrie, et qu'elle occupe un très grand nombre de bras. Le chef de cet utile établissement avait en magasin une très forte partie de marchandises de différentes espèces, dont il ne pouvait opérer le placement sur les lieux mêmes. Il prit le parti (je dois faire observer que ce fait a deja près de deux ans de date) d'en faire l'envoi à Paris, et de s'y rendre de sa personne pour en effectuer la vente par l'entremise d'un des plus habiles courtiers de commerce. Ce courtier, qui connaissait par expérience la prévention contre laquelle le commerce français avait encore à lutter, conseilla à son commettant d'appliquer à ses marchandises des marques semblables à celles dont les Anglais font usage. Le négociant, plus honteux pour ses concitoyens que pour lui-même d'employer une pareille supercherie, ne dédaigna cependant pas d'y avoir recours: il y trouva l'avantage de se défaire, en peu de jours, de toutes ses marchandises, à cinq ou six pour cent de bénéfice au-dessus du prix qu'il y avait d'abord fixé.

Nous n'en sommes plus là, j'en conviens; les Anglais nous voient singulièrement refroidis sur leurs productions industrielles; mais ce n'est pas assez: il faut que l'opinion publique repousse ce que le goût réprouve; qu'elle frappe de discrédit les *warehouse* où se débitent les étoffes anglaises, et qu'elle crie *haro* sur ceux qui les portent.

C'est au nom du commerce français, dont je me rends en ce moment l'interprète, que je vote, M. Guillaume, des remerciements pour la part que vous avez eue au bien qui s'est déjà opéré, et pour celle que vous obtiendrez dans le bien qui reste à faire.

Agréez l'assurance de tous les sentiments qui vous sont dus, etc.

G.....

Paris, le 21 novembre 1814.

*Venit ecce dives et potens : huic similiter
Impinge lapidem ; et dignum accipies præmium.*
PHÈDRE, liv. III.

Monsieur, vous êtes, pour moi, ce *riche* et ce *puissant* à qui je puis remettre le soin de me venger de ceux que j'ai payés pour me servir, et qui m'ont trompé. En effet, *riche* comme vous êtes en observations justes et profondes sur les mœurs parisiennes, et *puissant* en paroles pour les peindre, c'est vous que j'ai dû choisir pour me venger de ceux dont j'ai tant à me plaindre ; mais, au lieu de recevoir les *coups de pierres*, vous dirigerez vos traits contre ces imprudents escrocs que je viens vous signaler, encore tout honteux d'avoir été leur dupe.

« Ce n'est pas tant le plaisir de la vengeance qui m'anime que le plaisir de réprimer un abus qui pèse sur la classe la plus laborieuse de la société ; en un mot, M. Guillaume, c'est des *bureaux de placements et d'agence* que je veux vous parler. Vous pouvez vous fier à des renseignements que j'ai bien payés, et qui sont le fruit d'une amère et longue expérience.

Il y a deux ans que je vins à Paris pour y chercher un emploi. Après beaucoup de pas et de démarches inutiles, on m'offrit une place de répétiteur dans une maison d'éducation aux environs de Paris. Je l'acceptai. Me fussé-je jeté par-dessus les ponts, une pierre de cent livres au cou! A peine entré dans cet enfer, je n'eus plus d'autre pensée que celle d'en sortir.

Le hasard fait tomber entre mes mains le prospectus d'un bureau d'agence de la rue Dauphine; j'y cours, et je n'ai qu'à choisir la place qui me convient. Je laisse à mon fondé de pouvoir toute la latitude convenable; j'accepterai indifféremment une place d'homme d'affaires, de commis, de secrétaire, d'intendant, etc. Je paie d'abord un léger droit d'inscription; puis un droit d'abonnement, un peu plus cher; je promets, en outre, une forte rétribution sur la place qu'on doit me procurer *dans le délai d'une quinzaine de jours*. Trois mois s'écoulent; le bureau change de maître avant que j'aie rien obtenu. Je renouvelle mon abonnement entre les mains du directeur, qui m'invite, pendant six mois, *à prendre patience*. Je la perds enfin; et, sur la recommandation d'un homme payé pour recruter des dupes, je m'adresse au *bureau d'agence de la rue Tiquetonne*. Nouvel abonnement, nouveau droit d'inscription, nouvelles promesses dont je me lasse d'attendre l'effet.

L'an passé, à l'époque des vacances, les *Petites-Affiches* me font connaître le *bureau d'agence de la rue des Fossés-Montmartre* sous des rapports tellement avantageux, que j'aurais cru manquer ma fortune en différant à m'y rendre. Au moyen d'une somme de treize francs, une fois payée, j'ai la certitude d'obtenir une place de douze ou quinze cents livres avant la rentrée des classes.... Je fais mes dispositions en conséquence; je quitte la maison d'éducation où j'étais professeur; me voilà... sur le pavé...

Que vous dirai-je, M. Guillaume? Après avoir passé par la filière de quarante-trois bureaux d'agence et de placements; après avoir épuisé mes petites épargnes en *abonnements* et en *droits d'inscription*, je me vois aujourd'hui, grace aux bureaux d'agence, dans une position cent fois pire que celle où je me trouvais en arrivant à Paris.

L'abus dont je suis victime n'est-il pas au nombre de ceux qu'on peut déférer à l'autorité? Je vous le demande, M. le Franc-Parleur, doit-il être permis de spéculer ainsi sur le denier de la veuve et de l'orphelin? Le privilége d'une odieuse industrie va-t-il jusqu'à prélever un impôt sur la confiance et la crédulité des pauvres?

Recevez mes salutations.

MENNESSIER.

Ferney-Voltaire, le 25 novembre 1814.

*In silvam ne ligna feras*, dit-on. Cependant je prends la liberté de vous indiquer un sujet; ce qui me détermine, c'est qu'il m'a paru d'un grand intérêt, et qu'il n'a pas encore été traité *ex professo*. Je veux parler de l'influence qu'ont dû exercer le genre de vie et la position particulière des gens de lettres sur la composition de leurs ouvrages. Cet examen, si riche en observations, en rapprochements de toute espèce, ne pourrait manquer de plaire au petit nombre d'amis des lettres que la France possède encore, et dont nos richards modernes s'occupent assez peu. Ils aimeraient à trouver dans quelqu'un de vos discours une peinture fidèle de la vie que menaient les grands écrivains de ce beau siècle de Louis XIV, de leurs habitudes domestiques, de leurs affections, de leurs rapports entre eux, avec le monde, avec la cour. Ce tableau, où vous indiqueriez le degré d'estime qu'on faisait de leurs personnes et de leur titre, le rang où l'opinion les plaçait dans la société, nous distrairait agréablement du spectacle que nous avons sous les yeux. Tout ce qui nous rappelle le *beau siècle*, et principalement les auteurs dont il tire son principal éclat, s'empare aisément de nos esprits et de notre admiration : la simplicité de ces grands hommes dans la vie ordinaire; leur prodigieux talent avec si peu de prétention; leur franchise dans les démêlés littéraires, leur noble désintéressement; cette estime de leur profession qui leur laissait prendre, sans qu'on s'avisât de leur contester, le rang qui leur appartenait dans l'État (comme si cette conscience intime de soi-même, généralement plus près de la sagesse que de l'orgueil, leur eût fait prévoir que la postérité les placerait plus haut); toutes ces considérations, si dignes d'arrêter notre pensée, portent jusqu'à l'attendrissement le sentiment qu'elles font naître au milieu des regrets dont elles nous environnent.

Cet examen des rapports de la vie privée avec le style et les ouvrages des écrivains du *siècle d'or* de la littérature, acquerrait plus d'intérêt encore en l'opposant à cette autre époque qui ouvre le dix-neuvième siècle, où les derniers flambeaux de notre littérature, éteints presque à-la-fois, n'ont laissé sur l'horizon littéraire que de pâles et froids imitateurs. Vous pourriez nous montrer alors tout ce qu'ont perdu ces enfants dégénérés, en renonçant à la manière de vivre qu'avaient adoptée leurs illustres pères; quel tort ils se sont fait en perdant avec le goût de la retraite et l'amour de la nature, l'estime d'eux-mêmes, dont ils ne font pas plus de cas aujourd'hui que de l'estime des autres. L'esprit de coterie, d'intrigue, devait être nécessairement la suite de ce dégoût de la vie sédentaire et des affections domestiques: en supposant que quelques uns fussent nés avec le germe du génie, pouvait-il se développer chez des hommes uniquement occupés du moment où ils vivent, dont la gloire se fonde sur la vogue éphémère du pamphlet qu'on leur commaude; qui, sans soin de la noblesse originaire de leur profession, assiégent l'antichambre des grands du jour, dont ils se font les serviles adulateurs?.....

Je n'ai fait que découvrir le coin d'un tableau bien vaste; c'est à vous, M. le Franc-Parleur, qu'il appartient de le placer dans son véritable jour.

Continuez à défendre les droits de la raison et du goût avec leurs propres armes, fort du zèle et de la persévérance, qui finissent toujours par en assurer le succès. Faites briller la lumière aux yeux de l'erreur et de la sottise, comme on allume des feux pour écarter les loups des bergeries.....

J'ai l'honneur de vous saluer avec toute l'estime, et, j'ose le dire, avec tout l'attachement que vous m'avez inspiré.

I. C.

Paris, le 15 décembre 1814.

Mon cher le Franc-Parleur, j'avais plusieurs projets à vous proposer: l'un, *pour prendre Gibraltar en vingt-quatre heures*, dans le cas où nous aurions le malheur de voir se rallumer la guerre; l'autre, pour éclairer tout Paris avec *douze lampes astrales;* un troisième, pour réduire *toutes les langues à un seul idiôme* dont j'ai déjà composé l'alphabet. Mais un intérêt plus direct m'occupe en ce moment, et j'ai besoin d'arrêter mes idées sur ce point avant de pouvoir les reporter sur les grandes découvertes que j'ai faites. Je cherche un moyen de rétablir *le nobiliaire* français, en remplaçant, par des actes authentiques, les titres manuscrits sur lesquels se fondait l'illustration d'un si grand nombre de familles, dont l'incendie révolutionnaire a dévoré les parchemins.

Un médecin de mes amis disait dernièrement :

« *Pour faire un gentilhomme, il ne faut que deux
« personnes :* l'une qui dise : *Mon grand-père était
« noble*, et l'autre qui réponde : *Je le crois.* »

Ce mot peut être philosophique, mais il n'est pas aussi juste qu'il le paraît ; car je connais bon nombre de gens qui devraient renoncer aux qualifications qu'ils se donnent, s'ils fondaient leur noblesse sur la seule crédulité publique.

L'embarras où NOUS nous trouvons (ce pluriel-là n'est pas aussi singulier que celui de Rivarol, je vous prie de le croire), l'embarras, dis-je, où nous nous trouvons aujourd'hui n'existerait pas, si dès 1789 on eût adopté la motion faite à l'assemblée constituante par le célèbre comte de Mirabeau, lequel proposait de créer une noblesse *ascendante*, au lieu d'une noblesse *descendante*, et d'honorer le père d'un héros ou d'un homme célèbre, pour le récompenser d'avoir donné à l'Etat un grand citoyen. Ce noble député du tiers trouvait à cela trois avantages inappréciables : d'exciter les parents à soigner l'éducation de leurs enfants; d'inspirer à ceux-ci plus de respect pour leurs pères, et d'empêcher qu'un fat inutile ou un sot vicieux ne se crût un homme important, par la seule raison que son père s'était illustré. Cette proposition, accueillie avec transport par les idéologues et les libéraux, fut rejetée par le motif de respect filial qui l'avait fait concevoir : cette foule d'enfants qui tenaient la noblesse de leurs pères craignirent de s'exposer à la leur faire perdre; et j'avoue que je fus assez modeste pour me ranger dans la majorité des bons fils qui ne voulurent pas entendre parler de noblesse *ascendante*. Grace au ciel, il ne s'agit plus d'épiloguer sur le principe de l'illustration transmise par la naissance : il est encore une fois convenu, en fait de noblesse, qu'il vaut mieux être le dernier que le premier de sa race. Mais on ne peut la prouver, cette race, que de deux manières: par l'histoire, ou par les titres de famille. L'histoire, comme on le sait, ne tient registre que de quelques noms éclatants; et les titres de famille, où l'éclat des gentilshommes ordinaires se conserve dans l'ombre, ont été détruits pour la plupart. Il suit de là qu'il n'y a plus de roturiers en France que les bonnes gens qui veulent bien l'être; car ceux qui n'ont ni noblesse historique, ni noblesse nouvelle dont on peut exiger les preuves, se réfugient dans la noblesse ancienne, où ils n'ont qu'un mot à répondre: *On a brûlé mes titres*. Je ne vois qu'un moyen de remédier à cet abus, dont la conséquence immédiate est de n'avoir bientôt plus qu'une nation de *marquis*, de *vicomtes* et de *chevaliers*; c'est de créer une *commission héraldique* où l'on ne recevra pour comptant tous les papiers déclarés perdus, qu'autant que l'on produira un *titre personnel,* ne fût-ce qu'une demi-douzaine de blessures reçues à l'armée, une fonction publique remplie avec honneur, un bon livre, une belle action, ou même une découverte utile en quelque genre que ce soit.

Cette idée est fort simple (je n'en ai jamais d'autres), mais je la crois bonne et constitutionnelle. Je vous prie, mon cher Franc-Parleur, de lui donner quelque publicité.

Je suis, avec un véritable attachement, votre dévoué lecteur,

Ch de Bonn....

Périgueux, de l'ermitage du Rocher,<br>
le 6 janvier 1815.

Je suis une femme, M. le Franc-Parleur; il n'y a point ici de tromperie; vous pouvez laisser aller votre cœur et votre imagination le train qu'il leur plaira. Que je sois princesse ou bergère (ce qui se ressemble beaucoup aujourd'hui), que vous importe! puisque je fais toujours partie de cette belle moitié du genre humain dont les succès ne peuvent vous porter ombrage, et dont les éloges seront toujours (même avant ceux de la renommée) votre plus douce récompense. Mais ce n'est pas d'éloges qu'il s'agit; c'est une véritable querelle que je viens vous faire. J'aimai passionnément votre prédécesseur, *l'Ermite de la Chaussée-d'Antin;* j'aurais pu conserver le même sentiment *au Franc-Parleur;* mais pourquoi l'indiscrétion ou l'amour-propre a-t-il détruit l'illusion où je me complaisais? Pourquoi m'avoir appris que cet *ermite* et ce *M. Guillaume* n'étaient que des êtres de raison? Je suis femme, comme je vous l'ai dit; j'aime le mystère. Votre air de sibylle m'enchantait. Votre nom, qui m'est connu par d'autres ouvrages, est sans doute celui...... Mais enfin on sait qui vous êtes, et vous *seriez d'or* qu'à présent chacun a le droit d'y mettre un titre et d'en fixer le poids.

On vous a reproché quelquefois d'être l'auteur des jolies lettres que vous donniez au public. J'ai déja quelques raisons pour ne point partager cette injustice, et, si vous le trouvez bon, j'en aurai bientôt de nouvelles. Je ne serai pas fâchée de causer de temps en temps avec vous, pour peu que la contradiction ne vous épouvante pas cependant, car nous différons sur plusieurs points de politique et même de morale, et je ne serais pas fâchée de prendre le public pour juge.....

Adieu, M. Guillaume. Si vous acceptez ma proposition, publiez ma lettre. Vous n'avez pas d'autre moyen de me le faire savoir; car mon projet est de garder mon *incognito* beaucoup mieux que vous n'avez gardez le vôtre.

Votre très humble servante,

La Solitaire du Rocher

*P. S.* Ah! je sens que je regretterai toute ma vie la figure de fantaisie que je vous avais donnée! »

Montargis, le 20 janvier 1815

Monsieur, j'ai passé les trois quarts de ma jeunesse à composer, composer, composer; je n'ai pas dormi, mon portefeuille en fait foi. Vous seriez étonné de son volume. Je ne pense pas qu'il existe, en France, un seul individu (sans en excepter M. Delisle de Sales et madame de Genlis) qui ait écrit autant que moi. Mais je suis pauvre et sans crédit; mes ouvrages (que je crois bons puisque j'en suis jusqu'à ce moment le seul juge) me sont restés sur les bras. Aucun libraire n'a voulu s'en charger, et ma réputation n'est pas plus avancée que ma fortune.

Après avoir bien réfléchi sur le parti que je pouvais en tirer pour vivre, du moins sur terre, j'ai pensé à ce *Monsieur Beaufils*, de je ne sais quelle comédie, qui achète des *conversations toutes faites*, et je me suis mis en quête de quelque riche ignorant qui veuille acheter une réputation d'auteur, tout-à-fait neuve, dont je lui ferai si bon marché, qu'il pourra se vanter de l'avoir eue pour un morceau *de pain*.

Dans une transaction de cette nature entre le besoin et la vanité, je sens que cette dernière ne peut prendre trop de sûretés. aussi suis-je prêt à donner toutes celles que mon acquéreur jugera nécessaires; je m'engagerai par serment, par écrit, pardevant notaire (pourvu que les frais ne soient pas à ma charge), de ne jamais réclamer une syllabe des 97 volumes dont je lui ferai l'abandon.

Ledit acquéreur ne sût-il même pas lire, je me charge en outre (moyennant une rétribution annuelle dont nous conviendrons), non seulement de prouver jusqu'à l'évidence, mais de faire répéter d'un bout de la France à l'autre, que cet auteur de ma façon est une des lumières du siècle, et l'un des plus beaux génies dont s'honore notre littérature. Ce n'est pas à vous, M. Guillaume, que j'expliquerai par quels moyens je ferai pour un homme à qui je ne suppose pas moins de 50,000 livres de rente, cent fois plus que je n'ai pu faire pour moi-même, qui n'ai qu'un petit écu à manger par jour.

Il me semble qu'il doit être aussi facile aujourd'hui de trouver un homme riche qui ait besoin d'une réputation d'esprit, qu'un homme d'esprit qui consente, pour vivre, à passer pour un sot.

Je vous prie de m'aider dans ma recherche. Vous n'aurez jamais obligé quelqu'un de plus reconnaissant que votre serviteur.

BONTOUX.

Arpajon, le 5 février 1815.

Monsieur Guillaume, je viens de terminer un traité de morale, intitulé *Essais sur la tolérance*. Quand paraîtra-t-il? Comment sera-t-il reçu? Dieu le sait. En attendant, permettez-moi de vous adresser une prière : c'est de préparer le public à cet effrayant volume de *la Tolérance*, par un de vos *Discours* sur ce grave sujet. Si vous n'aviez que de l'esprit, je glisserais ici un grain d'encens à l'appui de ma demande; mais vous avez du goût, ce qui suppose de la modestie. Je termine donc cette lettre, sans autre façon, par la petite invocation qui se trouve en tête de mon ouvrage, et qui pourra vous servir d'épigraphe, si vous l'en jugez digne :

> Fille du ciel, aimable Tolérance,
> Porte vers nous tes pas consolateurs!
> Ta douce voix sait amollir les cœurs,
> Et désarmer la Haine et la Vengeance.
> Chez les mortels qu'éprouva le malheur

Devais-je encore invoquer ta présence?
Je te croyais sœur de l'Expérience;
Son désaveu prouve-t-il mon erreur?

« Songez, monsieur, qu'un seul discours sur cet important chapitre, en me dispensant d'imprimer mon ouvrage, me sauvera les frais d'une lourde édition, qui pourrait fort bien rester toute entière à ma charge.

Votre très affectioné et très avide lecteur,

Le Solitaire de la Roche-saint-Nicolas.

FIN DU DEUXIÈME ET DERNIER VOLUME<br>DU FRANC-PARLEUR.

# TABLE.

N° XXXIV. Revue de l'an 1814. Cinquième souper de
   M. Guillaume................ page  3
XXXV. L'Hôtel d'Angleterre................. 15
XXXVI. La Charte en famille................ 25
XXXVII. Le Ventriloque..................... 36
XXXVIII. La Matinée d'un commissaire......... 46
XXXIX. Le Cauchemar....................... 57
XL. Les Visites du matin.................. 67
XLI. Les Maisons de jeu................... 79
XLII. Une Matinée à la Halle.............. 99
XLIII. L'Intérieur d'une église ............. 108
XLIV. Le Retour de l'empereur............ 118
XLV. A qui la faute?..................... 127
XLVI. Les Propos de table................. 137
XLVII. Le Foyer des théâtres................ 150
XLVIII. Un Souper de femmes................ 161
XLIX. Le Déménagement................... 174
L. Une Nuit de Paris.................. 185
LI. Inconséquences dans les mœurs........ 196
LII. Les Désappointements................ 208
LIII. Les Intrigants....................... 218
LIV. Les Barbaresques.................... 228
LV. Macédoine.......................... 238
LVI. Les deux Champs-de-Mai............. 251
LVII. Les Dupes.......................... 260
LVIII. Condition actuelle des hommes de lettres. 270

N° LIX. Les Théâtres .................... page 280
    LVI. Prosopopée française................. 290
    LXI. Profession de foi politique.............. 298
Correspondance du Franc-Parleur ............... 307

FIN DE LA TABLE.

www.ingramcontent.com/pod-product-compliance
Lightning Source LLC
Chambersburg PA
CBHW050429170426
43201CB00008B/603